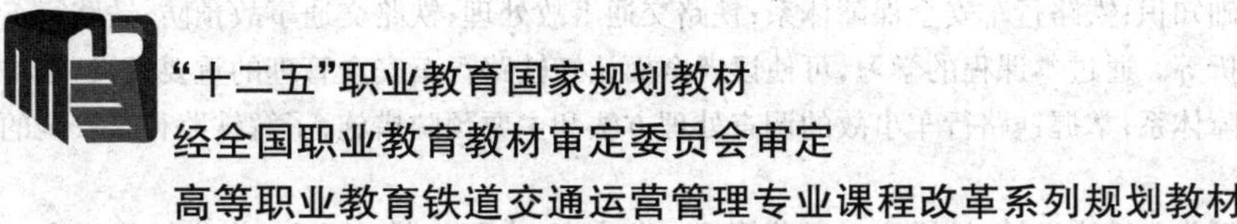

"十二五"职业教育国家规划教材
经全国职业教育教材审定委员会审定
高等职业教育铁道交通运营管理专业课程改革系列规划教材

铁路行车安全管理

韩买良　主　编
吕　峰　主　审

中国铁道出版社有限公司

2022年·北　京

内 容 简 介

本书为全国铁道职业教育教学指导委员会规划教材，高等职业教育铁道交通运营管理专业课程改革系列规划教材。全书分五个项目，二十一个典型工作任务。主要内容包括：铁路行车安全管理基础知识；铁路行车安全保障体系；铁路交通事故处理；铁路交通事故预防；铁路行车安全考核与分析等。通过本课程的学习，可使读者全面认知铁路行车安全管理的重要意义，基本概念和管理保障体系；掌握铁路行车事故的调查处理方法和主要预防措施；了解铁路行车安全的考核与分析方法。

本书可作为铁道运输、铁道交通运营管理专业高职、中职教材，也可以作为铁路成人职业教育培训和铁路运输职工自学用书。

图书在版编目(CIP)数据

铁路行车安全管理/韩买良主编．—北京：中国铁道出版社，2014.9(2022.1 重印)

“十二五”职业教育国家规划教材　全国铁道职业教育教学指导委员会规划教材　高等职业教育铁道交通运营管理专业课程改革系列规划教材

ISBN 978-7-113-19172-6

Ⅰ.①铁…　Ⅱ.①韩…　Ⅲ.①铁路运输-行车安全-交通运输管理-高等职业教育-教材　Ⅳ.①U298.1

中国版本图书馆 CIP 数据核字(2014)第 200393 号

书　　名：**铁路行车安全管理**
作　　者：韩买良

责任编辑：金　锋　　**电话**：(010)51873125　　**电子信箱**：jinfeng88428@163.com
封面设计：崔丽芳
责任校对：王　杰
责任印制：高春晓

出版发行：中国铁道出版社有限公司(100054，北京市西城区右安门西街 8 号)
网　　址：http://www.tdpress.com
印　　刷：三河市兴达印务有限公司
版　　次：2014 年 9 月第 1 版　2022 年 1 月第 17 次印刷
开　　本：787 mm×1 092 mm　1/16　**印张**：13.5　**字数**：340 千
书　　号：ISBN 978-7-113-19172-6
定　　价：40.00 元

前言

PREFACE

本书为“十二五”职业教育国家规划教材，根据教学指导委员会制定的铁道交通运营管理专业教学基本要求，在2008年出版的铁路职业教育铁道交通运营管理专业系列教材《铁路行车安全管理》(第二版)的基础上修订而成。

全书共分为五个项目，二十一个典型工作任务，主要内容包括：铁路行车安全管理认知；铁路行车安全保障体系认知；铁路交通事故处理；铁路交通事故预防；铁路行车安全考核与分析等。通过本课程的学习，可使读者全面认知铁路行车安全管理的重要意义，基本概念和管理保障体系；掌握铁路行车事故的调查处理方法和主要预防措施；了解铁路行车安全的考核与分析方法。

2013年7月24日国务院第18次常务会议已经通过了新的《铁路安全管理条例》，并由国务院第639号令颁布，自2014年1月1日起施行。新条例的出台与实施，强化了铁路安全管理方针，明确了铁路安全监管机构和铁路运输企业的相关责任，为实现铁路运营中的体外安全监督明确了政府有关部门组织、事故处理的规定，本次按照新条例对第二版的教材的相关内容进行了全面的修订。

本次修订，采用了突出职业教育特色的项目教学模式进行组织，按照铁路行车安全的学习领域组织各个项目框架，在每个项目中，结合现场实际提炼出若干个典型工作任务，在每个工作任务中明确各自的学习目标、工作任务和相关配套知识，根据需要进行相应的拓展。修订过程中，更新了与新条例不相适应的内容，删除了一些与系列教材相重复的内容，吸收了国内外行车安全方面的新思路、新技术、新方法，补充了较新的典型行车事故案例，纳入了铁路行车事故应急预案。本书具有很强的实践性和可操作性，更符合职业教育“以能力培养为主导，以技能训练为主线”的要求，既适合于做全日制高职、中职的教材，也可作为在职人员的培训和铁路职工的自学用书。

书中摘录了不同年代的典型事故案例，由于当时适用的规章不同，对事故等级认定依据的是原有规章。

本书由西安铁路职业技术学院韩买良主编，中国铁路总公司安全监督管理局吕峰主审。项目1典型工作任务1、2、3，项目2典型工作任务2，项目4，项目5典型工作任务1由韩买良执笔；项目2典型工作任务1、4、5、6由湖南铁路科技职业技术学院罗新剑执笔；项目3典型工作任务1、2、3、4由柳州铁道职业技术学院蓝志江执笔；项目1典型工作任务4、项目2典型工作任务3由西安铁路职业技术学院刘奇执笔；项目3典型工作任务5由西安铁路职业技术学院刘新强执笔；项目5典型工作任务2由包头铁道职业技术学院王小丰执笔。

在本书的修订过程中，得到了中国铁路总公司运输局、安全监督管理局和有关铁路局以及南京、锦州、武汉、石家庄、成都、乌鲁木齐、吉林、济南等兄弟院校领导和同志的大力支持，在此一并表示感谢。

由于编者水平有限，书中难免有疏漏之处，恳请各位老师和广大读者批评指正。

编　者

2014年7月

目录 CONTENTS

项目1　铁路行车安全管理认知

项目描述

本项目主要是建立铁路行车安全管理的基本概念，将从铁路行车安全管理工作的重要性、特殊性出发，学习、理解做好铁路行车安全工作的意义，通过对我国铁路行车安全管理机构、逐级负责制、班组管理、如何培养职工健康的心理素质等的学习，培养铁路运输从业人员在安全生产方面的基本素质，奠定良好的安全生产意识。

拟实现的教学目标

1. 能力目标

理解铁路运输安全生产的重要性和特殊性；了解铁路运输安全工作的基本手段，初步掌握铁路运输安全工作的基本方法。

2. 知识目标

熟悉铁路运输安全管理机构的设置，了解ISO 9000体系在铁路运输安全管理中的运用，了解安全管理逐级负责制的基本要求，了解班组如何管理，了解职工心理素质如何培养，了解经济手段、行政手段、法律手段、思想工作等方法在铁路运输安全管理活动中的应用。对铁路行车安全管理有一个较为完整的认知，学会分析和解决安全管理中出现的常见问题。

3. 素质目标

树立"安全第一，预防为主，综合治理"的安全管理理念；具有良好的职业道德认识、情感、意志、行为和修养，有铁的组织纪律观念；具有创新精神与实践能力。

典型工作任务1　铁路行车安全的基本认知

1.1.1　教学目标

1. 能力目标

阐述与理解铁路行车安全工作的意义，了解铁路行车安全管理的特殊性。

2. 知识目标

了解铁路运输安全生产的政治意义与经济意义，认识到铁路行车安全是国家法律赋予铁路运输企业的义务与责任；明确铁路安全生产的指导方针；根据铁路运输生产过程，了解铁路运输安全管理的特点和方法。

3. 素质目标

自觉树立安全为了生产、生产必须安全的思想。

1.1.2 工作任务

理解行车安全是铁路运输产品的质量特征，是铁路运输各部门工作质量的综合反应，是铁路改革与发展的重要保证，是铁路运输企业的法定义务和责任。

1.1.3 相关配套知识

1. 铁路行车安全的意义

铁路运输安全是运输生产系统运行秩序正常、旅客生命财产无险、货物和运输设备完好无损的综合表现，也是在运输生产全过程中为达到上述目的而进行的全部生产活动协调运作的结果。铁路运输生产的根本任务就是把旅客和货物安全、及时地运送到目的地，其作用、性质和特点，决定了铁路运输必须把安全生产摆在各项工作的首要位置。

安全第一，这是任何交通运输装备技术发展都要首先考虑的重要问题。保证铁路行车安全，是铁路运输工作的重中之重。铁路行车安全是指在铁路运输过程中，维护铁路正常的运行秩序，保证旅客及铁路员工生命财产安全，保证运输设备和货物完整性的全部生产活动。铁路行车事故所造成的不良社会影响和经济损失是巨大的，不算间接经济损失，我国铁路每年行车事故的直接经济损失就以亿元计。同时铁路行车安全水平又决定了铁路运输与其他运输方式的竞争能力、声誉和经济效益，所以安全始终与铁路运输产业自身的发展和生存息息相关。

铁路运输的产品是旅客和货物的位移，实现位移的必要手段为列车运行，我们把列车的组成和运行工作统称为行车工作。行车工作是铁路运输的主要工作，也是最容易产生不安全因素的工作环节，铁路运输中所出现的大部分不安全现象都在行车工作中。因此，保证行车工作安全的同时也就是保证了铁路运输的安全。

(1)行车安全的政治意义和经济意义

现代化的大生产离不开现代化的交通运输工具，我国是一个发展中的内陆国家，铁路运输是主要的运输形式之一，其货物和旅客运输周转量占全国总周转量的很大部分。作为国家的基础运输设施，铁路运输安全既保证了国家重点物资、重要工程建设、重大科研基地及军事运输的需要，也为地方区域经济开发、招商引资和科技发展带来了生机和活力。铁路运输安全保障了人民生命财产不受伤害和损失，提高了广大人民群众的生活质量。如果铁路发生事故，特别是重大事故，将会给人民群众带来不幸，给国家造成巨大损失。事实证明，铁路运输安全的可靠程度不仅直接关系到我国社会主义市场经济的健康发展和改革开放的进程，而且直接影响社会生产、社会生活和社会安定。随着我国对外贸易总额的不断增涨，涉外运输业务也有了较大的发展，保证运输生产的安全，特别是保障旅客运输安全，就显得更加重要。

从经济上说，实现安全生产是使生产能顺利进行、完成和超额完成的重要保证；实现安全生产也是搞好增产节约、增收节支、提高经济效益的有效措施。安全与生产是密切相关的，有生产就有不安全因素，不抓安全就会影响生产。我们只有对生产中的不安全因素，采取及时的、必要的组织措施和技术措施，加以防止或消除，才有可能保证生产的顺利进行。否则，就会发生各种事故，不仅使人民群众的生命财产遭受损失，铁路职工和运输设备受到危害，而且铁路运输生产本身也要遭到损失。例如，1994 年 5 月 19 日 20：12，2116 次列车运行至浙赣线 K668 线路所—樟树站间赣江大桥时，因机后第 16 位装载的 1 台 WY-100 型履带式挖掘机上部可转动部分旋转侵入限界，撞坏大桥第 9 孔桥梁株洲方向右侧端杆、左侧竖杆、斜杆等，致使该孔桥梁失稳，丧失承载能力而弯曲下塌，4 台挖掘机和机后 18～22 位车辆及装载的集装箱等货物，或坠落江中，或斜挂在弯曲下塌的桥梁部件上，第 17 位后转向架及 23 位前转向架脱轨。事故共造成货车报废 5 辆、中破 2 辆、小破 1 辆，大桥 1 孔 60 m 桁梁折断报废，线路损坏 175 m；通信电缆和明线折断；货物损失 93 万元；扒乘列车外流人员死亡 2 人；直接经济损失达 1 500 余万元；中断行车 171 h 46 min，间接损失巨大，构成行车特别重大事故（按当时的规章定事故等级）。

(2)行车安全是铁路运输产品的质量特征

运输生产的全部意义就在于有计划、有目的、有成效地实现旅客和货物空间位置的移动，运输产品的数量为人·km 和 t·km，产品的质量包括安全、准确、迅速、便利等，其中安全最为重要。就货物运输而言，任何企业的产品只有从生产地安全运送到消费地后，才能实现其使用价值，运输产品"位移"的质量和社会价值也同时得到实现。如果在发站、到站或运送途中因安全得不到保证，导致货物毁损后，受到损失的不仅是物质生产部门，而且由于因铁路无法向社会提供运输产品而造成的巨大损失，必然使铁路自身的经济效益下降。如果发生人员伤亡，其后果将更加严重，特别在各种运输方式竞争激烈的今天，安全迅速地运送货物和旅客是增强铁路运输竞争力的关键。

(3)行车安全是铁路运输各部门工作质量的综合反映

铁路运输的特点是车站多、线路长、分布广。运输生产系统是由车、机、工、电、辆等单位构成的，它犹如一架规模庞大的"联动机"昼夜不停地运转，自然条件复杂、作业项目繁多、情况千变万化。行车安全贯穿于铁路运输生产的全过程，涉及每个作业环节和人员。无论是行车设备还是工作人员，任何一个部件出现问题、任何一个人员工作疏忽、违章作业、操作失误，都有可能造成行车事故或人身伤亡事故。因此，在运输生产活动中，各级铁路管理部门，坚持"安全第一"的原则，把行车安全作为一项衡量其工作质量的首要指标。

(4)行车安全是铁路改革与发展的重要保证

加快铁路改革与发展，必须要有一个稳定的运输安全局面。如果安全形势不稳，不断发生事故，势必打乱运输秩序，干扰总体部署，分散工作精力，社会舆论也会反映强烈，铁路运输工作就会处于被动状态，铁路改革与发展就会失去了重要前提与基础。因此，稳定运输安全局面是一切工作的前提，没有良好的运输安全环境，一切改革和发展都无从谈起，为保证铁路改革与发展顺利进行，必须把安全工作作为首要任务来抓。

(5)行车安全是法律赋予铁路运输的义务和责任

《中华人民共和国铁路法》(以下简称《铁路法》)是保障铁路运输的重要法规。为了保证铁路运输的安全畅通，避免事故的发生，《铁路法》制订了一系列规定。其中，第十条明确规定："铁路运输企业应当保证旅客和货物运输的安全，做到列车正点到达。"第四十二条规定："铁路运输企业必须加强对铁路的管理和保护，定期检查、维修铁路运输设施，保证铁路运输设施完好，保障旅客和货物运输安全。"这就从法律意义上规定了保障客货运输安全是铁路应尽的职责和义务。

从法律角度看，旅客和货物托运人（当事人）与铁路企业之间的关系是合同关系（合同形式是客票和货票）。当事人支付费用后，运输企业向其提供运输产品，彼此的权利和义务对等。如果铁路运输企业因人为过失不能保证旅客和货物运输安全，不仅违背了当事人的意愿，损害了他们的权益，而且违反了《铁路法》和《合同法》的规定。对有关运输安全方面的法律，全路广大职工应知法守法，树立“遵章守纪光荣、违章违纪不容”的思想，并结合事故案例教育，真正做到忠于职守、安全生产。

2. 铁路行车安全工作的特殊性

由于铁路本身的特点，铁路运输安全除了具有安全问题的普遍性外，还有其明显的特殊性，主要表现在以下几个方面：

(1)行车安全影响面广

铁路运输是由机务、车务、工务、电务、车辆、水电等多部门组成的一架庞大的联动机，昼夜不间断地运转，每个工作环节必须紧密联系、协同动作，才能确保安全运输。否则，一个部门、一个环节出了问题都会影响旅客、货物的运输安全在行车安全方面更为突出。如果一个地方发生行车事故，就会影响一线、一片，甚至波及整个运输生产。例如，2003 年 9 月 1 日陇海线景家店—唐家堡间 28042 次机后 1～22 位车辆脱轨，其中第 7、9、12、13、19、21 位车辆脱轨颠覆，侵入下行正线，中断下行正线行车 9 h 54 min，中断上行正线行车 30 h 39 min；货车报废 22 辆，大破 1 辆；损坏钢轨 12 根，轨枕 270 根，接触网支柱 12 根，导线及承力索 1 600 m；事故造成直接经济损失 378.55 万元，构成货物列车脱轨重大事故(按当时的规章定事故等级)，全国各地经由陇海线到达甘肃、新疆、青海的客货列车全部受到影响，铁路的直接、间接经济损失惨重。

(2)行车安全涉及人员和工序多

铁路运送旅客和货物，要经过复杂的生产过程。就货物运输而言要经过承运、交付、货物装卸，车辆取送、列车编组、解体、列车运行等一系列工序，车、机、工、电、辆各部门有关工种的广大职工参与，共同劳动才能实现货物的位移，把其运送至目的地。因此，安全生产贯穿运输生产的始终，牵扯着生产环节中的每一道工序、每一个人。在生产过程中，各个工作环节都必须严格遵章守纪，才能确保旅客和货物的运输安全。否则，只要某一个工种、某一个职工违章作业，就将造成行车事故、货运事故或人身伤亡事故。例如，在接发列车时助理值班员没有认真监督列车运行状态，疏忽了车辆燃轴、制动梁脱落等严重安全隐患，将会造成列车脱轨甚至颠覆的重大行车事故。

(3)行车安全受自然和社会环境影响大

铁路运输生产一年四季昼夜不停地进行，而且多数是露天作业，这样，安全生产必然受到外界自然环境变化的影响。如天阴、下雨、刮风、下雪、下雾等，都会影响机车乘务人员瞭望信号和观察线路情况，稍有不慎就可导致事故发生；在汛期，还可能发生塌方落石和泥石流，造成山体滑坡，使线路、桥梁毁坏，影响行车安全；北方的严寒冬季，南方沿海的强台风，可能造成运输设备损坏，影响安全生产；强烈雷电，可能毁坏或干扰通信、信号设备的正常运转，影响到行车安全。

另外，铁路点多、线长，安全工作受社会大环境的影响大。旅客、货物是通过遍布全国的铁路网运输的，因此，各地社会治安秩序的好坏，沿线人民群众对铁路安全知识的了解程度、爱路护路等情况，直接影响着铁路的安全运输；特别是一些旅客违章携带危险品进站、上车，对铁路行车安全构成了严重的威胁。

(4)行车安全风险大

在我国，铁路是主要的现代化运输工具，设备先进，结构复杂，因而技术性很强。各种机车、车辆、线路、站场、通信、信号设备，调车驼峰，养路机械、修车设备，各类装卸、起重机械，高速、重载技术等等，不仅结构复杂，而且新旧设备混用，重量、速度不同的客货列车共用一条线路，行车密度大，行车安全的风险随之增大。因此，有关行车人员必须经过严格地培训和考试，合格后才能任职。只有这样，才能确保安全生产。

(5)行车安全时效性强

铁路运输旅客和货物是通过列车发生位移而实现的，而客货列车又必须严格按照列车运行图规定的时刻安全、正点运行。由于列车的速度高，因此，要求有关人员特别注意时间因素，要做到分秒不差、准确无误，才能确保运输安全。否则，一分一秒之差，可能导致事故的发生。

3. 铁路行车安全生产指导方针

“安全第一，预防为主，综合治理”是安全生产的指导方针。“安全第一”体现了以人为本的重要思想，把人身安全放在第一位，以人为本、构建和谐社会是目前国家迅猛发展的主旋律，也是铁路运输生产的主旋律。预防为主，就是要在事前做好安全工作，防患于未然。依靠科技进步，加强安全科学管理，搞好科学预测与分析工作；把工伤事故和行车事故消灭在萌芽状态中。安全第一预防为主两者是相辅相成、相互促进的。“预防为主”是实现安全第一的基础。要做到安全第一，首先要搞好预防措施。预防工作做好了，就可以保证安全生产，实现安全第一，这是经实践证明的重要经验。“综合治理”是一种新的安全管理模式，它是保证“安全第一，预防为主”的安全管理目标实现的重要手段。

“安全第一、预防为主、综合治理”的安全生产方针是一个有机的统一体。安全第一是预防为主、综合治理的统帅和灵魂，没有安全第一的思想，预防为主就失去了思想支撑，综合治理就失去了整治依据。预防为主是实现安全第一的根本途径。只有把安全生产的重点放在建立事故隐患预防体系上，超前防范，才能有效减少事故，实现安全第一。综合治理是落实安全第一、预防为主的手段和方法。只有不断健全和完善综合治理工作机制，才能有效贯彻安全生产方针，真正把安全第一、预防为主、综合治理落到实处，不断开创安全生产工作的新局面。

加强安全生产工作，关键是要全面落实安全第一、预防为主、综合治理的方针，做到思想认识上警钟长鸣、制度保证上严密有效、技术支撑上坚强有力、监督检查上严格细致、事故处理上严肃认真。安全生产的综合治理，一是要坚决落实安全生产责任制，完善安全生产管理的体制机制，严格执行安全生产的各项规章制度，确保政府承担起安全生产监管主体的职责，确保企业承担起安全生产责任主体的职责，确保安全生产监管部门承担起安全生产监管的职责，把安全生产的各项要求落到实处。二是要加强安全生产法制建设，加紧完善安全生产法律法规体系，加快建立安全生产法治秩序，加大安全监管监察执法力度，增强政府、企业和全社会的安全生产法治观念，认真查处安全事故，严肃追究有关责任人员的责任。三是要抓好重点行业安全生产专项整治，坚决纠正违反安全生产的行为，切实消除安全隐患。四是要加大安全生产的治本力度，加大政府和企业对安全生产的投入，建立重特大安全事故监测预警系统，加快安全生产科技进步，加强安全生产培训教育，大力建设安全文化，形成有利于安全发展的经济增长方式，为安全发展打下坚实基础。

(1)牢固树立“安全第一”的思想

① 牢记行车安全是铁路运输工作的永恒主题

各级调度指挥部门在编制列车运行计划、组织指挥运输生产时，要把行车安全放在首位；班前布置生产任务，班中传达计划，运输职工在进行接发列车和调车作业，班后总结分析运输工作时，都不能离开行车安全这个永恒主题。做到任何时候、任何情况下，坚持“安全第一”的思想不动摇。也就是说，“安全第一”的思想人人讲、事事讲、天天讲；要班前讲、班中讲、班后讲。特别是在节假日、暴风雨天气的关键时刻，在施工、停电等特殊情况，对机车乘务员、调车作业等关键岗位，对情绪有波动、家庭有困难、身体不适、精神不振的关键人员，不但要反复强调安全，而且要针对不同情况，采取不同措施，确保行车与人身安全。

② 牢记行车安全是铁路运输工作的生命线

铁路是国家重要的基础设施、国民经济的大动脉、交通运输体系的骨干，在市场经济深入发展的情况下，五种运输方式之间竞争越来越激烈。铁路在运输速度上不如航空，在运载重量上不如海运，在“门对门”运输和机动灵活方面不如公路，运输成本低不如管道。铁路在运输市场竞争中，主要凭借行车安全好、环境污染少、运输能力大而占有较大份额。据统计，每百万吨公里(人·公里)的行车事故率、人员死亡率，铁路均比其它运输方式低。由此可见，行车安全是铁路运输赖以生存的重要条件，是铁路运输的生命线。实践证明，安全不好，路无宁日。行车安全工作的好坏，关系到铁路的兴衰。

③ 坚持“安全第一”是铁路运输发展的内在需求

据统计，我国铁路营业里程约占世界铁路 6%，但完成了世界铁路运输量的 22%，运输密度达到每公里 3 378.5 万换算吨，居世界第一位。在行车高密度、大重量、高速度条件下的铁路，一旦发生行车事故，轻则中断行车，打乱正常的行车秩序，造成大量列车运行晚点；重则车毁人亡，给人民的生命财产造成严重损失，甚至造成不良的社会影响。例如，1997 年 4 月 29 日，在京广线荣家湾车站内由于电务部门的职工严重违章作业，造成该站通过的 324 次旅客列车在进站过程中因违规操纵道岔临时转动而进入异线，与停留待避的 818 次旅客列车追尾冲突，导致人员死亡 126 人、重伤 48 人，机车报废 1 台、客车报废 11 辆；线路损坏 415 m，直接经济损失 415 万元。

(2)坚决贯彻预防为主的方针

隐患险于明火，防范胜于救灾，责任重于泰山。预防为主的方针体现了安全生产的前置性和有效性，要依照客观规律贯彻安全第一的重要保证，就必须深刻理解预防的重要内涵。

“隐患险于明火”，指明了安全生产必须从事故的根源抓起，必须消除隐患。安全生产的经验教训证明，任何一件行车事故都是由于人员素质、设备质量、环境条件或管理制度等方面存在的隐患和漏洞没有得到及时消除而酿成的。由于这些隐患具有很强的隐蔽性、扩散性和破坏性，所以它比“明火”更危险。“预防为主”就是要求我们采取一切有效措施，消除这些隐患，把各种行车事故消灭在发生之前。

“防范胜于救灾”，指明了抓好安全生产必须坚持“预防为主”的科学方法。在铁路行车安全管理方法上，超前预防和事后“消防”，是两种截然不同的作法，其结果也完全不一样。抓防范是治本，可以防患于未然，工作是主动的，事后“消防”是救灾，工作是被动的。

随着铁路运输生产和科学技术的发展，光靠作业人员之间的自控、互控，只靠人的觉悟、精力来保障行车安全是不够的。人的精力有限，容易受到各种因素的影响，总有疏忽、失误的时候。比较理想的预防措施是采用新技术、新设备，从设备本身的功能上来保障行车安全，即使操作者一时疏忽，也不致造成事故。例如车站联锁设备，当信号开放，行车进路锁闭后，道岔就无法扳动，保证了行车的安全。因此，预防行车事故，保障行车安全必须依靠先进的技术装备和管理创新。

“责任重于泰山”，指明了抓好安全生产的关键是强化责任。因为保证行车安全是人命关天的大事，所以与行车有关的作业人员，指挥人员尤其是各级管理干部的责任重于泰山，都应该把确保行车安全视为天职。

落实安全责任，是规范行车安全管理的关键所在。各单位的“一把手”是安全生产的第一责任人，对安全生产负全面领导责任，分管安全的领导负具体领导责任。有关业务部门要加强专业指导、技术管理和技术监督，对行车安全实行部门负责。铁路运输生产过程复杂，车、机、工、电、辆等许多部门上百个工种参与，具有各工作环节紧密联系等特点，把每一个生产环节工作方法、作业程序和安全责任落实到每一个岗位上，实行岗位责任制，这是行车安全管理的落脚点。只有这样，才能形成人人关心安全、人人管理安全的齐抓共管局面，才能把行车安全管理工作落到实处。

总之，“隐患险于明火，防范胜于救灾，责任重于泰山”是一个有机的整体。消除隐患是“预防为主”的要害所在，加强防范是根本方法，落实责任是关键环节。

(3)认真做好综合治理工作

综合治理就是要正确处理好安全与政绩，与发展的关系，当两者发生矛盾时，应服从安全。安全第一，还应体现在安全生产与政绩考核“一票否决”上，从而真正树立起“安全第一”的权威。

综合治理要以人为本，抓好教育培训工作。综合治理就是要领导干部、企业职工、广大人民群众树立起安全意识，高度重视安全生产工作，学会如何做，怎么做才安全。

综合治理就是要狠抓责任制的落实。要严格落实各级领导，各类从业人员的安全生产责任，全面落实“一岗双责”责任制。让社会上人人懂得自己的安全责任，形成安全工作有人做，安全工作有人管。对安全生产工作全员、全方位、全过程的综合管理，真正做到各司其职，各负其责，彻底消除各类安全隐患，确保安全生产。

综合治理就要制定好防止事故措施、事故应急救援预案，建立应急救援平台体系，切实做好安全组织措施和技术措施，确保没有安全措施的事不做，没有安全保障的事不为。

综合治理就是要有严格的工作制度。安全生产制度体系和安全生产操作规程的完善和落实将大大预防和降低事故的发生。

综合治理就要推广安全性评价。安全性评价也是预防为主的一种形式，是安全管理现代化的一项重要内容，是企业在安全生产上改善微观管理的一个重要手段，通过安全性评价可以预防事故的发生。

(4)正确处理行车安全与效率、效益的关系

① 安全是生产的必要条件

实践证明，安全是随着生产的发展而发展的，生产过程中的不安全因素是客观存在的。例如，在蒸汽机发明以前，交通运输只能依靠人力、畜力、水力和风力，后来发明蒸汽机并用于铁路运输时，运输速度提高了、重量发展了，冲突、脱轨、颠覆等不安全因素也大了。20世纪初期，为了保证生产正常、顺利，开始重视安全生产。1901年，美国的钢铁行业将“安全第一”作为企业的经营方针；1917年，日本创立了“安全第一协会”，出版刊物宣传安全第一，直至今日，日本铁路运输仍沿用“安全第一”的经营方针。在我国，早在建国初期就确定了安全生产的方针，广大职工也懂得“生产必须保证安全，安全为了促进生产”的道理。2021年我国人大常委会修订并颁布实行《中华人民共和国安全生产法》(以下简称《安全生产法》)，明确安全生产工作坚持“安全第一、预防为主、综合治理”的方针。

如果发生行车特别重大、重大事故，导致车毁、人亡、货损的话，运输产品的“位移”还有什么价值，还有什么质量可言。

② 安全就是效率，安全就是效益

行车安全与经济效益是辩证统一的关系。没有行车安全，不可能有经济效益；离开经济效

益片面抓安全，安全就失去了实际意义。安全与效率的关系也是如此。只要坚持安全第一，安全与效率一起抓，两者就能统一起来。如不顾行车安全而片面追求效率、效益，导致行车事故不断，不仅车毁、人亡、货损，直接经济损失严重，而且影响正常运输秩序，造成行车中断，间接经济损失更为严重。

典型工作任务 2　铁路行车安全管理的基础工作认知

1.2.1　教学目标

1. 能力目标

掌握铁路行车安全管理常用方法的基本原理，学会铁路运输企业基层组织行车安全工作的管理机构的设置。

2. 知识目标

了解 ISO9000 体系、安全管理机构设置、行车安全逐级负责制、班组安全管理的理论与实践，了解安全管理的手段。

3. 素质目标

培养学生的创新精神。

1.2.2　工作任务

了解一个铁路局的安全管理机构，学会用“五定、三率”考核干部作风，落实安全管理逐级负责制，学会多种安全管理手端的综合运用。

1.2.3　相关配套知识

铁路行车管理的重点是逐级负责、规范管理，强基达标，实现铁路运输安全“有序可控，基本稳定”的目的。

1. 规范行车安全管理，推行国际质量认证体系

(1)TQC 全面质量管理

1980 年原铁道部党政工团联合发布《关于推行全面质量管理开展群众性质量管理活动的决定》，开始在铁路部门推行全面质量管理(TQM)。1982 年，为在车辆部门贯彻“质量第一”的方针，实行全面质量管理，提高车辆检修质量、配件修制质量和设备维修质量，保证行车安全，更好地为铁路运输服务，原铁道部颁布《铁路车辆部门全面质量管理暂行条例》，开始在车辆部门推行全面质量管理。1985 年，为贯彻“质量第一”的方针和“人民铁路为人民”的宗旨，改善经营管理，提高运输质量，提高经济效益，增强企业素质，原铁道部制定了《铁路运输企业全面质量管理条例》，在铁路运输企业进一步推行全面质量管理。

实行全面质量管理的方法和目的是：坚持质量教育，使干部职工牢固树立“质量第一”的思想，做好各项基础工作，分析控制影响质量与安全的各种因素，总结推广交流管理经验和科技成果，做到全员、全过程都以全面质量管理的方法进行管理，使各项工作始终处于管理状态。TQM 的思想体现了以下两个方面的重要内涵：

一是全面控制(TQC)，即以优质为中心，实行全员工、全过程、全方位控制；

二是全面质量，包括产品质量和工作质量。

TQC是在TQM提出质量方面的战略规划基础上负责具体执行，是全面质量管理狭义上的概念，人们多用TQC来代表全面质量管理的实施体系。

(2)ISO9000国际质量管理体系

ISO是国际标准化组织的简称，该组织于1987年颁布了第9000号标准制度，即ISO9000系列《质量管理和质量保证》标准，经过多次完善后，该标准以1994年版本成为比较成熟的认证体系。1998年，广州铁路集团先后派出包括总经理在内的多人赴香港，对九广铁路公司推行ISO9000的情况进行详细考察，反复研究讨论后，在113个站段(75%)推行ISO9000质量认证体系，其中72个开始了试运行，取得了比较好的效果。2001年，新的ISO9000(2000版)正式颁布，上海铁路局等多个企业开展了全面铁路运输企业推行ISO9000族标准(2000版)贯标认证方案的探讨，在全路大力推行ISO9000质量认证体系。

ISO9000的基本思想，就是围绕过程控制，建立文件化的质量体系，通过明确职责、建立完善的质量体系使质量达到最佳。要求企业员工牢固树立以提高质量为中心，以降低成本、提高经济效益为最终目标的指导思想。

该系列标准的最大的特点是自主管理、自我改进、自我完善。行车安全是铁路运输最主要的质量标志。铁路推行ISO9000系列标准，其根本目的就是实行安全规范化管理，就在于建立一整套岗位标准，将他控、互控和自控结合起来，将预先控制、现场控制和事后控制结合起来，建立起直接面向安全生产的产品质量管理和控制系统，实现安全的“有序可控，基本稳定”。

(3)铁路安全风险管理

1931年，美国管理协会保险部首先提出风险管理的概念，1932年，美国几家大公司成立纽约保险经纪协会，标志着风险管理学科的兴起。1963年和1964年，美国先后出版了《企业的风险管理》和《风险管理与保险》等专著，正式拉开了风险管理学系统研究的序幕。20世纪70年代初期，风险管理的理念和方法从欧美发达国家传入亚洲，20世纪80年代后期传入我国。

特别是2006年6月，我国发布了《中央企业全面风险管理指引》，标志着我国拥有了自己的全面风险管理指导性文件，也标志着我国进入了风险管理理论研究与应用的新阶段。从世界上其他国家的实践看，目前，安全风险管理已被广泛应用于铁路、石油、电力、核工业、航空航天等众多领域。其中，在铁路安全管理实务上，承认运输活动具有安全风险并制定相关运输安全法制化的规则，以强制运输主体进行风险管理，已经成为美国、英国等一些发达国家的主流做法。

近年来，我国铁路特别是高速铁路快速发展，有关高铁建设规模、建设速度和高铁运营安全一直是各界争论的焦点，尤其是“7.23”温州动车追尾事故发生后，铁路部门及社会各界都在思考铁路安全运营这一课题。“7.23”事故之后国务院组织的高铁安全大检查中提出“铁路风险管理措施不适应安全管理需要。以风险识别与控制为核心的现代安全管理方法没有确立……”。2011年年底召开的全国铁路工作会议上，原铁道部党组作出了全面推行安全风险管理的工作部署。其指导思想和主要内容是通过实施安全风险管理，增强安全风险的防范意识，构建安全风险的防控体系，达到强化安全基础，最大限度地减少或消除安全风险，确保铁路安全。

2012年2月原铁道部安监司组织各铁路局有关人员、北京交大、铁科院起草《指导意见》，研究建设安全风险管理系统，对铁路局推进工作提出要求，随后各铁路局在专题安委会上提出相应的推进建议方案，安全风险管理开始在铁路拉开建设序幕，先后在西安、上海、沈阳等铁路运输企业广泛推进安全风险管理。

为适应铁路运输安全的永恒主题，我国铁路在不同的发展时期，采用了在当时世界上企业管理中先进的质量管理体系，为推进我国铁路运输的安全生产起到了重要的保障作用。目前，我国铁路主要推行安全风险管理体制。

2. 铁路运输安全监察与管理机构

(1)全国铁路运输监察与管理机构

铁路运输安全管理有监督和安全管理两层内涵。原铁道部对铁路运输既负责安全监督职能又负责安全管理职能。2013 年 3 月 14 日，实行铁路行业的政企分开，撤销了铁道部，组建隶属于交通运输部的国家铁路局，履行铁路行业安全生产的政府监督管理职能，组建中国铁路总公司，强化铁路运输企业的安全生产主体责任(安全管理责任)。

国家铁路局下设安全监察司，从宏观层面负责修订安全技术标准，监督全国的铁路运输安全，设行车安全处，全面监督铁路行业的安全事宜。此外，国家铁路局分别在沈阳、上海、广州、成都、武汉、西安、兰州设立 7 个地方监督管理局，设安全监督、工程监督等处室，负责辖区内铁路运输企业的行业安全监督事宜。

中国国家铁路集团有限公司(以下简称国铁集团)下设安全监督管理局，从宏观层面负责监督企业内部安全生产的监督管理。设行车安全、安全分析等处室，并在北京、上海、沈阳、武汉、成都、兰州设立 6 个安全监督特派员办事处。在安全监督管理局的领导下，开展安全检查和管理工作。

全国铁路运输安全的监察和监督管理机构如图 1.1 所示。

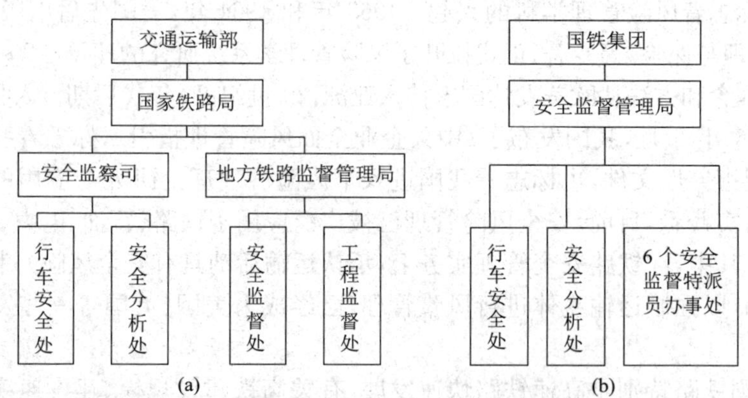

图 1.1　全国铁路安全监察和监督管理机构

(2)铁路运输企业安全管理机构

国铁集团下辖 18 个铁路局集团公司(以下简称铁路局)，均设安全监察室(简称安监室)，对所属铁路运输企业的安全生产负有监督管理责任。铁路局设安全生产委员会，协调运输处、机务处、工务处等各业务处室负责铁路行车安全、客运安全、货运安全、路外安全、人身安全工作。国铁集团对其管辖的各铁路运输企业的管理机构和职责做出明确的规定。

① 安全管理层

安全管理层指铁路运输企业安全监察室。其主要职责是：监督检查铁路局管辖内所属部门、单位执行上级机关颁发的安全生产方针政策、目标任务、规章制度、命令指示情况；监督检查铁路局发布的有关行车安全的规章制度、命令和措施贯彻执行情况；监督有关部门加强质量管理和安全管理情况；调查处理铁路局管内的较大以下事故等。

② 决策层

决策层是指铁路运输企业及其职能部门。其主要职责是：制定年度运输安全工作的指导思想，目标任务和计划安排；发布有关行车安全的规章制度、命令和规定；确定安全技术设备的安装、使用、管理和维修办法；监督检查站段安全基础建设工作成效等。

③ 执行层

执行层指站段及其职能科室。其主要职责是：为完成铁路局安全目标任务而制订站段安全管理目标任务和实施方案、计划和措施；按照运输安全法规和铁路局有关要求，制定、修改完善本站段安全规章制度并按规定报上级主管部门审批；加强安全基础建设，开展安全攻关和安全联控活动；调查、分析、处理行车设备故障和人身轻伤事故等。

④ 实施层

实施层主要指车间、班组和职工。各车间根据站段安全目标管理的要求，制定车间具体安全目标和保证措施，下达到班组和个人执行；督促检查安全目标和保证措施执行情况，并进行分析、评价，找出薄弱环节，以便改进工作。

3. 行车安全管理的逐级负责制

依据“职责明确，权责统一，重点突出，明确具体”的原则，各铁路局均制定了《铁路局安全管理逐级负责制暂行办法》。通过实践，安全生产均取得明显效果，对实现“规范管理，强基达标”和“有序可控，基本稳定”起了积极作用。

多年来的实践证明，安全生产问题主要是管理问题，是一个管理是否规范的问题。为什么各局之间的安全生产情况很不平衡？关键差在管理上，差在责任是否落实、工作是否到位、管理是否有效。抓管理关键在抓责任，没有责任制就没有管理。因此，必须认真抓好安全管理逐级负责制的落实，这是实现安全管理规范有序最基本的要求。

贯彻逐级负责制，加大规范管理、落实强基达标，推动铁路发展，主要抓好以下几项工作：

(1)安全管理责任界定的要求

① 要重点突出

要贯彻“管生产必须管安全”的思想，突出主要领导对安全管理负全面责任；副职按照分工和权限，对分管系统内的安全管理负责。界定正职、副职各自的管理责任，并不是可以忽视整体配合。发挥班子的整体合力是十分重要的。班子成员既要按照分工各负其责，又要互相协作配合，这样才能围绕一个共同的安全目标，形成抓安全的整体合力。

② 要明确具体

要以做到“项项工作都有人负责，不出现管理上的空档”为原则，把每一项工作由谁负主要责任，由谁负特定责任明确地界定清楚，而且要尽可能做到能一个人或一个部门负责的事，就不要由两个人或两个部门来负责，避免出现多头负责和结合部管理出现问题。确实需要几个部门共同抓的要明确一个牵头部门，其他部门密切配合。

③ 要从实际出发

安全生产责任制要做到全覆盖，要让真正能负责的人负责安全管理。

④ 要有实践基础

安全责任制要有实践基础，要实事求是，办不到的事情就不要定，定了就要坚决执行，不打折扣。

(2)安全管理责任

① 铁路局安全管理的责任

铁路局是铁路运输企业的法人，也是安全管理的主体，对全局的安全工作负全责，对站段安全生产有领导、检查、监督的责任。铁路局制定和落实责任制的关键是科学界定各部门的安全管理责任、权力和标准，对干部实行“五定、三率”的严格考核。界定安全管理责任时：一是要突出重点，不要把一些与安全行车没有直接关系的部门也纳入其中；不要把一项工作规定为多头负责，结果谁都不负责；要分清哪个部门是主要责任，谁是次要责任，谁是相关责任。责任界定不清，难以考核；缺乏约束力，责任制的落实容易流于形式。二是界定责任要明确具体，每一项工作都要有人负责，不出现安全管理上的漏洞；确实需要几个部门共同抓的事情，要明确哪一个部门牵头，哪些部门配合；办不到的事情不要定，定了的事要坚决执行。

② 站段安全管理的责任

站段是行车安全管理的重点，对安全生产负直接责任；负责行车设备质量，管、修、用好行车设备；保证行车人员的素质，适应运输安全生产的需要；抓好班组建设，落实各项规章制度和标准，实施现场作业控制，确保行车安全。

站段是行车安全管理的关键，站段长对全站段安全管理负全责。党政正职每月要用三分之一以上的时间，副职要用二分之一以上的时间，负责行车的车间和科室干部要用全部精力，深入现场检查、督促，实施行车安全管理。

站段安全管理的主要职责有：落实安全岗位责任制，明确岗位职责和标准，细化管理办法，严格执行行车安全管理的规章制度和作业标准；抓好建标、贯标、达标的具体工作，细化人员素质、设备质量、安全管理的标准，建立安全的激励约束机制；建立健全站段内部行车安全、设备质量检验制度，采取定期与日常、静态与动态检查相结合的方法，强化行车安全的现场监督与检查；对职工进行安全、技术、业务培训，组织岗位练兵，努力提高职工队伍素质。健全班组管理制度，加强班组长的教育与培训，行车主要工种必须持证上岗；严格作业纪律、劳动纪律，按作业标准进行严格考核，对安全生产有突出贡献者给予奖励，违章违纪和一般行车事故责任人给予惩处；建立行车安全台账，定期分析行车安全情况，不断总结行车安全的经验教训。

③ 车间安全管理的责任

铁路运输基层安全管理分为站段、车间、班组三级。车间是站段安全管理的中枢和细胞，是生产一线的直接管理层和领导者，车间安全管理的成败对运输生产能否顺利进行起着举足轻重的作用。

强化车间安全管理，必须以提升安全保障能力为抓手，以强化现场作业控制为重点，不断创新安全管理的新方法、新途径，必须科学管理、明确职能，常抓不懈，主要从以下几个方面落实车间的安全管理责任：

a. 科学配置干部和技术人员，在车间重要岗位选配安全员、工人技师等，充分发挥其解决安全技术难题和实际问题的作用。

b. 充分发挥车间管理人员职能，赋予车间管理人员相应的职责和权力，把车间的管理职能分解、细化到每个管理岗位，防止出现管理“空档”。

c. 在现场作业控制方面下工夫，认真落实自控、互控、他控。抓好车间、班组、岗位的自控能力，严格落实岗位作业标准和卡控措施，发挥安全员现场盯控作用。

d. 强化车间各项管理制度，促使车间党政正职实现三个转变。一是由被动型、执行型管理向主动型、创新型管理转变；二是由"等、靠、要"向"自我加压、敢于创新"转变；三是由单一型管理向综合型管理转变，以适应新形势的要求。同时要因地制宜，结合自身实际，突出车间管理的特色，千方百计为车间管理"松绑"、"减负"，如精简车间和班组台账等，努力做到优化，便于操作。

e. 全面提升职工思想素质和业务技能，围绕"争做学习型职工，提高岗位技能"的主题，大力宣传学习新技术、新知识的紧迫性，广泛开展学习竞赛、练功比武和科技攻关，掀起人人争当知识型职工热潮。加强职工思想动态分析，把提升职工思想素质的触角延伸渗透到职工生产、生活各个方面，充分调动职工的积极性、主动性和创造性。

f. 强化车间安全管理考核力度。要量化车间干部到生产现场检查工作的次数和标准，明确日常工作重点和考核标准，每月对车间干部量化指标完成、工作绩效等情况进行分析考评。

4. 加强班组安全管理

(1)班组在铁路安全生产中的地位和作用

① 班组是铁路运输生产的基本单位

班组是保证铁路运输安全生产的最基本、最基层的活动单位，是铁路运输安全生产的落脚点。我们的运输生产活动正是以班组为单位展开的，安全生产的目标归根到底要在班组实现，安全生产的纪录归根到底要在班组创造。

② 班组是铁路运输安全管理的基础

生产班组是以最基本的生产工人组成的。这些生产工人是铁路运输安全活动的实践者。安全管理制度只有以这些基本工人群众的经验、素质、积极性、创造性为基础，才能更加符合安全生产的客观要求，并且具有得以贯彻落实的可靠保证。

班组的基本功能就在于通过自己的生产实践活动完成站段或车间下达的运输生产任务。生产班组既是落实安全生产管理制度的终端，又是检验安全管理制度合理与否的实践场所。铁路运输中的各项技术指标、作业过程、规章制度，都要在班组实施，而作为制定安全管理制度的大量原始记录、统计台账等，都要由班组提供。同时，班组在第一线从事生产实践，最了解安全生产的关键所在，最清楚安全管理上存在的问题和薄弱环节，这些关键问题也最容易在生产班组反映出来。这样，生产班组为制定安全管理制度提供了实际依据、实践场所和检验手段，成为铁路运输安全管理的基础。

③ 班组安全形势对全局有重大影响

铁路运输的点多、线长，参与运输生产的部门多、工种多，这些特点决定了它是高度集中统一的、联动性的社会化大生产。虽然各工种、各个班组生产活动是分散的，但绝对不是孤立的分散，各个班组是组成铁路运输安全生产链条上不可缺少的环节，任何一个环节的断裂，都会使一定范围乃至全局的正常运输秩序遭到破坏。比如，某调车组在调车作业过程中发生车辆脱轨事故，使正线行车中断，不仅影响本站的接发列车作业，而且影响整个区段的列车运行。在繁忙的干线上，甚至打乱全局、全路的列车运行秩序。班组的安全成绩，直接影响站段和全局的安全形势。

(2)充分发挥班组长和安全员的作用

为了保证班组的安全生产，班组长和安全员应当发挥更大的作用。

① 班组长在安全生产中的作用

a. 班组长是安全管理的组织者。规章制度的实施、基础资料的积累、班组成员的考评等都必须在班组长的组织领导下进行。

b. 班组长是班组安全运输生产活动的指挥者。铁路基层站段的安全生产一般实行站(段)长、车间主任、班组长三级管理,班组长是最基层的安全生产指挥者。

c. 班组长以普通工人的身份参加安全生产实践,并在安全生产实践中发挥表率作用。

② 班组长在安全生产中的职责

a. 在车间主任的领导下,对本班组安全生产全面负责,直接指挥本班组的生产活动。

b. 搞好本班组的安全管理,正确填记本班组的各种原始记录和台账簿册。

c. 落实岗位责任制,将班组的安全生产和收益分配挂起钩来。

d. 及时处理生产中的各种问题,组织班组技术业务学习,提高班组成员素质。

e. 主持召开安全生产总结会、民主生活会等,加强政治思想工作,保持班组正常的生产和工作秩序。

③ 班组长在安全生产中的权限

a. 对班组的安全管理和安全生产有组织指挥权,对上级违反规章制度的指令有拒绝执行权。

b. 在有利于安全生产的前提下,有权合理分配本班组工人的工作,对生产成绩突出的个人,有权进行表扬和建议上级表彰,对影响安全生产的人员有权批评,必要时可暂时停止其工作,并有权建议上级给予处分。

c. 有权按照经济责任制的有关规定,对本班组的安全生产奖金进行分配。

d. 参与本班组工人的考评工作,对本班组工人的转正、晋级拥有建议权。

④ 安全员在安全生产中的职责

班组安全员的设立,是组织班组职工参加安全生产方面的民主管理的一种好形式,它可以使安全生产有更为可靠的组织保障和更为广泛的群众基础。

a. 安全员是遵章守纪的检查员。安全员在班组长的领导下开展工作,他要检查全体成员遵章守纪、安全生产的情况,检查安全生产的各项制度、措施落实的情况;检查班组成员的人身安全和劳动保护条件是否得到保证,检查班组成员在安全生产方面的正当权益是否得到保护。在检查的同时,制止一切违反安全生产的行为。

b. 安全员是提高业务技术水平的教练员。班组安全员应该是班组中办事公道、积极热心、业务熟练、技术过硬的生产骨干。这样,安全员可以配合班组长组织班组成员学习文化、学习技术,进行岗位练兵,以熟练掌握本职本岗应知应会的内容,不断提高业务技术素质,增强安全生产本领。

c. 安全员是提供安全生产情况的信息员。建立安全生产信息的记录、统计分析和反馈制度,是加强班组安全管理的一项重要的基础工作,这项工作主要由安全员担任。

(3)培养班组群体安全意识

为了保证安全生产,生产班组有很多工作需要去做,但根本在于培养起一种氛围、一种舆论、一种共同信念、一种向心力和凝聚力,这就是群体安全意识。

① 群体安全意识的含义

群体也叫团体,2 人以上为了达到共同的特定目标,相互依赖和相互作用,就构成了群体。其特征为:

a. 各成员互相依赖，在心理上彼此意识到对方，即意识到群体中的其他个体。

b. 各成员在行为上互相作用、直接接触、彼此影响。

c. 各成员具有团体意识，具有归属感，彼此有共同的目标和追求。

群体安全意识，属于社会舆论和集体感受，是一个班组内所有成员个人共同感知、认同和遵守的信念、意识。

② 群体安全意识的作用

班组群体安全意识，一般不是明确规定的，但往往比正式规定的规章制度更有约束力，它往往是不成形的，但它在班组的整个安全生产实践中无时无处不在。它就像威力很强的凝结剂，使班组规章制度、思想教育、组织建设等各种手段结合、凝聚、统一在一起，产生合力，从而提高整个班组成员统一奋斗目标，产生一种个人得失与集体成就休戚相关的心理。因此，培养班组群体安全意识，将有力地促进班组安全生产。

③ 群体安全意识的培养

班组群体安全意识的形成是一件难度很大的工作，它不仅需要一定的时间，还需要采取正确的方法。

a. 开展正面教育

正面教育就是多鼓励、多引导，用正面道理使受教育者提高认识。要经常、反复地向班组成员宣传“安全第一”思想，讲请楚搞好安全生产与自身的主人翁地位、与对国家的贡献、与对班组的集体荣誉、与个人的利害得失的关系，从而调动班组成员的安全生产积极性。使班组成员认识到，有些最基本的意识和信念就是在不断的重复中扎根于人们思想深处的。这种反复的正面教育是我们常用的一种基本教育方法。

b. 进行强化激励

激励，就是激发与鼓励。强化就是对人的某种行为给予表扬、肯定和鼓励，使这个行为得以巩固与保持，或对某种行为给予批评、否定和惩罚，使其改正、减弱与消退。

c. 典型示范

“榜样的力量是无穷的”，我们企业的每个车间乃至最基层的生产班组，都有安全生产方面的先进典型。我们要善于调查研究，总结经验，树立典型，使全班组都有比学榜样、赶超对象，从而达到安全生产的目的。

这种方法运用了心理学中关于模仿的原理。当一个人感知别人的行为时就会产生实现同一行为的愿望，随之而来的便是模仿。这就是说，别人的行为影响和制约着自己相同行为的产生。这些人，在自己的心目中威信越高，其影响和制约作用也就越大。这就是通过典型示范来进行安全生产教育效果显著的原因所在。

d. 利用从众心理

从众心理是一种与模仿有紧密联系的心理学现象。人是在群体中生活的，人也接受群体的影响。不仅行为有感染力，而且认识和观点也有感染力。个体受群体影响而改变其行为的现象就是从众。从众起源于一种团体压力，只要团体存在，就存在着团体压力。团体压力是通过多数人一致的意见形成一种压力，去影响个人的行为。团体压力虽然没有强制人执行的性质，但它在个体心理上所产生的影响有时反而比权威命令大，更能改变个体的行为。在安全思想教育的过程中，我们要自觉地利用这种心理现象。对于班组中个别安全思想不牢固，尤其是刚刚补充到班组中来的新职人员，我们要充分发挥班组优良传统作用和光荣历史荣誉等有利条件，加大团体压力，改变个别成员的不安全思想和行为，以促进班组安全意识的形成。

5. 培养职工健康的心理素质

心理学所揭示的心理活动规律，构成了行为科学的重要基础。铁路运输中的安全生产行为也是如此，控制不安全的行为是保证铁路运输生产的重要条件，而直接决定人的行为的基本因素，又是人的心理活动的规律。铁路行车安全心理所研究的就是人们在生产活动中的安全动机、安全习惯、安全心理品质等问题，及其发生、发展规律。

(1)心理因素与行车安全的关系

按照心理学原理，影响行车安全的心理因素主要有：感觉、知觉、记忆、思维、注意、情绪、疲劳等。

① 感觉和知觉与行车安全

a. 感觉、知觉的含义

感觉是人通过感觉器官对客观事物个别属性的反映；知觉是客观事物的各种表面现象和诸多属性通过人的各种感官在大脑中的综合反映。知觉不仅依赖现实的感觉，而且也依赖以往感觉经验的积累。感觉和知觉二者密不可分，通常将这两种心理现象称之为感知或感知觉。

b. 感知觉在铁路行车安全中的应用

在运输生产过程中，有些事故是由于人的感知觉发生错误而造成的。引起错觉的原因很复杂，既有心理因素，也有生理因素。错觉现象也很多，其中，以视觉和听觉错误对行车安全的影响较大。

首先，要努力克服错觉对行车安全的危害。错觉会引起错误的判断，导致行动上的失误，给行车安全带来隐患。例如，误认信号、误听或误传命令等，都是由错觉引起。为避免这种误认信号、误听或误传命令，在《铁路接发列车作业》等标准规章中强调了有关作业人员间的“复诵”制度。

其次，知觉具有选择性，面对纷繁多样的客观事物，人的感官能根据需要选择其中的那些特征明显的刺激进行反映。因此，在设置运输设备时，要注意与背景的差别，力求简洁、醒目。例如，信号机、信号标志易辨别，控制台按钮功能易记、好操作等。

再者，实践证明，人的感知觉能在实践活动中得到提高和发展。长期使用某种感觉器官或进行有目的地训练，都可以促进相应器官感知觉的发展。铁路行车工种强调熟练操作，只有加强基本功训练，做到“一口清”、“一手精”，才能确保行车安全。

② 记忆和思维与行车安全

记忆是人脑对所经历过的人和事的识记、保持和重现。思维是大脑在感知和记忆基础上，对客观信息进行分析、综合、判断和推理的心理过程。如在运输工作中运输指挥人员忘记将计划变更内容及时准确地通知作业人员，或因情况变化，不能立即分析判断、采取对策，就会贻误时机而直接危及行车安全。

记忆和思维是铁路员工重要的心理要素，没有较好的记忆能力，就不能很好地按章办事，执行计划。没有较强的思维能力，就难以面对错综复杂和瞬息万变的多种情况而作出正确判断并进行妥善的处理。

③ 注意与行车安全

注意是一种心理活动状态，按其作用或功能分为三种情况：一是注意集中，即把心理活动重点指向特定对象，对其他无关的心理活动进行抑制，不因无关刺激源的干扰而分散精力；二是注意分配，即在同时进行两种及其以上活动时，把注意有目的地指向不同对象；三是注意转移，即根据活动需要，主动有秩序地把注意从一个对象转移到另一个对象上。

注意是保证行车安全的基本心理条件。任何一项工作都是由多个作业环节组成的，如果作业人员的注意不集中，或过分集中而不能及时转移，或注意分配不当等，都有可能导致行车事故发生。

④ 情绪与行车安全

每个人在生活中，都会碰上令人愉快或令人痛苦的事，而产生喜怒哀乐之情，这种喜怒哀乐的体验，一般心理学上叫做情绪。严格说来，情绪是指人们对客观事物所持态度产生的内心体验，是人对客观事物是否满足自身需要，或是否符合自己的愿望和观点而表现出来的肯定（满意、愉快、高兴等）或否定（不满、不快、憎恨等）的态度体验。情绪和情感状态有积极和消极之分，良好的情绪和情感是保证行车安全的充分必要条件；情绪不稳、心境不佳则是发生事故的重要原因。例如，某站调车长，因家中有急事，上班迟到 8 min，说明情况后仍受到领导批评，并要按规定扣奖金，思想不通，带着情绪上岗，接到调车区长下达的调车作业计划后，未确认信号，盲目指挥调车，挤坏道岔，构成一般事故。发生事故的最主要的原因就是调车长情绪低落，心神不定。

⑤ 疲劳与行车安全

疲劳是人在连续工作一定时间后，体力和精力消耗超过正常限度所出现的生理心理机能衰退的现象，其表现是：

a. 生理机能下降，如肌肉酸痛、身体困乏、头痛头晕、视觉模糊、呼吸急躁、心率加快、血压升高等。

b. 心理机能下降，如注意力分散、感知觉失调、记忆和思维减退、反应迟缓等。

铁路运输工作中，客货列车运行速度高、噪声大，露天作业自然环境条件差，职工连续工作时间长，加之安全正点要求高，使生产和管理人员心理压力大，耗费的身心能量多，极易产生疲劳。疲劳在生理上“不能再干下去”和心理上“不想再干下去”的综合影响，轻则使工作效率降低，重则因判断失误或操作不当而导致事故发生。例如，车站值班员因打瞌睡造成列车机外停车，机车乘务员睡岗、不看信号造成列车冒进信号等都与疲劳有关。因此，研究和减轻疲劳，对保证行车安全有重要意义。

在运输生产过程中不可避免地会出现疲劳，我们尽可能消除疲劳对行车安全的影响，为此，我们应采取以下主要措施：

第一，上班前必须充分休息，休班时间要合理安排。休息是消除疲劳的重要措施。

第二，改善劳动条件和工作环境。创造一个良好的劳动环境，将有助于保障劳动者身心健康，提高工作效率。

第三，高质量制定作业计划。高质量的作业计划可降低职工的劳动强度，避免疲劳。

第四，强制克服疲劳。如果工作时间和劳动条件一时难以改变，则出现疲劳时必须增强自控力，靠意志来克服，并加强他控和互控。

第五，设置监控设备。如在机车上装设自动停车、超速防护设备等。防止因乘务员睡岗而引发的事故。

（2）个性心理特征与行车安全的关系

个性心理特征是指在个体身上经常地、稳定地表现出来的特点，包括能力、气质、性格等心理特征。

① 气质、性格与行车安全

气质是指人的心理过程在强度、速度、灵活性和稳定性等方面的心理动力特征。通常人们把人的气质分为胆汁质、多血质、黏液质和抑郁质四种典型类型。胆汁质的人精力充沛、思维敏捷、坦率刚直、办事果断、情绪反应快而强烈、易冲动、脾气暴躁、兴趣易产生但不持久，这类人在工作上表现为忽冷忽热，遇事不沉着、性急而粗心；多血质的人反应迅速、动作敏捷、活泼善谈、交际能力强，有较强的可塑性，容易接受新鲜事物和适应新环境，但注意力易转移，缺乏耐心、兴趣易变；黏液质的人善于克制自己、稳重安静、交际适度、反应迟缓、注意力稳定且不易转移，这类人能持久地工作、意志坚强、喜爱深思，但不够灵活、缺乏开拓精神；抑郁质的人感情细腻、观察力敏锐、多愁善感、富于想象、言行迟缓、胆小孤僻，这类人遇到困难时，常常表现出优柔寡断、束手无策。

人的性格通常可分为内倾型和外倾型两种类型。内倾型的人心理活动倾向于内心，表现为沉静、孤僻、多思、反应缓慢、适应环境困难；外倾型的人心理活动倾向于外部世界，情感外露、开朗活泼，善于交际。

气质和性格二者互相渗透、相互影响。气质和性格的外在表现都是围绕着“做什么”、“怎样做”展开的，因此，从事运输生产人员的气质和性格对行车安全直接相关。良好的气质和性格是作业人员实现自控的心理保证。而气质较差、性格有缺陷的职工，因客观存在的心理障碍而导致自控能力较差的问题，会发生行车事故。例如：调车作业中盲目推进，接发列车时的主观臆测、盲目开放信号等，多因作业人员急躁、武断、易冲动造成的。

为了减少气质和性格对行车安全的影响，在职工聘用和分配工作时尽可能考虑到员工的气质和性格特征。并定期进行检查，对不适宜行车工作的职工应及时调整。同时通过经常性安全教育，培养良好的性格和其他心理特征。采取对事故责任者批评、惩罚，对防止事故的人表扬、奖励的方式，促使职工养成认真负责、重视安全的气质和性格特征。

② 能力与行车安全

能力是完成某种活动所必需的并直接影响活动效率的身心发展基本品质，是个性心理重要特征之一。能力可分为一般能力和特殊能力。观察力、记忆力、注意力、思维力和想象力等属于一般能力范畴。它们适应于广泛的范围，为人们认识客观事物，掌握科学文化知识提供了智力保证。如色彩鉴别力、音响辨别力、图象识别力等均系特殊能力，只能在特定范围和条件下发生作用。例如，在列车技术作业过程中，列检所车辆检修人员通过锤敲耳听就能探测出车辆部件的故障或隐患所在，这就是一种特殊能力。

铁路行车职工能力强弱直接关系到行车安全，如细心观察、牢靠记忆、沉着应变、敏捷思维、准确判断及清楚表达等能力是广大职工安全高效地完成运输生产任务的重要保证。反之，观察不细、记忆不好、判断不准、表达不清和反应迟缓等就会增加行车事故发生的可能性。

(3)安全动机与激励在安全生产中的作用

① 安全动机

动机是推动人积极地进行活动并达到一定目标的行为动力。安全动机有两个方面的含义：一方面是指保护自身不被伤害的动机；另一方面是指保护他人和产品、设备不被伤害的动机。前者是人类的本能行为，因为在一般情况下，人不可能做出有意伤害自身的行为，这种动机不需要激励和培养，而后者则需要激励和培养。一个人有多种多样的动机，各个动机由于强度不同，在一个人身上所占的地位和所起的作用也不尽相同。有的比较强烈而稳定，有的比较微弱而不稳定。那种强烈而稳定的动机叫做优势动机，其他动机叫做辅助动机。优势动机对一个人来说，具有更大的激励作用。安全心理就是要注意激励安全动机，使安全动机成为优势动机。

② 激励

激励是指运用精神和物质手段去激发人的动机的心理过程。对安全生产进行激励的目的是通过激励引导职工的安全意识，强化安全动机，使之成为优势动机，促成安全行为。

随着经济和社会的发展，激励的手段和方法呈多元化趋势，主要有奖励与惩罚，竞赛与升级，职工参与民主管理和对管理行为实施监督等。铁路运输安全生产的长期实践证明，竞赛与奖励相结合的方法是激励广大干部和职工安全生产积极性的有效途径。

(4)安全习惯的养成与侥幸心理的克服

① 安全习惯

人在后天养成的一种在一定的情况下自动地去进行某些动作的特殊倾向，叫做习惯。习惯有好坏之分。有些习惯未经任何练习，只要有一次经验就可以稳定下来。但一般情况下，习惯是要经过练习才能形成或建立。

安全习惯是指在一定的作业环境中，自觉地按规章制度规定的安全的操作方式或方法去操作的行为。而这种安全的操作行为已成为个性心理品质的组成部分。经验证明，多数事故都是由违反操作规程而引起的。安全的操作一旦形成一种习惯，就可以预防或减少事故。

习惯的建立是一种学习过程。学习是经由练习，使个体在行为上产生较为持久改变的历程。对职工要进行安全训练，使遵章守纪能够成为嵌入工作习惯中，成为操作整体的重要组成部分。

② 习惯动作形成的特征

了解习惯动作形成的特征，对循序渐进地进行安全操作习惯的练习，是很有帮助的。

a. 将一系列部分动作联合成为一个整体动作。一个完整的操作是由许多简单动作联合起来的。如信号员“手指、眼看、口呼”安全操作信号和调车员练习上下车，开始时动作不协调，脑、手、眼等配合不好，当把许多动作联成一个整体时，才算学会了。

b. 多余的动作和紧张的消失。在开始学习时常常伴有多余的动作和紧张，这是不熟练的表现。学习者会感到疲劳。当动作达到熟练程度后，不必要的动作被淘汰，基本的动作得到强化。

c. 视觉控制的减弱和动觉控制的增强。当动作熟练后，学习者往往用动觉代替视觉进行操作。

③ 组织练习的方法

a. 明确练习的目的。训练开始，一定要使学习者明确学习的目的和要求，并给以有关的知识，激发学习的积极性，形成学习的内部动因。

b. 要掌握正确的练习方法。正确的练习方法可以避免盲目的尝试过程，提高学习效果。要通过语言解释和示范动作，使学习者获得清晰的表象，有了模仿的样板，会收到事半功倍的效果。

c. 及时反馈。要使学习者在每次练习之后，都知道练习的结果，对自己的动作及时做出评价，知道错在哪里、对在哪里，才能有更明确的练习方向，使正确的动作得到巩固、错误的动作得到纠正。

d. 正确掌握学习速度和质量要求。开始阶段，速度要放慢些，可以保证学习的准确性，及时发现错误，以便纠正。一旦错误的动作形成，就很难予以纠正，而往往要改造整个动作系统才能纠正。

e. 必须有计划、有步骤地进行。对于复杂的动作系统，可以将他们分成若干比较简单的局部成分，当掌握这些之后，再过渡到比较完整的活动，这样循序渐进地学习，便于受训者掌握，也便于指导者检查。

f. 练习的次数和时间要分配适当。练习的次数不一定是越多越好，如果在一段时间内次数太多，时间太长，不仅浪费时间、精力，而且容易疲劳，使兴趣降低。练习的时间要适当分配。一般来说，适当的分散练习比过度集中练习优越。

g. 练习的方式要多样化。方式方法的多样化，不但可以保持学习兴趣，而且还可以灵活运用学到的东西。

④ 侥幸心理

侥幸心理就是由于人们对安全环境歪曲的认识，产生某种愉快的情绪体验，发生某种不安全的行为倾向，是一种不正确的安全态度。在铁路运输生产中突出的表现就是不严格遵守规章制度。主要表现在以下三个方面：

a. 轻松反应。在完成较困难或较危险的工作时，对危险的因素注意力减弱，或注意的范围变得狭窄，容易造成事故。

b. 简化反应。主要是偷懒的心理在起作用，主要表现为简化作业过程。在简化反应过程中往往出现愉快的表象，因为完成复杂的规定程序往往要付出更大的努力。因而减弱了对复杂的客观环境的判断力。

c. 臆测判断。根据不充分的推测而随意进行的判断称为臆测判断。实际上，属于一种推测。产生臆测判断的原因如下：怀着尽快完成或结束作业的愿望；信息或知识不准确；有因此种行为而获得成功的经验；猜测行事，诸如“若是那样就好了”、“大概不会有问题”等观点有强烈的倾向时。

在运输安全生产作业中，如果大家都抱有侥幸心理，在一定的条件和外部环境下，事故就会发生。所以，要确保行车安全，必须克服侥幸心理。

6. 安全管理手段

(1)经济手段

经济手段是指通过工资、奖金、罚款等经济措施以及经济责任制、经济核算制等形式去影响和调动广大职工的积极性，是一种为保证生产任务的完成和安全目标的实现而采取的物质刺激手段。

在社会生产力发展水平不高、人们的思想觉悟和道德水准尚未达到高标准要求时，适当采用经济手段，可以起到其他手段所无法达到的作用。

经济手段不是一种强制的直接影响被管理者意志的方法，而是以刺激、诱导等方式间接影响被管理者的意识和行动，是通过经济利益的分配，鼓励先进，惩罚落后，从而调动广大职工的积极性，规范人们的行为，把人们的注意力引到安全生产上来，使运输生产的参与者人人关心安全生产、研究安全生产，进而促进安全生产。

(2)行政手段

行政手段是通过一定的行政隶属关系，从上而下地对运输生产活动中个人、群体和管理行为表示肯定(应该做什么，怎么做，做好怎么办)和否定(不该做什么，做了怎么办)的认可，以协调人们之间关系，保持相对平稳的一种重要的调节手段。它主要依靠行政领导机关的职能和权力，采取行政命令、指示、规定、决定(表彰或处分等)，规范人的行为，指导和干预铁路运输安全生产。铁路运输是在全运程(旅客及货物由发站运到到站的全部里程)和全过程(基本生产和辅助生产中各部门、各单位、各工种的全部作业过程)中进行的,因此,在时间和空间上必须有严格的规定和统一的标准,有关铁路行车组织的命令、指示,运输安全管理条例,规章制度及政策性指令等,因事关运输安全正点和任务的完成,广大运输职工必须无条件服从。行政手段有明显的强制性和权威性。

为使行政手段发挥好应有效能和作用,各级领导和基层干部应大兴调查研究之风,使决策民主化、科学化,并通过落实安全责任制,把管理、监控、服务三者有机地结合起来,为政令畅通、确保安全提供较为宽松的内部环境。

(3)思想工作

思想工作是运输安全管理最经常运用的工作方法和手段。在我国铁路行车安全工作中,出现过许多先进的安全典型,有的几千天、甚至几十年未发生过责任行车事故,坚持思想政治工作是他们的共同的经验。

安全生产管理的思想工作包括四个方面:一是掌握运输生产规律,抓住关键时间、部位、车次和人员,把思想工作做到运输生产任务、生产环节和运输生产的全过程中去;二是根据大自然的风、雨、雷、雾、雪天气和季节的变化对运输生产和职工思想情绪带来的影响,有预见地做好超前的思想工作;三是掌握职工思想变化规律和社会诸多因素的影响,及时了解职工之间和职工家庭内部的矛盾情况,抓住思想问题的症结,及时疏通引导,增强团结,振奋精神;四是掌握人的生理规律,根据职工性别、年龄、体力的差异和在运输生产中反映出来的思想情绪,因人而异地做好思想工作。

(4)法律手段

法律手段是在其他调节手段已不起作用或无法取代的情况下,用来解决比较复杂的关系和矛盾的。它是通过贯彻执行有关法律条文,规范人们安全生产和保护运输安全的行为,以达到维护法律尊严、保证生产安全的目的。铁路运输安全管理运用法律手段的范围主要有两个方面:

① 用法律保护铁路运输企业的合法权益

因在运输生产中,人为破坏铁路设施和正常运输条件、危及行车安全的恶性案件时有发生,如有的违反规定携带危险品上车,有的偷盗铁路通信器材,有的关闭车辆折角塞门,有的拆卸轨道连接装置等等。这些破坏行为严重危及铁路行车安全,必须依法整治。

② 对严重危害运输安全的违法行为,由执法部门依法执行相应的惩处

如少数职工玩忽职守,对本职工作极不负责,违反有关法律规定或规章制度,不履行或不正确履行自己的工作职责,致使重大事故发生,应按《中华人民共和国刑法》规定,按情节轻重追究其刑事责任。对重大事故的肇事者或责任人依法严惩是从严治路的一个重要方面,也是一种教育方式。

(5)各种手段的综合运用

综上所述,运输安全管理手段可分为两类:一是柔性调节手段,包括思想政治工作和情感手段、心理手段、奖励、表彰、晋级、提升等激励手段;二是刚性手段,如经济处罚、行政规定和处分、追究刑事责任等。经济、行政、思想工作和法律等手段都有各自的功能和作用,但各有其使用上的局限性。以经济手段为例,它是通过让职工在经济上得到实惠或受到损失,激励他们关心并做到安全生产。但这只对那些有较高物质利益要求的人起作用,对一些期望值过高或对物质利益不太关心的人来说,就起不到应有的鞭策和激励作用。如果操作不当还会使一些人

只顾眼前利益而忽视长远利益,这就需要其他调节手段相配合。从调节的作用看,各种管理手段都不是孤立的,更不是互相排斥的,而是紧密联系、相辅相成的。因此在运输安全管理工作中,实事求是、综合运用好各种手段,理顺各种复杂关系,化消极因素为积极因素,让广大铁路职工的安全生产积极性和创造性得到更充分的发挥。

典型工作任务3　行车安全系统管理认知

1.3.1　教学目标

1. 能力目标

认识安全管理的系统性,具备对生产业务部门和综合保障部门的协调能力。

2. 知识目标

了解铁路行车安全保障体系的构成,熟悉站段、车间和班组三级联控制度。

3. 素质目标

培养学生安全生产的责任感,提高执行标准化作业的自觉性。

1.3.2　工作任务

通过学习,使学生了解三员一长工作岗位的素质要求,分组讨论站段、车间、班组三级联控的运行模式,训练结合部作业联控。

1.3.3　相关配套知识

行车安全系统管理是运用安全系统分析和安全系统评价等技术理论及系统管理的思想和方法,把构成运输系统的要素有效地组织起来,实行整体、动态、定量地全方位管理,以求运输系统达到安全最佳状态。

1. 行车安全系统管理的原则

(1)系统性

安全是运输企业产品质量的综合反映,安全工作是运输企业管理中综合性相当强的一项重要任务,是业务部门、综合部门、后勤部门及思想保证部门工作围绕的中心。企业的安全管理部门和各生产业务部门及其他综合保障部门的关系,既有各自独立的管理内容,又有互相交叉控制的结合部,这实际上就形成了以安全生产为中心的企业管理整体系统。对运输安全之所以要作为一个整体系统来认识,是因为安全贯穿着运输生产、营销的全过程,如铁路车、机、工、电、辆等部门都有行车人身安全、设备安全问题,其他各部门的工作也会影响到安全。如果各业务部门不明确安全目标和管理标准,各保证部门不从多方面提供安全保障,安全工作中的漏洞是不可能完全堵住的。因此,企业中各职能部门围绕安全生产明确各自职责,发挥应有作用是建立安全保障体系,落实“安全第一”的基本原则。

(2)动态性

万事万物均在发展变化之中,铁路运输生产本身就是一个连续不断的动态过程。运输企业中的内外部环境、人员、设备等发生的各种不同形态的变化,要求企业管理包括安全管理要有相应的对策,以适应各种变化因素的影响。

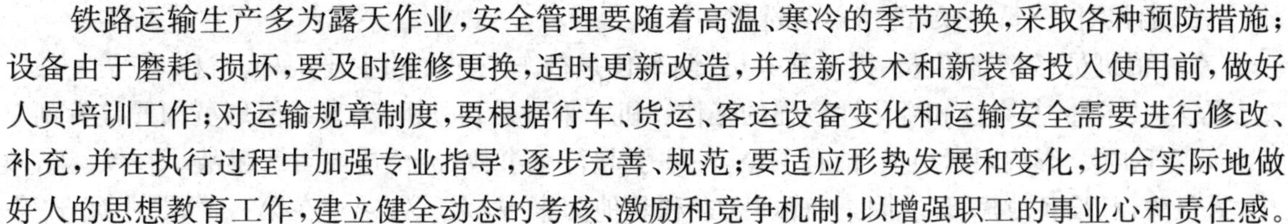

铁路运输生产多为露天作业，安全管理要随着高温、寒冷的季节变换，采取各种预防措施；设备由于磨耗、损坏，要及时维修更换，适时更新改造，并在新技术和新装备投入使用前，做好人员培训工作；对运输规章制度，要根据行车、货运、客运设备变化和运输安全需要进行修改、补充，并在执行过程中加强专业指导，逐步完善、规范；要适应形势发展和变化，切合实际地做好人的思想教育工作，建立健全动态的考核、激励和竞争机制，以增强职工的事业心和责任感。

(3)以人为本

人是生产力诸要素中最为重要的部分，人的能力、责任感和积极创造精神、身心健康等是确保运输安全的根本所在。运输安全固然要依靠科学技术的不断进步、采用先进的技术装备以加强安全生产的物质基础、加大安全系数，但安全生产形势的好与坏同样取决于管理人员和作业人员的素质高与低。如果人的素质不高，技术设备再先进，也往往发挥不了应有的作用，规章制度再完善也得不到落实。因此，在安全管理工作中，不仅要现代化化技术设备的作用，更要在提高人的素质上下工夫，培养具有高度主人翁意识的职工队伍，充分调动人的积极性、主动性。

(4)效益性

市场是以经济效益为中心的。安全与效益紧密联系、高度统一，安全是为了生产、为了效益，生产必须在安全的前提下进行，否则，生产停滞，效益也就等于零，而且事故本身还有很大的经济损失，对效益有很大的影响。加强管理、保证安全是需要大量经费投入的，必须找到一个相对合理的投入、产出结合点。

(5)安全信息反馈性

在以运输安全为目的的人—机—环境系统中，为了实现对行车事故的有效控制，切实保证人身和作业安全，必须时刻掌握以往控制效果的反馈信息，作为进一步实施现场作业控制的依据。从某种意义上说，行车安全管理的根本目的就是准确、及时、经济地收集、加工、传递、存储、输出运输安全所需的各种信息（包括安全指令信息、安全动态信息和安全反馈信息等），用于安全保障系统的运作，使运输人—机—环境系统取得最佳配合的安全效果。为此，必须要有严密的组织、严格的制度和要求，建立健全各种信息中心和网络，并广泛应用各种现代先进信息处理技术，提高安全信息的准确可靠程度，增强安全信息的时效性，及时解决所发现的各种问题。

2. 行车人员重点管理

(1)一般要求

① 掌握运输生产规律

针对关键时间、岗位、车次和人员，把安全教育工作做到运输生产过程中去。

② 掌握自然规律

根据风、雨、雾、霜雪等天气和季节变化对运输生产和职工心理带来的影响，有预见地做好事故预想和预防工作。

③ 掌握职工思想变化规律

对于社会条件和职工需求之间的矛盾，坚持下面教育为主，及时疏通引导，协调关系，增强团结、确保安全生产形势稳定。

④ 掌握人的生理规律

按照职工性别、年龄、体力和智力差异在运输生产中担当工作的性质不同，加强对行车主要工种人员的选拔和管理。

(2)加强对“三员一长”的培养与选拔

车站值班员、列车调度员、机车乘务员、调车长是行车工作中的主要工种,俗称“三员一长”。他们从事技术性、复杂性和变化性较强的工作。机车乘务员驾驶机车、车站值班员领导接发列车工作,责任重大、影响因素很多,稍有不慎,往往引起行车事故,甚至造成重大事故。在铁路事故中,人员失误、设备故障、环境因素、管理因素和其他因素中,人员失误排在第一位,其中属于“三员一长”失误的占绝大多数。因此,“三员一长”对保证行车安全具有举足轻重的作用。

由于人的主观能动性在行车安全中所起的作用越来越大,“三员一长”良好的生理与心理素质更为重要。如何根据“三员一长”这些特殊的生理和心理需要来考察、选拔并择优录用胜任人员,对确保行车安全至关重要。我国铁路科技工作者和专家学者的研究结果表明,合格的“三员一长”应具备的职业生理和心理素质可归纳如下：

① 认知能力。智力中等程度以上,视觉功能强,注意力转移和分配好,反应快,动作协调、准确。

② 身体状况。生理功能正常,体质健壮,有良好的适应环境能力。

③ 人格特点。责任心强,情绪稳定,紧急情况下应变能力强,对单调工作有良好的心理调节能力,疲劳状态下有耐久力等。

为了加强对重点行车人员的选拔和管理,除思想品德和业务素质要求外,管理部门应重视从生理、心理素质角度选拔“三员一长”,对他们进行专门的适应性检查,定期进行生理心理测试和咨询,在不断录用新人员的同时,妥善安排生理心理素质不适应的人员到其他部门或岗位去工作。

3. 行车安全重点管理

行车安全管理的出发点和落脚点是现场作业控制,对现场作业重点控制的内容主要包括标准化作业、非正常情况下作业和系统“结合部”作业控制等。

(1)标准化作业控制

标准化是指在经济、技术、科学及管理等实践活动中,对重复性事物和概念通过制定、发布和实施标准,达到统一,以获得最佳秩序和社会效益。行车标准化作业是对既有作业标准,从学习标准、对照标准到达到标准所进行的全部活动,如接发列车标准化作业是为保证车站接发列车安全,按照《铁路技术管理规程》(以下简称《技规》)规定,结合设备特点,制订并实施包括作业对象、作业方法、作业过程、作业程序和时间、用语等标准的一切生产活动。标准化作业是个人行为、群体行为和管理行为的综合表现,只有在组织、制度、措施和监控等方面严格管理,才能使标准化作业得以实现并持之以恒。

① 实行站段、车间、班组三级联控

站段、车间对标准化作业控制主要通过检查、监督、考核来实现,班组对标准化作业控制主要通过自控和互控来实现。自控是指作业人员严格遵守劳动纪律、作业纪律和标准化作业;互控是同工种人员之间相互配合、互相监督,共同遵守作业标准。在自控与互控关系上,首先抓好岗位自控,认真落实班组岗位自查制度和班组对标自检制度,把各种不安全的因素,控制在下一道工序之前,消灭在本工序之中;其次要抓住工序互控,实施工种间、岗位间、工序间的互相提醒、互相监督、互相制约,使上道工序为下道工序着想,下道工序为上道工序把关;再次是抓好上下监控,尤其是对容易发生问题的关键生产环节和作业控制点,更要加强监控力度。

② 提高班组标准化作业自控能力

班组自控能力是运输安全保障体系中最重要的条件之一,它取决于班组的人、物、事(管理)三者之间的和谐统一。为此,一要做好职工的技术培训工作,通过学知识、钻技术、达标准,争当业务骨干;二要以创建标准岗为中心,全面执行“双达标”一体化管理,即将班组升级、岗位达标、设备(状态)创优,现场环境优化结合起来管理,使班组间相互竞争,班组内联责联心,增强按作业标准自控互控能力;三是注意强化班组长作用的发挥。因此,一方面要减轻班组长不必要的工作负担,保证其主要精力集中在安全生产上;另一方面给班组长更多的关心帮助,合理调整责、权、利,更好地激发班组长尽心尽职、勇于负责的事业心和责任感。

③ 严格遵守作业标准和制度

作业标准使参加同种作业的不同人员在实践、环节、动作、用语等方面取得最优配合,保证作业系统处于相对平衡的稳定状态。而在实际作业过程中,因简化作业程序引发的行车事故并不少见,这就需要对运输作业过程中的重点部位、环节、人员、时间等作为安全控制点,制定单项作业标准,并建立相应的作业制度,如调车作业“三盯”(盯关键岗、盯关键人、盯关键时间)、“四标准”(上标准岗、干标准活、讲标准话、交标准班)、“把三关”(进路关、信号关、制动关)制度的彻底执行,才能使调车标准化作业得到落实。

④ 增强职工执行“两纪一化”的自觉性

“两纪一化”(劳动纪律、作业纪律、作业标准化)是运输安全的“柱石”,职工执行“两纪一化”的自觉性越高,运输安全生产的形势就越好。因此,应对职工进行理想前途、敬业爱岗教育,开展新形势下的劳动竞赛,从正面激励广大职工自觉遵章守纪、标准化作业。同时,坚持公开、公正的竞争原则,择优录用、竞争上岗,利益分配拉开档次,并关心职工生活,为职工排忧解难,使安全生产的责任感、紧迫感、危机感和主人翁意识在广大职工头脑中深深扎根。

(2)非正常情况下作业控制

正常作业条件下的标准化作业能确保运输安全。非正常情况下,由于部分作业标准无法得到实施,不得不执行特殊规定,稍有不慎极易造成行车事故。行车事故大多数发生在调车作业和列车运行中,非正常情况对列车运行中的接发列车工作影响最大,因违章操作而发生的事故也较多。非正常情况下接发列车造成事故的比例是相当高的,性质和后果也是比较严重的,已成为安全行车工作中的顽症。从这个意义上说,非正常情况下的作业控制,主要是研究解决非正常情况下接发列车的作业控制问题。

① 非正常状态发生事故的原因

所谓非正常情况下接发列车,系指因站区停电、维修或施工、设备和自然原因及行车组织需要等,改变原作业方法所进行的接发列车工作。因作业失误而发生列车事故的主要表现形式有:列车冲突、脱轨、向占用区间发出列车、向占用线接入列车、未准备好进路接发列车、错办闭塞发出列车和列车冒进信号等。非正常情况下造成接发列车事故的主要原因是:

a. 参与接发列车作业人员业务素质低、应变能力差,遇停用基本闭塞法改按电话闭塞法行车时,违反“先准备进路,后交付凭证”的作业程序,有章不循,不按规定确认进路,盲目接发列车。

b. 违反作业纪律和劳动纪律,擅自离开岗位;滥用行车办法,简化作业程序;当班思想不集中,错传、漏传命令或变更计划传达不彻底。

c. 车站领导对非正常情况下的接发列车工作抓而不实,执行“自控、他控、互控”制度不严,室内、室外不同工种间联系脱节。监督检查未能抓住关键环节和作业重点,有的甚至不按规定到岗监控。

d. 由于设备类型不一，情况特殊多变，有的规章制度尚不够严密、健全等。

② 加强作业控制的途径和办法

非正常情况下的作业应严格遵守有关作业标准和原则，此外，还必须根据非正常情况下的作业特点，采取相应的措施和办法。全路将接发列车严把“三关”〔闭塞、凭证(信号)、进路〕列为接发列车“防错办”的关键环节，并制定了相应的硬性制度，对保证安全生产起了积极作用。为了保证《接发列车作业标准》和各项规章制度，尤其是特殊情况下接发列车的硬性规定和制度得到认真实施，有效地控制非正常情况下接发列车事故的发生，应采取科学合理、切实可行的办法，强化现场作业管理。

a. 加强对行车作业人员在非正常情况下安全办理接发列车的业务培训，组织职工定期开展特殊情况下接发列车的演练，积极推广接发列车模拟故障应变处理、实作演示训练的经验和方法，提高接发列车人员在非正常情况下的作业技能和应急处理能力。

b. 认真执行《铁路接发列车作业》标准，强化“三控”联防制度；加强非正常情况下接发列车的进路检查、确认、询问制度；严格对关键作业、关键岗位和关键人员重点监控制度。

c. 建立以“三关”为对象，以“防错办”为重点，以“严控关键环节”为突破口，以防止接发列车事故为主要目标的安全管理系统。通过大量的调查研究，在对非正常情况下接发列车进行系统的安全分析的基础上，充分运用控制论原理和行为科学方法，以《铁路接发列车作业》标准和《技规》为准绳，将“防错办”、“防溜逸”等制度层层分解到各种非正常情况下接发列车的控制系统中，如停电接车关键环节控制、使用特定行车办法发车关键环节控制等，并利用“控制卡”的形式，明确了各种情况下的适用范围、关键环节、控制要点、标准要求及监控人员等，使非正常情况下接发列车全过程的控制程序化、系统化、严密化。

(3)结合部作业联控

① 结合部的内涵和实际意义

结合部是指由几个单位或部门共同参与工作或管理而形成的互相联系、互相制约的环节、区域或部位。就行车工作而言，结合部是在运输过程中，为了安全生产这一共同目的，不同部门和不同工种人员协调动作、联合作业，在生产和与管理上发生交叉、重叠的区域和环节。例如，在列车运行、接发列车和调车作业等生产环节必须由车务、机务等部门联合作业，在铁路区段上铁路局间的分界口管理，线路大修时的施工与运输部门间的密切配合等，都是多个部门、多重作业的汇集之地。这些部位往往是管理松散、矛盾集中、事故多发的系统薄弱环节，是安全管理的重点和难点。

行车作业结合部是一个系统，具有系统的一般特性，即整体性、相关性、目的性、有序性及环境适应性。此外，结合部还具有以下基本特征：

a. 多重作业。生产中多工种联合劳动，多工序紧密衔接。工种、工序间常会发生脱节、失调现象，使结合部处于无序状态。

b. 多元集合。管理工作由多个部门或单位共同负责、相互交叉，常会因自身利益脱节、扯皮、推诿现象，影响结合部整体功能的发挥。

c. 多级传递。信息产生和处理往往要经过纵向上下几个层次的多级传递，自下而上汇集，自上而下反馈，往返传输，常会造成延迟或中断，影响系统的正常运转。

d. 多方受控。各单位都有自己的主管部门，在协调相互关系时，涉及管理模式、设备运用、利益分配等问题，只抓某一方面难以奏效。

② 结合部作业联控

要有效地保证运输安全,离不开各部门各工种的协调配合、群体防范,否则,就会打乱甚至破坏运输正常秩序,使安全失去基本条件。如果各部门只从本位出发,除了事故互相推卸责任,就难以抓住发生事故的本质问题,采取有效的防范措施。再者,作业人员总会有失误,设备总会有故障,环境也在不断变化,意外的情况时有发生,如果不组织相关部门互相监督、多个工种共同预防,就会使本来可以避免的事故发生。强化结合部管理是降低事故发生概率、保证行车安全的重要途径。

结合部管理实质上是一种横向管理,是协调不同部门和工种之间横向关系的一种手段——联合控制(联控)。行车系统联控是针对不同结合部的问题,采取有效方法,并积极付诸实施,其基本原理和方法是增加有效冗余,加强前馈控制及系统要素优势互补,基本要求是:

a. 通过安全系统分析和评价,找出系统薄弱环节,提出预防措施。

b. 制定相关部门联合控制的作业标准、程序和措施。

c. 建立信息网络,制订联控制度,加强联控考核。

各部门内部作业人员和工序之间的自控和互控是联控的基础。首先抓好本部门的自控和联控,部门间的联控才能得到有力支撑并发挥应有作用。

在行车工作中,列车冲突事故位居行车严重事故之首,危害极大。“两冒”、“错办”本身既是事故,又是列车冲突事故的主要原因,如何有效防止成为接发列车作业结合部急需解决的首要问题。从国情和路情出发,我国铁路采用“机车四大件”和“车机联控”相结合的办法,有效地解决了这一老大难问题,并成为结合部联控的成功典范。

车站错误办理接发列车进路的事故原因,除设备故障外,主要是参与接发列车工作的人员错误操作和监控不力。另外,在运输安全系统分析中,通过对列车冒进信号事故树的定性分析得知:在14个基本事件中,结构重要度较大的基本事件是自动停车装置被关闭和自动停车装置故障。对接发列车系统结合部的这些主要问题,可实施车机联控加以解决。

车机联控是使用列车无线调度电话使车(车站值班员、运转车长)机(机车乘务员)双方相互通话,实现列车运行与接发列车作业联控。列车进站前,司机必须在预告信号机外,运用列车无线调度电话向车站呼叫,车站值班员必须及时回答,告知列车进路和信号状态;非正常情况下,车站主动利用列车无线调度电话预告司机。司机与运转车长利用列车无线调度电话互相联系,了解列车尾部风压和列车自动控制系统状态。列车出发前,车站和司机之间增加确认进路的联控作业标准用语,司机按发车信号动车。

车机联控后,将列车无线调度电话由以前的通信联络工具变为现行的行车指挥与监控的辅助工具。机车出库前,必须检查确认其状态良好并取得合格证后机车才能出库。列车运行途中,机车有关安全保障设备必须全程运转,严禁“关机”(参看《技规》)。“车机”运用列车无线调度电话进行互控和联控,相互提醒,互相监督,并对通话信息全面记载,定期考核分析,从而有效地控制了“两冒”和“错办”事故的发生。

典型工作任务4　铁路安全风险管理认知

1.4.1　教学目标

1. 能力目标

熟悉安全风险管理的历史和发展,初步具备铁路风险点辨识和安全风险评价的能力。

2. 知识目标

了解铁路安全目前的严峻形式，理解我国铁路实施风险管理的必要性，掌握安全风险管理的实施过程，初步了解铁路运输企业目前实施安全风险管理的着重点和问题。

3. 素质目标

培养学生安全风险意识，初步形成一定的安全风险价值理念和行为范式。

1.4.2 工作任务

理解铁路安全风险管理是一项系统性工程，是以“安全第一、预防为主、综合治理”的思路，通过全面分析铁路安全风险、科学研判铁路安全风险、科学制定管控措施来构建安全风险控制体系。

1.4.3 相关配套知识

风险广泛存在于社会生产、生活之中。一般来说，风险就是指危险、危害事件发生的可能性与后果严重程度的综合度量。所谓风险管理，就是指为了降低风险可能导致的事故，减少事故造成的损失所进行的风险因子识别、危险源分析、隐患判别、风险评价、制定并实施相应风险对策与措施的全过程。铁路安全风险管理就是指通过安全风险意识培育、安全风险识别研判、安全风险过程控制、安全风险应急处置和安全风险评估考核一系列活动，来防范和消除安全风险。

1. 全路全面推行安全风险管理的意义

(1)全面推行安全风险管理是实现铁路科学发展、安全发展的战略举措

铁路作为国民经济大动脉、国家重要基础设施和大众化交通工具，要发挥在经济社会发展中至关重要的作用，根本的前提和基础是确保安全。铁路安全问题，不仅关系到铁路自身的发展，而且事关人民群众生命财产安全和社会影响；不仅关系到铁路对经济社会发展的保障能力，而且事关经济平稳较快发展和社会稳定大局；不仅关系到铁路建设和运营的良性循环，而且事关人民群众生活水平的提升，事关社会公共服务体系的完善和社会文明进步的进程。这是站在更好地服务人民群众，让人民群众满意的高度，贯彻落实科学发展观，实现铁路科学发展、安全发展的战略性举措。

(2)全面推行安全风险管理是提升安全工作科学化水平的必然要求

必须清醒地看到，全路运输安全管理工作的制度机制还不完善，特别是对高铁安全管理规律把握不够，安全关键环节的卡控还没有做到制度化、科学化。正反两方面的经验教训告诉我们，只有尊重铁路安全生产规律，确立安全风险管理的新思路，从根本上提高铁路安全管理的科学化水平，才能最大限度地减少或消除安全风险，从而实现运输安全的长治久安。针对铁路安全面临的严峻现实，在深刻总结铁路安全工作规律，准确把握当前铁路安全特征和变化的基础上，全面推行安全风险管理，是强化铁路运输安全工作的必由之路。安全风险管理是系统性工程，以“安全第一、预防为主、综合治理”的思路，构建安全风险控制体系，就是要加强对安全风险的全面分析、科学研判，科学制定管控措施，最终实现消除安全风险的目标。由此而言，安全风险管理是更高层次的安全管理，把握了铁路行业特点，是提升全路安全管理科学化水平的必然要求。

(3)全面推行安全风险管理是解决铁路安全突出问题的迫切需要

长期以来，铁路各级组织高度重视安全基础工作，但安全基础薄弱的状况始终没有得到根本解决。突出表现在：部分单位抓落实的能力不强，安全管理和现场作业控制较为薄弱；规章制度严谨、规范，管理职责不明确，临时性措施办法多，以电报代替规章，下级规定宽于基本规章的问

题还比较突出;职工队伍结构有的还不够合理,职工队伍素质能力还有欠缺,职工教育、培训工作还不能完全适应运输安全的需要等等。随着高铁迅速发展、路网规模不断扩大、新技术装备大量投入使用,安全基础薄弱所带来的安全风险将更加突出。切实解决安全管理存在的突出问题,已是极为紧迫的工作。为破除铁路安全基础薄弱的“顽疾”,必须增强安全风险防范意识,引入安全风险管理方法。通过对风险因素的有效控制,进一步促进安全意识的强化、安全理念的提升和安全工作思路的优化,进一步促进各项措施的落实,最大限度地减少或消除安全风险。

(4)全面推行安全风险管理是提升全员、全过程安全控制能力的有效途径

无危则安,无损则全。安全是一种不发生损失或伤害的和谐的生产状态,其实质就是防止事故,消除导致死亡、伤害、职业危害及各种财产损失发生的条件。而事故则是对安全生产过程失去控制的产物,事故的发生与人的不安全行为、物的不安全状态、不良的工作环境和安全管理上的缺陷息息相关。安全风险管理正是从风险管理的角度分析了事故的形成机理,揭示了事故的内在规律和本质根源。推行安全风险管理,有助于理清安全思路,找到安全管理的关键环节和安全工作的突破口,提高风险防范和事故预防与处置的能力;有助于全路干部职工将安全风险意识根植于思想深处,贯穿到运输生产的全过程,增强搞好安全生产的自觉性;有助于全路干部职工牢固树立安全共识,做到任何时候都把安全作为大事来抓,任何情况下都把安全放在第一位来考虑,任何影响安全的问题都要立即解决,从而牢牢掌握安全工作的主动权;有助于将安全风险防范工作落实到各层级、各岗位,把安全风险减少到最低限度;有助于对各类安全风险实行分类管理,加强对安全风险的过程管理,狠抓管控措施的落实,加强检查考核,进行闭环管理,实现安全工作的良性循环,确保铁路运输安全持续稳定。

2. 风险管理的实施程序

就安全而言,风险是描述系统危险程度的客观量,主要有两种考虑:一是把风险看成是一个系统内有害事件或非正常事件出现可能性的量度;二是把风险定义为发生一次事故的后果大小与该事件出现概率的乘积。

安全风险管理是指通过对安全风险的识别、研判和分析,采取合理的措施对风险加以处理,把风险减至最低或消除风险的一种科学管理活动。理想的安全风险管理,应事先排定优先次序,可以优先处理引发最大损失及发生机率最高的事件,其次再处理风险相对较低的事件。实行安全风险管理主要步骤可以用五个字总结:“筹、辨、测、评、控”。

(1)前期准备

“筹”指的是全面推行风险管理前应从思想上、政策上、信息上做好前期准备,建立风险管理的环境。前期准备主要有以下工作:

① 确定安全风险管理目标和范围

安全风险管理的目标是根据风险管理对象或范畴的需要和相关法律法规、标准规范规章的规定,识别和分析风险,制定并实施有效的风险控制措施,最终使风险管理对象或范畴的风险达到可容许水平。

铁路安全风险管理涉及车、机、工、电、辆不同系统,涵盖各系统各项作业的各个环节。因此,各铁路企业、部门、站段应首先根据规章标准、自身特点和职责分工,定义自己的安全风险管理范围和目标。

② 现场调研,搜集信息资料

在安全风险评估前,需要进行全面性、系统性的调研,调研资料主要包括:系统范围内的基

本情况，铁路既有与风险控制相关的技术规章、安全标准及工作细则，安全风险控制措施，现有应急救援能力，员工及相关人群(如乘客、货主及沿线居民等)的风险意识，以往运输生产事故、障碍、异常的记录和案例，其他资料。

在具体的现场调研中宜采取问卷调查和实地走访相结合的方式。

③ 确定评估依据和方法

铁路安全风险管理根据风险管理项目和项点、技术规章、作业标准、预期目标和效果以及获取资料情况等因素，选择确定适当的风险评估方法及风险评估模型、指标。铁路运输企业有着规范统一的组织基础，在确定安全评估依据及安全风险辨识上，可以顶层设计全路通用的安全评估规范及安全风险辨识要点及方法。

风险评估的工作方法一般按照分层次、分类别、抓关键三类开展工作。分层次主要指按由上至下的原则从全路到基层站段分层次风险分析研究；分类别指按照车、机、工、电、辆等分类别风险分析研究；具体工作从抓关键，保重点做起。将高铁安全风险、客车安全风险 、工程质量安全风险 、施工安全风险、自然灾害安全风险 、货物运输安全风险 、站车防火防爆风险 、信息系统安全风险 、道口路外安全风险九个铁路安全风险控制重点列为关键风险分析研究。

基层单位以提高员工安全风险意识和辨识防范能力为根本，以落实“三个重中之重”为重点，立足基层班组、一线员工和作业现场，全面开展铁路运输企业安全风险辨识防范与评估工作，有效提升安全基础管理水平。

④ 确定工作方案

铁路各级机构、部门、基层站段开展全面安全风险管理和实施风险评估前应确定切实可行的工作方案。工作方案内容主要包括：团队组织(包括评估团队成员、组织结构、角色、责任等内容)、计划制定[包括各阶段的工作时间、内容、形式、成果(含最终风险评估的基本要素与结论及风险控制的管理措施及方法等内容)]和风险准则确定。

⑤ 教育培训

我国铁路近年来的技术设备等硬件方面投入巨大，却对人员培训、安全风险防控能力提升方面应对不足，导致员工安全职业能力无法与目前的铁路发展现状相适应，人员对于设备过分依赖，在技术失效时手足无措应对不足。铁路员工安全风险的意识、风险源点的识别能力、风险控制的基本技能必须通过建设铁路安全文化，强化风险意识，明确并承诺降低风险的职责，掌握风险管理有关知识，交流防控风险经验等措施进行强化培训提升。

(2)风险辨识

“辨”指的是风险辨识。从宏观角度而言，风险管理的对象是存在于系统中的人、物和环境，以及由它们所构成的系统。而从微观角度而言，风险管理的对象按风险递进性指的是风险因子、危险源、隐患和事故。

风险辨识的任务就是辨识安全风险点、分析危险源、判别隐患、分析事故，再根据风险识别的结果对风险进行筛选，整理并筛选与活动直接相关的各项风险，删除其中与活动无关或影响极小的风险因素及事故，并进一步进行识别分析，确定是否有遗漏或新发现的风险点，最终以表单形式给出详细的风险点，列出已辨识的风险清单。如果有必要，可以在第一次风险辨识的基础上对风险进行二次识别，整理和筛选与活动相关的各项风险，删除影响极小的风险因素，识别并分析确定可能遗漏或新发现的风险点。

风险辨识可采用的方法较多，常见的有检查表法、专家调查法、因果图法(鱼骨图法)、事故树分析法(FTA)等多种方法。

(3)风险估测

“测”指的是“风险”估测。风险评估的目的就是通过逐项估测风险源的风险概率(可能性)和风险损失(后果),再依据“风险=风险概率×风险损失”确定风险等级。因此,风险估测这一环节是在风险识别的基础上,通过对所收集的大量资料进行分析,利用概率统计理论,估计和预测风险发生的概率和损失程度。风险估测有仅使风险管理建立在科学的基础上,而且使风险分析定量化,为风险管理者进行风险决策、选择最佳管理技术提供了科学依据。

常见的风险估测方法主要有评价矩阵法、模糊综合评价法、定量评价法等。

(4)风险评价

“评”指的是风险评价。是对风险发生的可能性及损失进行估算的基础上,对风险进行等级评定、风险排序与风险决策。处理风险,需要一定成本,成本与风险损失之间的比例关系直接影响风险管理的效益。理想的安全风险管理,应事先排定优先次序,可以优先处理引发最大损失及发生机率最高的事件,其次再处理风险相对较低的事件。对于低风险低概率的低分析因素,分配较少的管理成本,避免占用过多的维护和保养资源;对于高风险高概率事件,应重点把控,给予更多的管理成本和资源,避免风险。

常见的风险评价根据实际需要和评价深度,可采用不同的方法,如:基于判断的安全审核、专家评议法等;基于经验的检查表、参考数据法等;基于结构性的 AHP、FTA、指数评价法等;基于全面性的 QRA、风险矩阵等。

根据安全风险事故发生的概率和产生的影响或后果,可以将风险从低到高分为低度、中度、高度和极高,见表 1.1。

表 1.1 初始评价风险程度表

风险等级			1	2	3	4	5
		概率\后果	轻微	较大	严重	很严重	灾难性
严重性	5	很可能	高度	高度	极高	极高	极高
	4	可能	中度	高度	高度	极高	极高
	3	偶然	中度	中度	高度	高度	极高
	2	不可能	低度	中度	中度	高度	高度
	1	很不可能	低度	低度	中度	中度	高度

(5)风险控制

“控”指的是风险控制。即确定风险处置措施及应急预案,实施风险监测、跟踪与记录等各种可行的措施,最大限度地降低风险事故发生和减少风险带来的损失。铁路运输企业通过构建安全风险过程控制体系,以运输生产过程为对象,以高铁、客车和高风险环节、关键设备、关键岗位的安全风险管理为重点,实现“管理规范化”和“作业标准化”。

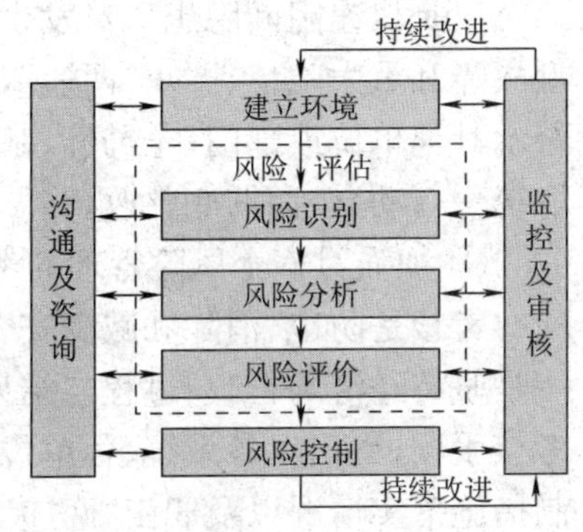

图 1.2 风险管理流程(ISO 31000)

通过“辨、测、评、控”一系列安全风险管理活动牢固树立风险意识和理念,全面研判安全风险,周密制定控制措施,持续改进工作。应该认识到,“辨、测、评、控”是不可分割的整体,其中,风险辨识、风险估测、风险评价是基础,风险控制是核心,如图 1.2 所示。

3. 安全风险管理在铁路运输企业的推行

铁路系统全面推行安全风险管理，就是要结合铁路安全工作实际，通过风险识别、风险研判和规避风险、转移风险、驾驭风险、监控风险等一系列活动来防范和消除风险，形成一种科学的管理方法。

(1)安全风险管理推行工作重点

① 牢固树立全员性安全风险管理意识

安全风险管理是对传统安全理念的深化和发展，全员要明确安全风险管理是实现铁路安全长治久安的一项长期持久的工作，力戒临时观念。安全是铁路工作的生命线，是铁路的“饭碗工程”，安全生产事关人民群众生命财产安全、经济发展和社会稳定大局，事关党和政府的形象和声誉。铁路每位员工都应该清醒地认识到安全风险管理在推进铁路科学发展中的极端重要性。

同时，在安全风险管理中，逐步培育全员性安全文化，使广大铁路干部职工在不断汲取安全生产经验和教训前提下，在安全风险管理实践中，形成铁路科学发展过程中固化的安全风险价值理念和行为范式。

② 夯实安全基础有效控制

安全性风险在铁路运输安全系统包含众多因素，它们在安全生产中的地位并不是一样的，有些因素是最基本的因素和环节，对安全生产起基础的或决定的作用。这些因素保持稳定的状态，安全系统就基本有序，否则就会导致无序甚至破坏。加强安全基础建设是有效控制安全风险的基础保证，铁路各部门、各单位必须围绕健全完善和推进落实干部逐级负责制和岗位责任制、专业管理、站段三级管理、技术规章管理、设备管理、职工教育培训、结合部管理、安全风险应急处置、安全投入管理、生产一线人力资源保障、安全风险源头管控、安全风险评估、安全检查监察、安全责任考核激励、党政工团合力保障等安全管理机制体系为主线，深化安全基础建设，构建符合安全生产管理实际的风险管控体系，为全面控制安全风险提供基础保证。

③ 全面提升安全风险应急处置能力

一是快速报告信息。铁路局、业务处、站段要严格执行安全信息报告和通报制度，按照报告程序及时报告安全信息，确保安全问题能够在第一时间快速报告到有关领导，通报到相关部门。

二是快速响应出动。各部门、各单位要严格执行事故、设备故障、突发情况、非正常行车等问题，特别是涉及客车安全的快速响应制度，落实不同等级、不同性质的响应人员、流程、时限和应对处理方案。一旦发生问题，必须立即启动，迅速确定风险的性质、涉及的部门，及时制定措施进行解决。

三是快速阻断隐患。对发生的问题要举一反三，吸取教训，快速处理隐患。遇到事故、典型故障和重大险情、严重“两违”，需要组织各单位各部门全面检查防范。个别性问题，要立即警示其他单位或部门；全局性、基础性问题，要进行系统研究，对危害性较大的问题，要立即采取统一行动，全面彻底整改。

④ 加强对安全风险管理的考核力度

考核是防范、消除和减少安全风险的有效手段，考核中，要严格安全风险过程控制的考核。一是坚持经济与行政、过程与结果并重，定期通过安全通报考核、安全监察指令书和通知书等考核手段，突出对各系统、各单位安全风险关键项点识别研判的准确度与覆盖度、各项过程控制措施落实情况以及职工“两违”情况进行考核，特别是加大对安全关键岗位和重点作业违章违纪的处罚力度，提高警示效果。二是要通过精神和物质激励手段和办法充分调动干部、职工控制安全风险的积极性和主动性，真正有效实现风险管理的全面、全员、全过程管理。

(2)管理规范化和作业标准化

风险控制是安全风险管理的核心，“管理规范化和作业标准化”是实现安全风险控制的基本抓手和重要途径。国铁集团在《关于推行铁路安全风险管理的指导意见》中明确指出，要以推进安全生产标准化为载体，构建铁路安全风险控制体系。铁路基层单位和部门推行安全风险管理的最终目的是实现对现场作业过程的有效管理和控制，其基本的遵循就是科学的制度和标准，坚持以管理规范化和作业标准化为工作主线，依据生产布局调整、生产方式变革、队伍素质变化、技术设备更新等因素的转变，不断健全完善各项规章制度、程序标准，把安全生产推入良性循环轨道，实现铁路安全管理有序可控。

① 管理规范化

“管理规范化”，就是按照制度规定进行管理，强调制度权威，减少“人治”因素。制度是管根本和长远的，制度管理是成熟企业的重要标志。强调管理规范化，核心是强调制度的权威性。在一个企业中，如果是制度至上，就会使管理过程由复杂变简单、由盲动变可控、由抽象变具体、由“人治”变“法治”；反之，管理工作就会失去组织原则，管理行为就可能迷失方向，必将导致人为因素大行其道、管理混乱无序。强调管理规范化，前提是强调完善各项制度。制度科学合理是执行的前提。如果制度设计不合理，就会从源头上混淆是非公正，破坏正常秩序，造成执行困难。因此，要实现管理规范化，就必须对现有的各种规章规程、办法细则、流程标准、职能职责等进行全面地彻底地梳理规范，修建补废，持续改进，使之随时做到科学合理、系统配套、管用可行。目前，铁路运输企业在推进安全管理规范化建设中，全面加强安全基础管理，从上至下梳理和制定各系统、各单位的安全职责、工作标准和工作流程。图1.3为列车监控装置数据换装工作流程的示意图。

强调管理规范化，关键是强调严格执行制度。铁路运输企业出现的“有章不循”、“同类型事故连续发生”、“钻制度空子”等情况，就是制度执行出了问题。因此，管理规范化还必须强化对各级干部执行制度情况的过程监督和结果考核，使不执行制度的行为能够及时受到追责。

② 作业标准化

“作业标准化”，就是严格按标准作业，强调执行标准一点也不差、差一点也不行。作业标准是在系统科学分析的基础上，遵循规章制度、操作规范和工作流程要求，将作业过程的每一道操作程序、每一个动作要领和应遵循的顺序进行分解和细化，是安全、技术、质量、效率等要求在岗位作业中的具体化。作业标准化，是确保铁路运输生产的基础保障。强调作业标准化，首先要强调完善作业标准，做到有标准可执行。长期以来，《技规》、《行规》以及相关的技术规章、作业要求、操作规范的制定、执行和推广，形成了程序化的作业模式，支配了职工的作业行为，起到了作业质量防控的基础作用。但随着铁路运输生产方式的日新月异，随着铁路运输安全生产要素的急剧变化，我们的许多作业标准呈现出不先进不完备、简单粗放甚至滞后失效状态，必须根据当前及今后一个时期运输生产的特征和规律，健全完善各种作业、各个岗位的工艺流程和作业标准，做到每项作业有流程、每个环节有标准。强调作业标准化，还要突出强调抓好职工技能培训，解决“干什么、怎么干、干到什么程度”的问题。下力气培训职工应知应会，让职工对自身作业相关的每条规章、每项作业标准，不仅知其然还能知其所以然，不仅熟记于胸还能体现于行。

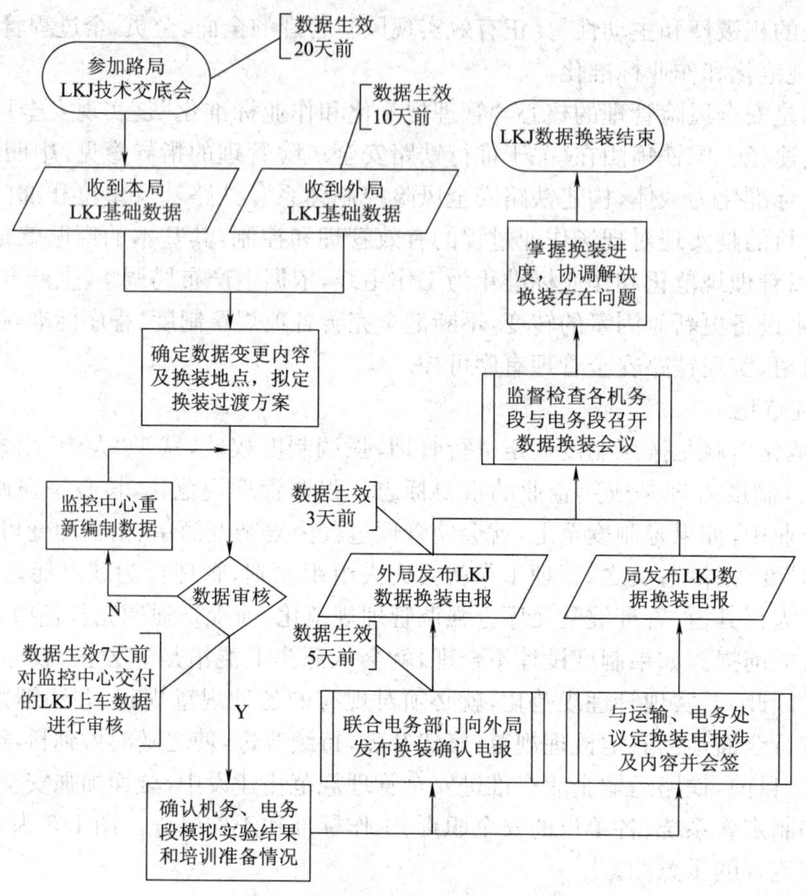

图 1.3　列车监控装置数据换装工作流程图

强调作业标准化，最重要的还是强调执行作业标准，做到有标准必执行。作业标准是工作底线，是每名职工必须遵守的行为准则。底线绝不容许突破，准则决不允许违犯。因此，必须加强现场作业控制管理，狠抓标准化作业，狠抓规章制度的检查落实，严厉查处“两违”，引导职工自觉养成按章作业、执行标准的良好习惯。

管理规范化是前提，作业标准化是基础，二者既有侧重又相互依托，共同构成确保运输秩序安全高效的重要基础。管理规范化和作业标准化是构筑企业管理体系和安全风险管理体系的两大要素。管理规范化着重于宏观把控，作业标准化着重于微观执行；管理规范化的主要内容是制定科学、合理、有效的规章、制度和规范，作业标准化则是管理政策、措施的延伸、细化和具体落实。管理规范化和作业标准化二者缺一不可。离开了作业标准化，管理规范化将是纸上谈兵、空中楼阁。同样，管理不规范，意味着任务无法明确、责任无法落实、机制作用无法发挥，作业标准化也就无从谈起。

1.4.4　知识拓展

【案例学习】 车务系统安全风险项点、控制措施、控制标准节选。

车务系统安全风险管理项目 13 项，安全风险项点 63 个。

……

项目2 非正常行车

项点1 设备故障接发车未落实非正常接发列车作业程序

【控制措施】

(1)行车设备故障时,车站值班员要确认设备故障现象,故障影响范围,等级"运统—46",向调度员报告,通知值班干部上岗。

(2)办理接发列车作业时,严把"闭塞、进路、凭证、命令"关。

(3)盯控干部逐程序把关,认真填记《非正常行车控制卡》,监督车站值班员落实非正常行车的各项程序。

【控制标准】 (安全监察通知书发放标准)

(1)在无联锁或联锁失效的线路上接发列车未按规定对道岔加锁或进路未准备妥当即交付行车凭证(事故苗子)。(红)

(2)错交、漏交凭证、调度命令(事故苗子)。(红)

(3)通信记录装置故障时,仍使用列车无线调度通信设备发车或转达命令。(红)

(4)救援命令中的时间、地点、车次、方向发布错误。(红)

(5)接到运行中列车发生车辆故障、燃轴等现象,未及时停车、错误指示列车在前方站检查处理,未造成后果。(红)

(6)非正常作业未执行卡控、未按规定对进路双人确认、凭证未进行复检时。(红)

(7)设备故障后未在"运统—46"上登记或故障现象登记不清、影响范围登记不明。(红)

(8)设备发生故障,未及时通知有关部门,未登记签认即同意设备部门人员检修或检修完毕不检查、确认就签认销点。(红)

(9)设备故障时接发列车未检查确认故障区段空闲。(红)

(10)办理非正常接发列车作业,未按规定逐项填写或填错、漏填《非正常行车控制卡》。(黄)

(11)未按规定加戴各种安全帽、表示牌。(黄)

(12)有关手信号显示不标准。(白)

(13)接发车用语不标准。(白)

项目小结

铁路行车安全贯穿于铁路运输生产的全过程,是铁路运输产品的首要质量特征,是法律赋予运输企业的义务和责任。抓好行车安全工作要求全体铁路工作人员树立安全第一、预防为主、综合治理的安全理念,建立、健全安全管理的规章制度,系统做好重点岗位和重要人员的安全管理,树立安全风险意识。项目主要介绍了行车安全的基本知识、基础工作、系统管理和风险管理等。牢固掌握这些基础知识是做好行车安全工作的关键。

复习思考题

1. 铁路运输安全生产的重要性有哪些?
2. 为什么说行车安全是铁路运输工作的生命线?
3. 铁路运输安全有哪些特殊性?

4. ISO9000 系列标准的基本原理是什么？

5. ISO9000 系列标准与全面质量管理有何共同点？

6. 利用现场参观、学习、调研、网络等途径，搜集铁路局、站、段、车间安全管理有关文件。

7. 画出铁路局运输安全管理体系简单框图，并说明各层次的主要职责？

8. 站段安全管理的责任有哪些？

9. 班组长在安全生产中有哪些主要责任？

10. 如何培养班组群体安全意识？

11. 怎样正确处理行车安全与效率、效益的关系？

12. 影响行车安全的心理因素主要有哪些？

13. 为了尽可能消除疲劳对行车安全的影响，我们应采取哪些措施？

14. 举例说明疲劳对行车安全的危害。

15. 举例说明情绪对行车安全的危害。

16. 如何采取激励手段保证行车安全？

17. 论述培养安全习惯的重要性。

18. 在行车安全中为什么要克服侥幸心理？

19. 简要分析如何从心理因素出发来保障行车安全。

20. 铁路运输安全管理主要有哪几种手段？为什么要强调各种手段的综合运用？

21. 行车工作中的“三员一长”指哪几个工作岗位？

22. 安全管理应该重点管理哪些内容？

23. 如何辩证看待铁路传统安全管理和安全风险管理的关系？

24. 试述管理规范化和作业标准化在铁路推行安全风险管理中的作用。

项目 2　铁路行车安全保障体系认知

项目描述

本项目主要是建立铁路行车安全保障体系的基本概念，从建设铁路行车安全保障体系必要性入手，分析影响铁路行车安全的基本因素，突出铁路安全保障体系构成的针对性及实现目标。通过对我国铁路运输已经形成的铁路行车安全法律保障体系、铁路行车安全技术保障体系、行车安全教育与专业技能培训体系、铁路行车安全监察体系的学习和分析以及对国内外铁路安全体系的对比，从国家法规、企业标准及制度、人员素质及培训、技术设备保证等方面，全面了解铁路行车安全保障体系，为后续项目的学习打下良好的基础。

拟实现的教学目标

1. 能力目标

理解建设铁路行车安全保障体系的必要性；学会分析影响铁路行车安全的基本因素，初步掌握铁路行车安全保障体系框架下安全工作的基本方法。

2. 知识目标

熟悉铁路行车安全保障体系的基本概念，了解影响铁路行车安全的基本因素。对我国铁路运输已经形成的铁路行车保障安全法律体系、铁路行车安全技术保障体系、行车安全教育与专业技能培训体系、铁路行车安全监察体系有一个系统的认知，并对比国外铁路安全体系，学会分析行车安全保障体系的不足与改进方向。

3. 素质目标

树立系统的安全生产观念；遵守安全规章规范，自觉接受安全教育和培训，形成从“要我安全”变为“我要安全”的主动安全意识；具有一定的创新精神与实践能力。

典型工作任务 1　铁路行车安全保障体系基本知识认知

2.1.1　教学目标

1. 能力目标

以系统工程的角度，认识铁路行车安全保障体系。

2. 知识目标

了解建立铁路行车安全保障体系的必要性和影响行车安全的主要因素，对现代化行车安全保障体系的构成有一个初步的认识。

3. 素质目标

具有从保障铁路行车安全角度出发，维护铁路运输企业良好的社会形象的责任；有较高的职业兴趣。

2.1.2 工作任务

理解铁路行车安全系统是一个人—机—环境—管理的多因素相互作用的动态系统。绘制现代化铁路行车安全保障体系的结构图。

2.1.3 相关配套知识

1. 建立行车安全保障体系的必要性

当铁路行车速度较低时，无论是人还是设备都有比较充裕的能力应付事故或突发的偶然事件，依靠设备的技术条件、维修保养标准与限度以及人的操作规范和行为指南，就可以基本保障铁路系统的安全运转。然而，随着列车运行速度的提高、行车密度的增大，系统中所蕴含的不安全因素越来越多。同时，同一类型事故对不同行车速度和行车密度的路网造成的损失大不相同，如侵入物撞击对高速列车的影响较之对常规列车的影响就大得多，而且与高速度相伴而来的是行车密度的大大增加，区段与区段间、站点与站点间的相关性增加，任一站段的事故、停车、运缓都势必影响到其他区间列车的运行。因此对于现代化铁路的安全而言，除了单个列车、区间设备本身的质量和安全外，更着重于整个路网的安全性。随着我国铁路既有线的大面积提速及高速铁路的兴建，保障行车安全的思想、方式、手段必然由局部安全转向整体安全，安全参数的监控由点式静态观测转向连续式动态监测，信息的传输和分析由以人为主向计算机为主的现代化手段转变，建立统一的行车安全保障体系已呈必然趋势。

2. 影响行车安全的因素(人一机一环境一管理)

铁路行车系统是一个在时间、空间上分布很广的开放的动态系统，铁路行车安全影响因素错综复杂，涉及面大。从系统的观点出发，与行车安全有关的因素可以划分为四类：人、机器、环境以及管理。其中，人既是影响安全的一种因素，又是防护对象；机器既是影响安全的因素，又是保障安全的物质基础；环境既可能是影响安全的灾害因素，又可能是应予保护的社会财富。因此，必须对其进行合理的组织管理才能充分发挥各自效能，最大限度地保障行车安全。

在人—机—环境系统中只有人可以向安全问题提出挑战，一个掌握足够技能和装备的人能够发现并纠正系统故障，并且使其恢复到正常状态。不幸的是，绝大多数事故的发生均与人的不安全行为有关。据统计，德国大约80%以上的道路交通事故起因于人的差错；法国电力公司在1990年提出的安全分析最终研究报告中指出，在70%～80%的事故中人的因素起着决定性的作用；美国机动设备事故中，由人的因素引起的事故占89%；日本劳动省1983年通过分析制造业对伤亡事故原因表明，由人的不安全行为导致事故的占92.4%。可见，为了保障行车安全，必须注重职业教育，强化岗位培训，提高工人的技术技能。然而，由于受生理和心理状态的影响，人的行为状态和技能的发挥会有较大的起伏，若仅靠人或以人为主来保障行车安全，即便所有人员均达到培训要求，从长远看，行车安全并不能得到充分保证。欲使行车安全达到较高水平，必须依靠技术先进、质量优异的运输设备和技术装备。

影响行车安全的环境因素包括自然环境和社会环境两类。洪水、暴雨、风沙、泥石流以及地震等自然灾害是影响铁路行车安全的重要自然环境，为了降低其危害需建立灾害环境的预警、预报系统及灾后救援和修复系统。而社会环境主要是指通过组织管理所营造的系统内的协调关系和通过法律、行政法规构筑的系统外部环境。

3. 行车安全保障体系的构成

现代化铁路行车安全保障体系的构成应包括以下几个方面：

(1)建立、健全与铁路运输相关的法律和行政法规体系。

(2)建立、健全职业教育制度和职工技能培训制度。

(3)建立以现代企业制度为基础的内部管理体制。

(4)建立以先进技术装备为基础的行车安全技术保障系统。

具体如图 2.1 所示，其信息流程如图 2.2 所示。

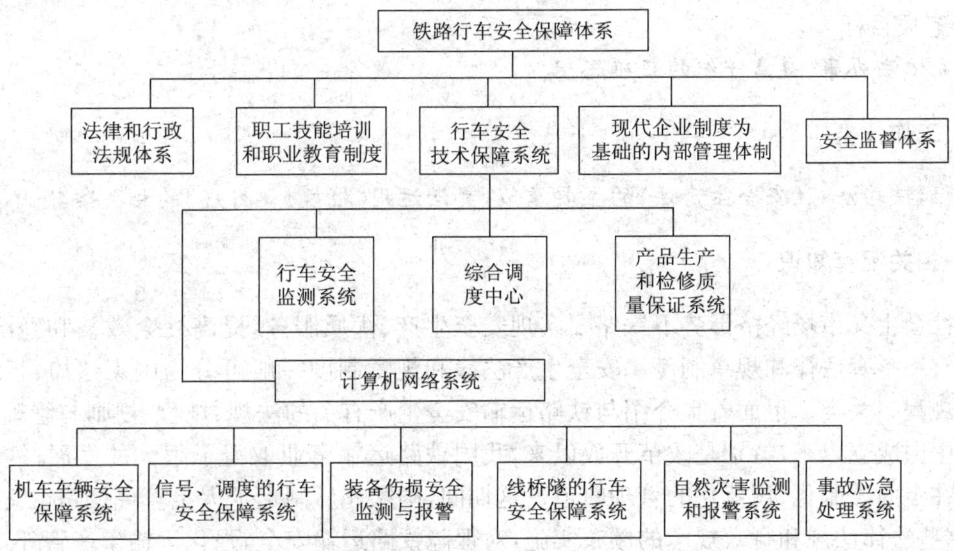

图 2.1 现代化铁路行车安全保障体系的构成

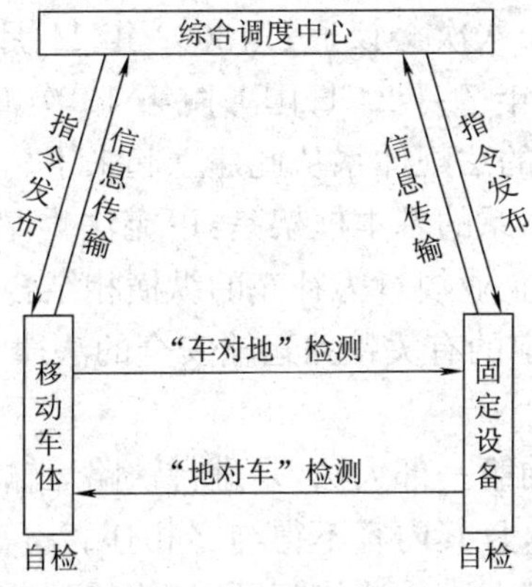

图 2.2 现代化铁路行车安全保障体系信息流程图

典型工作任务2　铁路行车安全保障的法律体系认知

2.2.1　教学目标

1. 能力目标

能理解国家、企业有关铁路行车安全法规,会运用各种铁路行车安全法规指导铁路行车组织工作。

2. 知识目标

了解《铁路法》《刑法》《安全生产法》等法律的立法原则,领会《铁路安全管理条例》《铁路交通事故应急救援和调查处理条例》等行政法规的精神实质,掌握《技规》《行规》等铁路运输规程、规则的主要内容。

3. 素质目标

树立依法办事、遵章守纪的正确思想。

2.2.2　工作任务

熟记《铁路法》、《安全生产法》的主要章节,灵活运用《技规》、《行规》的相关条款。

2.2.3　相关配套知识

在社会主义市场经济形势下铁路要实现安全生产、优质服务,提高社会效益和经济效益,必须要有一整套法律和规章制度。安全生产法律和规章制度一般可分为国家法律、行政规章和操作规程三大类。下面着重介绍与铁路运输安全生产有关的法规、规程、规则与管理制度。

新中国成立以来,特别是改革开放以来,我国铁路运输事业取得了很大的发展,铁路运输管理正在走向法制化、规范化的管理轨道。这期间,国家先后制定了大量管理铁路运输的法律规范,这些法律法规和行政规章的颁布实施,对保障铁路运输安全,强化运输生产管理,维护运输生产秩序都起了积极的作用。尤其是1990年9月7日由第七届全国人大常委会第十五次会议通过,自1991年5月1日起开始施行的《铁路法》等基本法,2002年6月29日第九届全国人民代表大会常务委员会第二十八次会议通过,2002年11月1日 起试行的《安全生产法》,《铁路安全管理条例》也于2013年7月24日国务院第18次常务会议通过,自2014年1月1日起实施,都表明铁路运输部门的法规体系从此建立起来了。

我国现行的铁路运输法规体系的基本框架是:以宪法为基础、铁路运输法律为龙头、铁路运输行政法规为骨干、铁路运输企业规章为补充的纵横相结合的系统。

1. 全国人大常务委员会制定的有关铁路运输安全的法律

(1)《铁路法》

《铁路法》是我国管理铁路的第一部大法,是进行铁路运输和建设的基本法律,铁路运输的一切法律、规章都应以它为基础,且其内容不得与之相违背。《铁路法》中有约30条的篇幅专门规定了有关“铁路安全与保护”方面的法律问题,具体如下:

① 铁路运输设施的安全保障。

② 铁路公安和地方公安的职责划分。

③ 铁路的电力供应。

④ 铁路线路两侧山坡土地的水土整治。

⑤ 铁路路基的防护和妨碍行车瞭望因素的排除。

⑥ 道口防护和通行，维护铁路行车安全和站车秩序的各项行政措施。

⑦ 铁路客货运输的卫生检疫、铁路行车事故的处理以及重要桥隧的守护等。

《铁路法》针对危害铁路运输安全的违法行为，规定了相应的行政责任、刑事责任和民事责任。铁路运输部门凡属违反安全运输原则，造成人身伤亡或货物损失的，均须追究法律责任。

《铁路法》的贯彻实施，对安全生产起了积极的作用。在社会主义市场经济的新形势下，必须使用法律法规来管理和规范企业的安全生产。因此，大力推进安全生产法制建设，完善安全生产法律、法规体系势在必行。

(2)《刑法》

《刑法》中与行车安全管理、行车事故处理和法律责任相关的条文(摘录)：

① 破坏火车、汽车……，足以使火车……发生倾覆、毁坏危险，尚未造成严重后果的，处以三年以上十年以下有期徒刑。

② 破坏轨道、桥梁、隧道……，足以使火车、汽车……发生倾覆、毁坏危险，尚未造成严重后果的，处三年以上十年以下有期徒刑。

③ 破坏交通工具、交通设施……造成严重后果的，处十年以上有期徒刑、无期徒刑或者死刑。

过失犯前款罪的，处三年以上七年以下有期徒刑；情节较轻的，处三年以下有期徒刑或者拘役。

④ 铁路职工违反规章制度，致使发生铁路运营安全事故，造成严重后果的，处三年以下有期徒刑或者拘役；造成特别严重后果的，处三年以上七年以下有期徒刑。

⑤ 违反交通运输管理法规，因而发生重大事故，致人重伤、死亡或者使公私财产遭受重大损失的，处以三年以下有期徒刑或者拘役；交通运输肇事后逃逸或者有其他特别恶劣情节的，处三年以上七年以下有期徒刑；因逃逸致人死亡的，处七年以上有期徒刑。

⑥ ……违反规章制度，或者强令工作人员冒险作业，因而发生重大伤亡事故或者造成其它严重后果的，处三年以下有期徒刑或者拘役；情节特别恶劣的，处三年以上七年以下有期徒刑。

(3)《安全生产法》

根据2021年6月10日第十三届全国人民代表大会常务委员会第二十九次会议《关于修改〈中华人民共和国安全生产法〉的决定》第三次修正的《安全生产法》共7章119条。

① 总则。强调了安全生产管理，坚持安全第一、预防为主、综合治理的方针，指出生产经营单位的主要负责人对本单位的安全生产工作全面负责。

② 生产经营单位的安全生产保障。

③ 从业人员的安全生产权利义务。

④ 安全生产的监督管理。

⑤ 生产安全事故的应急救援与调查处理。

⑥ 法律责任。

⑦ 附则。

2. 国务院制定或经国务院批准而由交通行政部门发布实施的行政法规

按照国家《宪法》的规定，国务院有权根据有关交通运输法律和行政管理的需要，制定各类交通运输方面的行政法规，以保证交通运输行政管理活动能够顺利进行。这方面的法规在交通运输法规体系中占有很重要的位置。保障铁路运输安全的法规主要有以下几种：

(1)《生产安全事故报告与调查处理条例》

《生产安全事故报告与调查处理条例》是经2007年3月28日国务院第172次常务会议通过，2007年4月9日公布，自2007年6月1日起施行的，共分六章四十六条。

① 总则

总则指出该条例的制定是为了规范生产安全事故的报告和调查处理，落实生产安全事故责任追究制度，防止和减少生产安全事故，根据《安全生产法》和有关法律，而制定本的。该条例根据生产安全事故造成的人员伤亡或者直接经济损失，把生产安全事故划分为特别重大事故、重大事故、较大事故和一般事故四类。

② 事故报告

本条例指出：事故发生后，事故现场有关人员应当立即向本单位负责人报告；单位负责人接到报告后，应当于1 h内向事故发生地县级以上人民政府安全生产监督管理部门和负有安全生产监督管理职责的有关部门报告。对特别重大、重大事故要逐级上报至国务院安全生产监督管理部门和负有安全生产监督管理职责的有关部门；较大事故逐级上报至省、自治区、直辖市人民政府安全生产监督管理部门和负有安全生产监督管理职责的有关部门；一般事故上报至设区的市级人民政府安全生产监督管理部门和负有安全生产监督管理职责的有关部门。

③ 事故调查

特别重大事故由国务院或者国务院授权有关部门组织事故调查组进行调查。

重大事故、较大事故、一般事故分别由事故发生地省级人民政府、设区的市级人民政府、县级人民政府负责调查。省级人民政府、设区的市级人民政府、县级人民政府可以直接组织事故调查组进行调查，也可以授权或者委托有关部门组织事故调查组进行调查。

未造成人员伤亡的一般事故，县级人民政府也可以委托事故发生单位组织事故调查组进行调查。

④ 事故处理

重大事故、较大事故、一般事故，负责事故调查的人民政府应当自收到事故调查报告之日起15 d内做出批复；特别重大事故，30 d内做出批复，特殊情况下，批复时间可以适当延长，但延长的时间最长不超过30 d。

有关机关应当按照人民政府的批复，依照法律、行政法规规定的权限和程序，对事故发生单位和有关人员进行行政处罚，对负有事故责任的国家工作人员进行处分。

事故发生单位应当按照负责事故调查的人民政府的批复，对本单位负有事故责任的人员进行处理。

负有事故责任的人员涉嫌犯罪的，依法追究刑事责任。

⑤ 法律责任

在事故发生后，事故发生单位主要负责人不立即组织事故抢救、迟报漏报事故或者在事故调查处理期间擅离职守的，处上一年年收入40%至80%的罚款；属于国家工作人员的，并依法给予处分；构成犯罪的，依法追究刑事责任。

事故发生单位及其有关人员谎报、瞒报事故；伪造、故意破坏事故现场；转移、隐匿资金、财产；销毁有关证据、资料；拒绝接受调查或者拒绝提供有关情况和资料；在事故调查中作伪证或者指使他人作伪证；事故发生后逃匿的的，对事故发生单位处100万元以上500万元以下的罚款；对主要负责人、直接负责的主管人员和其他直接责任人员处上一年年收入60%至100%的罚款；属于国家工作人员的，并依法给予处分；构成违反治安管理行为的，由公安机关依法给予治安管理处罚；构成犯罪的，依法追究刑事责。

⑥ 附则

规定了本条例的公布、实施时间等项目。

(2)《铁路安全管理条例》

该条例是2013年7月24日国务院第18次常务会议通过，自2014年1月1日起施行，同时《铁路运输安全保护条例》废止。新条例共分8章，108条。

新条例是在近年来我国铁路建设和运营快速发展，《铁路运输安全保护条例》已不能完全适应保障铁路安全的新形势、新要求的情况下，对《铁路运输安全保护条例》中不适应改革要求的规定进行总结和调整后出台的。条例明确了铁路安全管理体制，涵盖了铁路建设质量安全、铁路专用设备质量安全、铁路线路安全、铁路运营安全等铁路安全生产的主要领域和重要管理制度，是铁路安全管理的综合性法规。新条例的贯彻实施，必将有力地推进铁路安全管理，更好地保障公众生命财产安全，促进铁路安全发展。其主要内容和相关规定有以下几个方面：

① 铁路安全管理体制。按照《国务院机构改革和职能转变方案》和《国务院关于组建中国铁路总公司有关问题的批复》规定：

组建国家铁路局，负责拟订铁路技术标准，监督管理铁路安全生产、运输服务质量和铁路工程质量等；国家铁路局依法对中国铁路总公司进行行业监管。

组建中国铁路总公司，取消了《铁路运输安全保护条例》中设定的部分行政许可项目，同时强化了铁路运输企业的安全生产主体责任。对在铁路线路安全保护区内从事建造建筑物、构筑物、取土挖砂等活动，以及在铁路线路两侧1 000 m范围内从事露天采矿、采石或者爆破作业的，规定要与铁路运输企业协商一致并采取安全防护措施；在铁路桥梁跨越处河道上下游各1 000 m范围内进行围垦造田、拦河筑坝、架设浮桥，以及各500 m范围内进行疏浚作业等活动的，有关部门在审批前应当征求铁路运输企业的意见。在铁路运营安全方面，条例进一步补充完善了要求铁路运输企业保障旅客和货物运输安全的相关规定。

② 铁路建设质量安全。作为铁路安全管理的综合性法规，条例在总结铁路建设实践经验的基础上，针对保障铁路建设质量安全的关键环节和主要问题，设专章对铁路建设质量安全作了规定：

一是规定铁路建设工程的勘察、设计、施工、监理以及建设物资、设备的采购，应当依法进行招标。

二是明确铁路建设各参与方的质量安全责任，规定铁路建设工程的勘察、设计、施工、监理应当遵守法律、行政法规关于建设工程质量和安全管理的规定，执行国家标准、行业标准和技术规范，并对勘察、设计、施工的质量负责，建设单位应当对建设工程的质量安全进行监督检查，制作检查记录留存备查。

三是要求铁路建设工程的安全设施应当与主体工程同时设计、同时施工、同时投入使用。

四是规定铁路建设工程使用的材料、构件、设备等产品，应当符合有关产品质量的强制性国家标准、行业标准。

五是明确规定铁路建设工程的建设工期应当根据工程地质条件、技术复杂程度等因素，按照有关规定合理确定、调整，任何单位和个人不得违反规定要求铁路建设、设计、施工单位压缩建设工期。

六是严格竣工验收制度，规定铁路建设工程竣工经验收、评估合格，符合运营安全要求的，方可投入运营。

③ 高速铁路安全管理。高速铁路技术密集，运行速度快，对安全保障有更严格的要求，一方面要严格执行铁路安全保护的一般规定，另一方面也要针对高速铁路安全保护的特殊需要建立完善专门的安全管理制度。条例进一步充实了保障高速铁路安全的规定：

一是根据高速铁路建设对工程地质条件的严格要求，规定对高速铁路建设实行工程地质勘察监理制度，以保证工程地质勘察质量。

二是为确保高速铁路运行安全和沿线社会公众人身安全，经研究论证明确了高速铁路线路安全保护区的范围，并要求设计开行时速 120 km 以上列车的铁路实行全封闭管理。

三是针对地下水开采造成的地面沉降危及高速铁路运行安全的突出问题，明确规定高速铁路线路两侧各 200 m 范围内禁止抽取地下水，在此范围外的地面沉降区域，抽取地下水危及高速铁路安全的，应当设置地下水禁止开采区或者限制开采区。在这里，还要特别提醒旅客不要在动车组列车上吸烟，吸烟所产生的烟雾会直接危及列车正常运行，并造成安全隐患，条例对此有明确的禁止性规定。

④ 新条例对旧条例的完善补充规定。条例总结实践经验，适应铁路运输和建设发展对立法的迫切需求，并针对存在的问题，进一步补充完善了对有关保障铁路运输安全的规定：

一是增加规定对存在安全性缺陷的铁路机车车辆及其他专用设备实行召回制度，由设备制造者负责召回缺陷产品并消除缺陷。

二是适应电气化铁路发展对用电安全保障的需要，增加了对铁路运输用电保障以及防止超标准排放大气污染物危及电力接触网安全的规定。

三是增加了禁止干扰铁路运营指挥调度无线电频率正常使用，保障铁路无线电指挥调度系统安全畅通的相关规定。

四是增加了实施火车票实名购买、查验制度的有关规定。

五是增加了危及铁路安全的禁止性规定，如禁止违规操纵列车紧急制动设备，禁止擅自进入铁路线路封闭区域，禁止强行登乘或者以拒绝下车方式强占列车等。

六是增加了对铁路监管部门的职责规定，要求铁路监管部门对从事铁路建设、运输、设备制造维修的企业执行本条例的情况实施监督检查，建立企业违法行为记录和公告制度等。

通过宣传贯彻条例，建立健全铁路监督管理的各项制度和保障安全的各项措施，整改解决安全管理存在的突出问题和薄弱环节，形成安全管理的长效机制。更好地推动铁路科学发展、安全发展，为稳增长、调结构、促改革提供有力的安全保障。

(3)《铁路交通事故应急救援和调查处理条例》

该条例充分考虑铁路交通事故调查处理的特点和现阶段国务院有关部门职责分工的情况，对铁路交通事故的调查处理程序作了五个方面的规定：

① 明确了组织事故调查组的主体和参加部门。条例根据不同的事故等级，分别规定：特别重大事故由国务院或者国务院授权的部门组织事故调查组进行调查。重大事故由国务院铁

路主管部门组织事故调查组进行调查。较大事故和一般事故由事故发生地铁路管理机构组织事故调查组进行调查;国务院铁路主管部门认为必要时,可以组织事故调查组对较大事故和一般事故进行调查。根据事故的具体情况,事故调查组由有关人民政府、公安机关、安全生产监督管理部门、监察机关等单位派人组成,并应当邀请人民检察院派人参加。事故调查组认为必要时,可以聘请有关专家参与事故调查。

② 规范了事故调查的期限。条例规定:事故调查组应当按照国家有关规定开展事故调查,并在规定的调查期限内向组织事故调查组的机关或者铁路管理机构提交事故调查报告,其中特别重大事故的调查期限为60日、重大事故的调查期限为30日、较大事故的调查期限为20日、一般事故的调查期限为10日,并且明确了事故调查期限自事故发生之日起计算。

③ 规定了事故认定书的制作期限和效力。条例规定组织事故调查组的机关或者铁路管理机构应当自事故调查组工作结束之日起15日内,根据事故调查报告,制作事故认定书。事故认定书是事故赔偿、事故处理以及事故责任追究的依据。

④ 强化了对事故防范和整改措施的监督落实要求。条例规定事故责任单位和有关人员应当认真吸取事故教训,落实防范和整改措施,防止事故再次发生。国务院铁路主管部门、铁路管理机构以及其他有关行政机关应当对事故责任单位和有关人员落实防范和整改措施的情况进行监督检查。

⑤ 确立了事故处理情况的公布制度。规定事故的处理情况,除依法应当保密的外,应当由组织事故调查组的机关或者铁路管理机构向社会公布。

另外,《民用爆炸物品管理办法》、《放射性物品管理办法》、《化学危险物品安全管理条例》等,均由国务院发布执行,对制定《铁路危险货物运输管理规则》起着重要的指导作用;还有《关于特大安全事故行政责任追究的规定》,于2001年4月21日由国务院发布并施行。

3. 安全生产规程、规则和作业标准

(1)确保行车安全的规程、规则

①《技规》

《技规》是铁路技术管理的基本规章。《技规》规定了铁路的基本建设、产品制造、验收交接、使用管理及保养维修方面的基本要求和标准;规定了各部门、各单位、各工种在从事铁路运输生产时,必须遵循的基本原则、责任范围、工作方法、作业程序和相互关系;规定了信号的显示方式和执行要求;规定了铁路建筑限界和机车车辆限界;规定了有关行车凭证和表格的式样。

②《行车组织规则》

《行规》是各个铁路局根据《技规》的规定,结合本局行车设备的实际情况和广大职工生产实践经验制定的补充规定。路局管内的行车工作除应认真执行《技规》及部颁有关规定外,均须按《行规》执行。路局管内各部门、各单位制定的细则、措施、标准等均不得违反本规则,并要保证安全和有利于提高效率。

③《车站行车工作细则》

《站细》是车站行车工作组织的基本法规。它是贯彻执行《技规》、《行规》、加强车站技术管理、保证安全生产的重要技术文件;是组织路内外各有关部门协同配合作业的基础;是车站编制、执行日常作业计划,组织接发列车、调车和各项技术作业以及有关技术设备使用的基本法规;是组织查定与执行车站各项技术作业程序、时间标准,计算车站通过能力及改编能力,日常运输生产分析、总结，以及铁路局下达年、月度技术指标任务的重要依据。

④《铁路交通事故调查处理规则》

《事规》是调查和处理铁路行车事故的基本依据，对铁路行车事故的调查处理、定性、定责和统计分析具有鲜明的法规性和权威性。

⑤《铁路交通事故应急救援规则》

为了规范和加强铁路交通事故（以下简称事故）的应急救援工作，最大限度地减少人员伤亡和财产损失，尽快恢复铁路运输秩序，依据《铁路交通事故应急救援和调查处理条例》及国家有关规定制定。

该规则分八章共五十一条，从事故发生单位或现场人员的逐级报告，事故相关人员的应急处理，救援组织的救援响应，事故现场的救援组织，以及事故的善后处理等方面进行了较为详细的规定。

⑥《电气化铁路有关人员电气安全规则》

该规则是原铁道部为强化电气化铁路运输安全管理，确保电气化铁路运输安全和人身安全而制定的。

（2）与行车安全密切相关的作业标准

①《铁路调车作业》

《铁路调车作业》（TB/T 30002—2020）是根据《技规》规定、调车设备类型和调车作业中的经验与问题，对原有标准进行修订而成的。其主要内容有调车作业标准基本规定、调车准备作业标准、各类驼峰和平面牵出线作业标准、编组列车和列车摘挂作业标准、调车取送车辆作业标准以及调车停留作业标准等。

②《接发列车作业》

《接发列车作业》（TB/T 30001—2020）是根据《技规》和不同的信号、闭塞、联锁设备类型和接发列车作业中的经验、问题，对原标准进行修改后制定的。

③《铁路车站行车作业人身安全规定》

《铁路车站行车作业人身安全规定》是为保证作业人员自身安全而发布的标准，其主要内容有行车作业、接发列车及调车作业、扳道（清扫）作业人身安全标准。

4. 法律法规体系存在的问题

上述法律、法规和行政规章的颁布实施，对于保障铁路运输安全，强化铁路运输生产管理，维护铁路运输生产秩序，发挥了积极有效的作用。但是，我们也必须看到，随着经济体制的转变，对外开放的深入发展，特别是随着运输市场的全面开放，各种运输方式在运输市场中的竞争日趋加剧，铁路在迈向市场化过程中其法制建设明显滞后。由于铁路部门至今尚未形成一个完整法规体系，使铁路法制建设不能适应铁路改革与发展的需要，这在一定程度上也阻碍了铁路经营机制的转换、铁路管理的现代化及铁路市场化改革。

（1）现行铁路法规体系中，普遍存在着法律效力层次低，内部规章多，法律法规少的问题。

前已述及，经立法机关依照立法程序产生的正规法律有《铁路法》《安全生产法》，由国务院批准与发布的行政性法规只有20件左右。在市场经济逐步规范的条件下，铁路运输活动中各种关系的调整主要应该依据具有普遍适应性的法律；行政规章虽然也是广义上的法律，但由于其法律效力层次低，普遍适用范围较小，其法律作用受到一定限制。这对铁路全面走向市场化经营，无疑会产生极大的阻碍。

(2)现有的铁路法律、法规和规章大多是计划经济条件下建立的，它们基本上反映和代表着计划经济体制下的一些特征与要求，其中有许多内容已不能适应市场经济发展对铁路运输事业的要求，甚至还发生矛盾冲突。

(3)现有的行政法规和规章从内容上看主要是技术规程，或者说它是铁路运输技术规范的法律化。严格说来，它主要是作为行业内部技术规范的要求，对外法律效力的适用范围有限。而且部分法规规章在内容上还存在交叉重叠，甚至矛盾，形式上存在着不规范性。

(4)铁路要走向市场，参与市场竞争，必须从根本上变革其经营管理体制，建立起与市场机制相适应的各类法律制度，使铁路在参与运输市场的竞争过程中，规范其企业行为，并维护铁路自身的合法权益。而目前这类法律、法规还极不完善，即使与航空等其他运输方式相比，仍有较明显的差距，这些都有赖于尽快通过具体立法来加以规范与完善。

(5)铁路对外开放，吸收国内外资金来建设经营铁路，已经成为加速我国铁路建设的有效途径之一。面对国内合资、外商投资等铁路投资主体呈现的多元化态势，如何确立各类主体间的相互关系、法律地位；如何确认和保护投资各方的合法权益；如何建立合理、稳定，既符合国际惯例，又符合我国实际的外商投资经营铁路法律制度。铁路立法在这方面仍是一个空白，缺乏相应的法律环境的支持。

我国已加入WTO，铁路的改革已进入攻坚阶段，政企分开、机制转换、扭亏增盈等深化改革，实施实质性市场经营的重大举措正在逐步展开，铁路运输市场面向国内外开放，参与市场竞争已成为不可回避的现实。因此，加快铁路立法工作，完善铁路法制建设，使铁路改革与发展有法可依，有章可循，对于深化铁路经营、管理体制的改革，规范企业行为，吸引国内外资金投资建设、经营铁路，保护各类投资主体的合法权益，都将产生极其深远的影响。

2.2.4　相关规范、规程与标准

1.《中华人民共和国刑法》第一百零八条、第一百一十条、第一百一十九条。

2.《铁路安全管理条例》(2013)第二章至第五章，第八条至第七十七条。

典型工作任务3　铁路行车安全技术保障体系

2.3.1　教学目标

1. 能力目标

掌握利用各种技术手段保障铁路行车安全的方法。

2. 知识目标

了解铁路行车安全技术保障体系的主要内容，学会及时发现危及铁路行车安全的隐患，学会处理各种安全隐患的方法。

3. 素质目标

具备收集资料、分析资料并进行预测的业务素质。

2.3.2　工作任务

通过学习，使学生熟悉铁路行车安全技术保障体系的基本框架，了解保障铁路行车安全的

主要支持系统和相关技术。

2.3.3 相关配套知识

1. 铁路行车安全技术保障体系的构成

中国铁路进入以高铁为标志的高速发展时期，铁路安全管理方法已从传统的行政手段、经济手段以及常规的安全监督检查模式，发展到现在的法制手段、科技手段和文化手段等现代化手段以及系统工程安全管理理论及先进的信息技术、数据通信传输技术、现代控制与传感器技术、材料科学等安全技术实现的安全综合保障系统，保障铁路运输生产安全包括对人员、行车设备、环境等安全主体的检测监控、安全避险、安全防护、灾害防控及应急救援。

铁路行车安全技术保障体系正是保障铁路安全运行、预防和避免事故发生、减少事故造成的损失的一个复杂的大系统。研究和探索铁路安全规律，建立健全铁路行车安全技术保障体系，是确保铁路持续、科学、健康发展的必由途径。

(1)铁路行车安全技术保障体系的构建

铁路运输企业的安全技术保障主要围绕安全事故、突发事件的预防、应急应对能力展开，具体表现为，在正常生产状态下积累的组织、资源、预案和信息等应急要素的基础上，对可能发生突发事件的重点环节和部位进行监测预警，在非正常生产状态下，迅速做出反应，密切监控突发事件的发展演化，快速科学决策，进行统一指挥和管理，整合内外部资源，妥善处置突发事件，最大限度地减少人员伤亡和财产损失。关键体现在监测预警技术、决策指挥技术和应急处置技术三个方面，如图 2.3 所示。

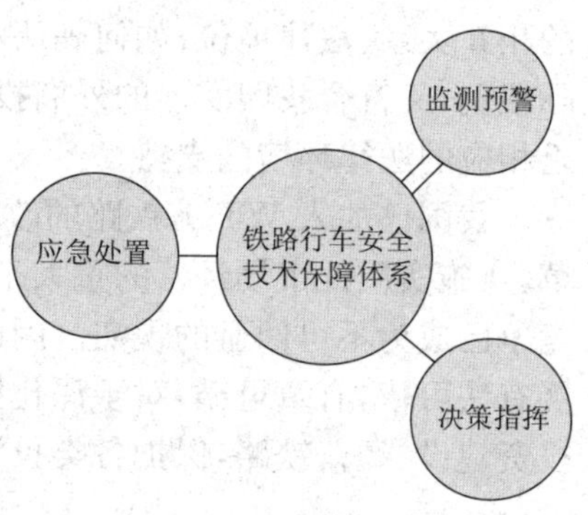

图 2.3 铁路运输企业的安全技术保障的关键技术

监测预警是指为了有效预防突发事件的发生，并努力使突发事件所造成的损失最小化，而对可能发生突发事件的重点环节和部位进行实时观察，在突发事件发生前，根据以往总结的规律或观测到的可能性前兆，发出紧急信号，报告危险情况，以避免突发事件在不知情或准备不足的情况下发生。监测预警的主要工作有突发事件的危险源排查、危险源监测、信息处理分析、风险评估和有效的预警发布。铁路运输企业应该树立“防大于救”的观念，加强突发事件监测预警能力建设，要求在突发事件演变的不同阶段中，在可能产生突发事件的关键部位和关键环节上设置警情指标，对可能发生突发事件的各种要素及其所呈现出来的信号和征兆，随时进行严密的动态监测，对其发展趋势和可能发生的事件类型及其危害程度做出科学合理的评估，并向行车指挥人员发出警报。

决策指挥是指在铁路发生突发事件或事故后，在监测预警信息的基础上，明确决策问题和决策目标，分析评价各种应急方案并选择适用的方案，协调组织，调配资源，实施应急方案，跟踪检验并调整方案，直至事件得到控制的动态过程。决策指挥是突发事件应急管理过程中的核心和中枢，是突发事件应对工作中最为重要的环节，负责决策制定、组织协调、资源调配以及信息沟通反馈，决定处置方案的实施和变动，召集应急专家商讨对策，处理下级对支援工作的请求，协调地区指挥中心的行动。

应急处置是指如何确定应急决策方案，并按照现场应急指挥部的指挥协调指令，迅速聚集到应急处置现场，通过各种方式指挥协调，调动和运用各种应急工具设备和应急物资，通过部门和单位间的联劳协作，实施并达到应急方案的目标。应急处置一项突发性、抢时间的工作，是一项综合性系统工程。

根据以上关键技术要求，为保障铁路运营安全，铁路行车安全技术保障体系的构成主要分为安全监测与预警系统、安全应急决策与指挥系统和安全应急救援和减灾系统，其功能结构如图 2.4 所示。

车务	货运	客运	机务	供电	工务	电务	车辆
铁路安全应急平台							
安全监测与预警系统			安全应急决策与指挥系统		安全应急救援与减灾系统		
大风预警、雨量信息、水位信息、落石监测点			行车安全监控系统		国家/地方应急平台		

图 2.4　铁路行车安全技术保障体系功能结构图

(2)铁路行车安全技术保障体系的实现

铁路行车安全技术保障体系以信息技术为手段、管理为核心的对各类铁路行车事故实现事前预防、事发救援、事后保障的多层次安全保障体系，它基于铁路系统现有的各类信息技术与通信手段来实现对行车安全各类影响因素的监测、处理、管理与控制，以确保整个铁路行车系统的安全有序。

铁路行车安全技术保障体系按照技术规划可划分为三个层次，即管理层、信息层、执行层，其技术结构模型如图 2.5 所示。

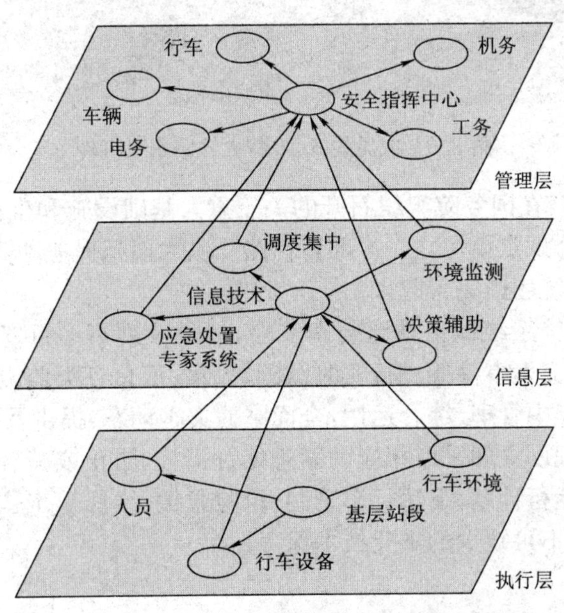

图 2.5　铁路行车安全技术保障体系技术结构模型图

2. 铁路安全监测与预警系统

我国是一个自然灾害多发的国家。地震、风暴、洪水、冰雪灾害、冻雨、泥石流、滑坡、沙尘暴等各种自然灾害每年此起彼伏，由于灾害及落物等突发事件具有发生的不可预测性和巨大的破坏性，在列车运行速度较高时，哪怕是较小的灾害也可能导致危害国家财产和旅客生命安全的重大事故。

【例 1】 我国各地经常发生强对流风暴，每年新疆西藏及沿海各省也频发风暴(台风)影响列车运行安全。2007 年 2 月 28 日凌晨 2:05，从乌鲁木齐市开往新疆南部城市阿克苏的 5807 次列车行至吐鲁番地区南疆线珍珠泉至红山渠间 K42＋300 处时，因大风致 9 至 19 位车辆脱轨侧翻，造成 3 人死亡 2 人重伤 32 人轻伤，南疆线被迫中断。据测风仪记录，列车脱轨地点瞬间风力达到 13 级。

【例 2】 2011 年 6 月 16 日夜，成昆铁路白果至普雄区段遭遇大暴雨，洪水肆虐，山体溜坍、钢轨空悬。水毁路段 17 处，共 47 km，直接损失 20 多亿元。K355 附近洪水冲毁路堤致钢轨悬空 200 多 m，6 000 方泥石掩埋线路，16 趟旅客列车被及时拦停，其中 4 趟受阻严重，约 5 000名旅客滞留崇山峻岭间。当时线路受损情况如图 2.6 所示。

图 2.6　成昆线 6.16 特大铁路水毁事件

2004 年 12 月 23 日，在国务院组织召开的关于重大基础设施和生命线工程试点方案工作会议上，将铁路列为四个试点单位之一。随着铁路几次大面积提速和高速铁路的蓬勃发展，铁路防灾安全监控预警系统逐渐完善起来。

铁路安全监测与预警系统保证铁路行车安全，对危及列车运行安全的自然灾害(风、雨、雪、地震等)、异物侵限、突发事件等进行实时监测，采集、汇总各类监测设备的监测信息，实现监测信息的分布获取、集中管理、综合运用，全面掌握灾害动态，提供及时准确的灾害报警和预警功能，依据灾害严重程度立即采取相应的紧急处置措施，防止或减轻因灾害引发的损失，避免次生灾害，并为调整运行计划，下达行车管制、抢险救援、维修等工作提供数据基础依据，是现代化铁路运输系统中不可缺少的重要技术保障。

(1)系统构成

铁路安全监测与预警系统由铁路总公司防灾安全管理和各铁路运输企业防灾安全监控两级

系统构成，并与调度指挥、应急救援、行车安全监控、客运服务、综合维修、牵引供电、列车控制、中国气象科学数据共享服务网和国家强震监测网相关系统进行信息交换和共享，如图 2.7 所示。

① 风、雨、雪、地震及异物侵限现场监测点经由相邻 GSM-R 基站、车站通信机械室通过 2 MB/s专线通道接入铁路计算机网络，实现与铁路总公司和铁路运输企业的网络连通。

② 铁路总公司环境监测与灾害预警系统和各铁路运输企业的环境监测与灾害预警系统分别接入本地生产局域网。

③ 中国气象科学数据共享服务网和国家强震监测网通过 Internet 接入铁路安全信息平台，实现与铁路总公司和铁路运输企业的网络连通。

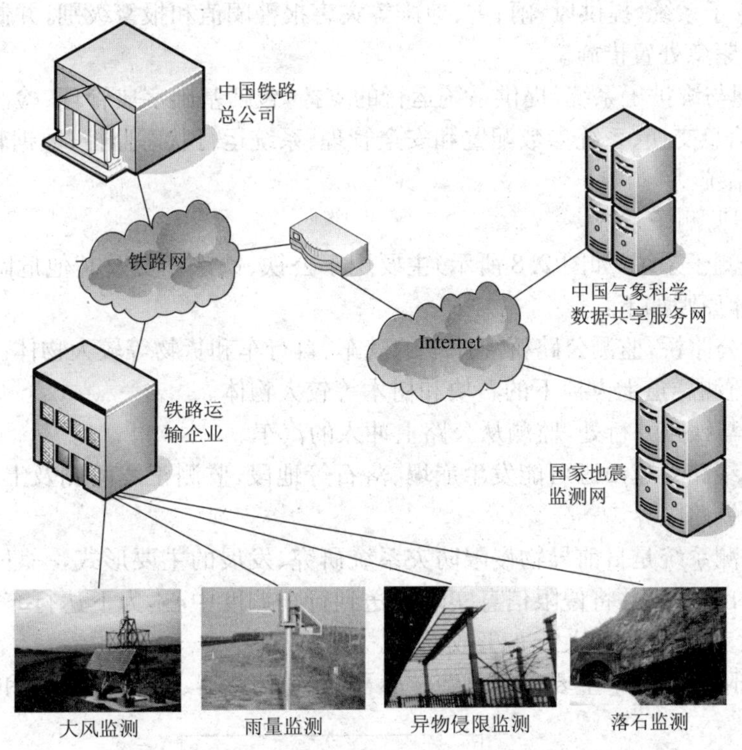

图 2.7　铁路防灾监测系统结构图

(2)系统功能

铁路总公司铁路安全监测与预警系统构建全路防灾安全管理统一平台，提供防灾安全的宏观管理、信息共享、决策支持分析。主要功能包括：全路监测网布局、报警阈值设紧急处置措施、监测设备选型、运用情况和应急预案管理等，并提供相关基础数据、监测数据等共享和交换，掌握灾害监测报警和设备运用状态，对各铁路运输企业防灾安全监 控系统的运行情况进行监督和指导，通过对全路灾害监测数据分析，为铁路防灾安全监控系统建设提供决策支持服务。

铁路安全监测与预警系统由沿线现场监测点（风、雨、雪、地震灾害及异物侵限监测设备）、监控单元、监控中心和相关系统接口四部分构成，提供自然灾害及突发事件的实时监测、报警和预警功能，实现灾害报警紧急处置，最大限度地减少因灾害导致的损失，防止次生灾害发生。同时，通过对已有灾害监测和报警数据的统计分析，为进一步完善系统设计，优化系统功能提供数据支撑作用。

① 实时监控子系统，实时监控风、雨、雪、地震、异物侵限等报警及监测设备状态信息，提供报警和预警功能，记录处理结果。

② 综合查询子系统，提供风速风向仪、雨量计、雪量计、强震仪、感震柜、双电缆传感器、监控单元、服务器、交换机等设备检测和自身状态信息的查询。

③统计分析子系统，通过对监测数据、报警信息及设备状态数据进行统计分析，生成打印各类报表。

④ 设备管理子系统，建立系统风速风向仪、雨量计、雪量计、强震仪、感震柜、双电缆传感器、监控单元、服务器、交换机等设备台账，掌握设备运行状态，组织维修和保养。

⑤ 紧急处置子系统，提供风、雨、雪、地震等灾害报警阈值和报警级别，并制定各种报警级别所采取的相应紧急处置措施。

⑥ 系统管理与维护子系统，提供系统运行的支撑，包括基础字典管理、检测数据接收与校验、与其他系统信息交换、系统参数配置和安全管理、系统运行状态监控、数据转储与备份等。

(3)主要子系统

① 异物侵限监测子系统

异物侵限监测子系统(如图 2.8 所示)主要用于公铁、铁铁立交及其他危险路段落物坠落的监测报警，具体原则如下：

a. 上跨铁路公路桥，监测公路桥上掉下的汽车、自行车和货物等较大物体。

b. 隧道口，监测隧道上方掉下的石块和树木等较大物体。

c. 高速公路与铁路并行处，监测从公路上冲入的汽车。

d. 铁路正线线路穿越山区可能发生崩塌、落石等地段，监测正线两侧及上、下行线路间是否存在异物侵入铁路限界。

异物侵限监测系统是目前异物侵限防灾系统研究、发展的主要形式，一旦发生异物侵限，系统应能及时发出报警，并将侵限信息实时传送到行车调度中心，为下达行车控制、维修管理等指令提供依据，有效避免重大行车事故发生。

目前异物侵限监测技术主要有双电缆传感器、光缆传感器、红外线、微波和视频监控等。

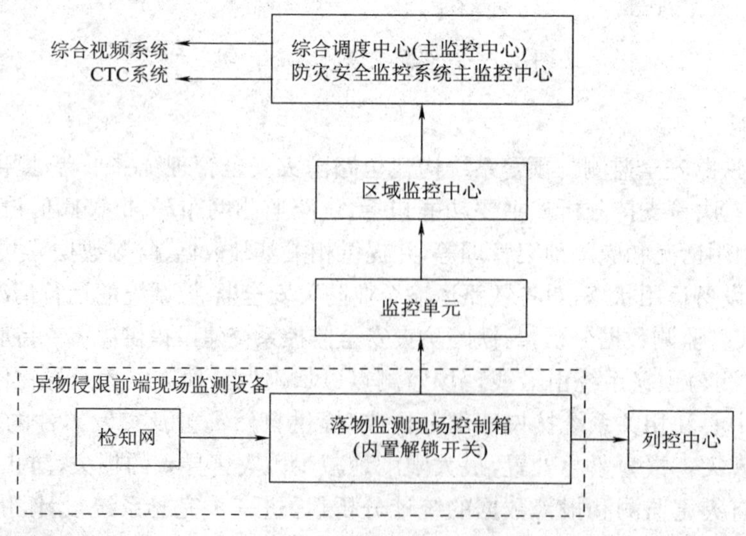

图 2.8　异物侵限监测子系统

② 地震监测子系统

对铁路运输工作而言，在过去列车低速运行的条件下，抗震工作主要关注基础设施，如桥梁、隧道、路基等的抗震能力。但当列车运行速度超过 200 km/h 以后，哪怕是较小震级（里氏 4 级左右）的地震，即使不会对线路结构造成损害也极有可能会导致列车在高速运行中脱轨，所造成的危害是灾难性的。

地震灾害分为：原生灾害（Original Disasters，OD）、次生灾害（Secondary Disasters，SD）和诱发灾害（Induced Disasters，ID）三种。强震发生时，铁路可能产生的地震灾害分析见表 2.1。

表 2.1　强震引发铁路可能产生的灾害分析

原生灾害	状　态	引发次生灾害或诱发灾害	状态
OD1	直接脱轨	→SD1	引起后续和迎面列车事故
OD2	破坏铁路线路、道岔或桥梁	→SD2	引起接近列车事故
OD3	破坏上位铁路桥危机高速铁路	→SD3	引起临近列车事故
OD4	破坏重点建筑物	→SD4	引起临近列车或候车旅客事故
OD5	破坏接触网、变电所建筑物及设备	→SD5	人身伤害、短路、火灾等
OD6	区间长时间停车停电	→ID1	车厢内旅客闷热、寒冷、焦虑

由于 SD1（引起后续和迎面列车事故）、SD2（引起接近列车事故）、SD3（引起临近列车事故）发生概率最大，因此，强震监控功能是地震监控系统最重要、最基本的功能，称为灾害应急处置，也是系统实现防灾减灾的第一要素。

通常，监测地震需要借助强震仪等监测设备，对地震动信息进行连续记录和判读，在真实地震波到来时，进行震中、震级、影响范围等地震要素的计算。地震波是由震源发出的在地球介质中传播的弹性波，按传播方式主要分为纵波、横波和二者叠加而成的面波。在地震发生后，最先到达的是纵波，其次是横波，故在地震监测领域一般通过纵波和横波进行地震预警。纵波（Primary Wave，P 波）为压缩波，其传播方向与介质振动方向相同，通常令地面发生上下振动，破坏性较弱，在地壳中传播速度约为 7 km/s，由于 P 波最先到达，且可以反映地震相关，通常可以用来进行预警；横波（Secondary Wave，S 波）为剪切波，其传播方向与介质振动方向垂直，通常令地面发生水平振动，破坏性较强，在地壳中传播速度约为 4 km/s，由于 S 波到达较晚，且破坏性较强，通常用来进行报警。

当地震发生时，通过地震监测系统对 P 波和 S 波的识别、震级推算、震中距、方位等判断，在计算出的震灾影响区段，通过调度命令限速、紧急制动等手段降低列车运行速度，最大限度保障生命财产安全的灾害处理方式。对于地震灾害，考虑到其具有较强的破坏性和较大的影响范围，通常采取紧急制动的方式迫使高速行驶的列车在短时间内减速直至停车，如图 2.9 所示。目前可以采取通过牵引供电系统控车和通过列控系统控车两种紧急制动手段。

地震监测及紧急处置系统对铁路沿线地震活动进行实时连续监测，当地震发生时，系统检测到的地震动强度达到地震报警阈值时向运营调度发出警报信号，并紧急断电强制停车。同时，继续监测后续的地震动加速度，以向运营调度提供停车后恢复运营的列车运行管制依据，从而减轻因地震引发的灾害损失并防止因地震引发的次生灾害损失。

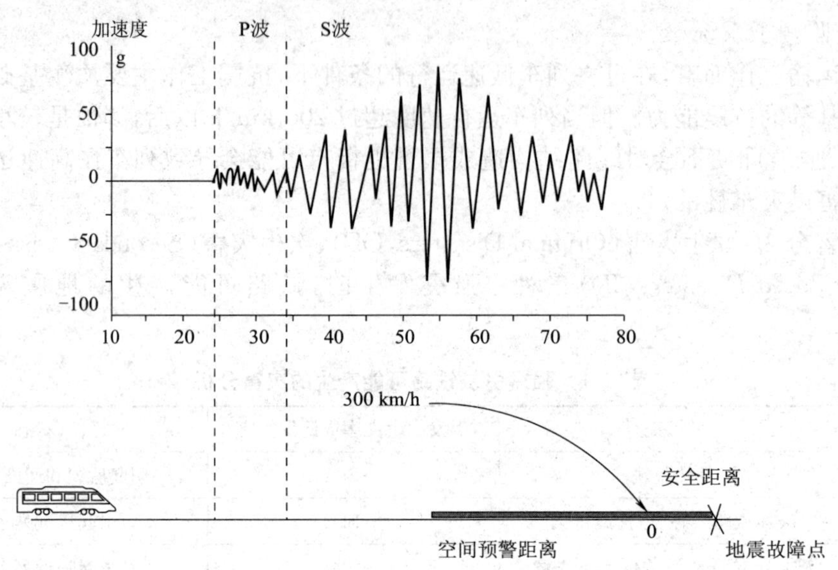

图 2.9　地震监测预警示意图

③ 滑坡、泥石流监测子系统

滑坡、泥石流是山区铁路运输线所遇到的最大的自然灾害，常导致铁路断道、淤埋线路、列车脱轨等重大安全事故。为确保雨季山区铁路的运输安全，减少因滑坡、泥石流造成的损失，采用新技术、新设备监测泥石流灾害规律提高防灾水平必不可少。

1981 年 7 月 8 日深夜四川省凉山地区甘洛县境内大渡河支流利子依达沟一带，84 万 m^3 的泥流挟裹着巨石和泥沙，推动着 400 多 t 重的孤石，形成一股极为猛烈的泥石流，洪流瞬间就冲断了 17 m 高、100 多米长的利子依达铁路大桥。正在通过的 442 次列车的 2 台机车、1 辆行李车和 1 辆客车坠入大渡河内，130 人失踪和死亡，146 人受伤，成昆铁路中断 15 d。

目前铁路滑坡、泥石流监测系统主要采用位移监测、雨量监测预警、次声波监测预警、泥位监测预警和其他监测手段等五个预警层次的技术。

a. 位移监测

滑坡监测最主要的是其变形的监测。国内外针对滑坡变形监测应用各种各样的测量手段和仪器，但总的方法分为简易测量法、大地测量法（常规测量）、埋设仪表法、陆地摄影测量法和全球定位系统（GPS）等方法。根据滑体的特性和变形破坏机制以及所处不同的变形阶段等，合理运用不同的监测方法或手段，达到最佳的监测效果。

简易测量法主要包括地表裂缝观测中的纵剖面排桩法、横向视准线法、三角交会法、裂缝两侧控制观测法等，以及宏观伴生现象观测中的一些简易测量方法。

大地测量法是一种测定滑坡体表面三维位移的方法。由于其不仅能测定相对位移，而且还能测定绝对位移，因而在国内外滑坡监测中广泛应用。

在滑坡体上的一定部位埋设某些测量仪表以监测其变形状态，在国内外应用亦甚广。它既适用于地表，也适用于变形体深部。

陆地摄影测量法是应用摄影的方法进行监测，它不仅工作量小，监测速度快，而且信息量广，可以用于进行滑坡体的面上监测。

GPS 是一项较新的测量技术，它具有点与点间不要求通视，相对定位精度较高，能全天候作业、速度快以及从数据采集，数据处理到数据分析全过程易于实现自动化等优点。与常规测量方式相比，它显然更为方便灵活，尤其是在野外条件艰苦的地区，更能发挥其优越性。GPS 滑坡位移监测通过滑坡监测点观测墩上的 GPS 定位并实时采集数据，数据通过通讯网络传输至控制中心，控制中心的 GPS 软件对数据进行处理和分析，进行形变和位移监测。滑坡 GPS 位移监测仪如图 2.10 所示。

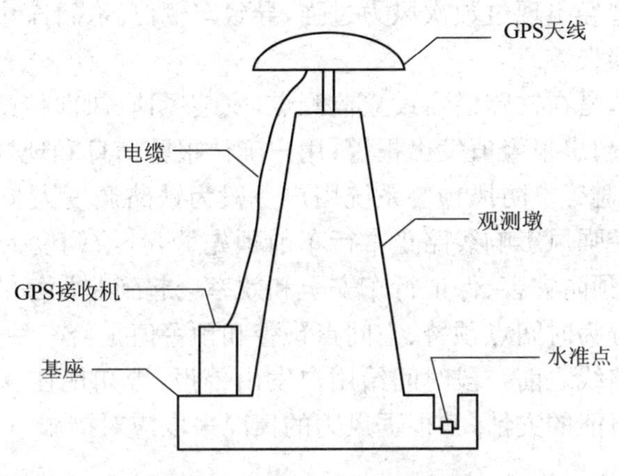

图 2.10　滑坡 GPS 位移监测仪

b. 雨量监测预警

根据雨量的大小预测泥石流是否会发生或发生的可能性大小，即某地的降雨量达到某个值的时候，就可能引发泥石流，预警系统就会发出预警，并且根据不同雨量大小发出不同级别的预警。雨量临界值的确定在雨量预警系统中最为关键。要根据不同的地质构造和周边实际情况来确定，通常积累的基础观测资料越齐全，确定的临界值就越准确。

c. 次声波监测预警

泥石流发生的瞬间，从发生源地会发出特殊的声波—泥石流次声波，以约 344 m/s 的速度、以空气为介质向四周发射，它远大于泥石流的运动速度，强度基本不衰减。在一定范围内一旦有泥石流发生，立即被次声波监测仪发现，为避灾赢得宝贵时间。

d. 泥位监测预警计

泥石流已汇集形成后，判断泥石流规模大小的预警。该预警系统由超声波泥位计等一起构成，泥位计安装在预计泥石流经过的山沟处。假若前面两个预警系统均“判断失误”，在泥石流已经发生的情况下，达到一定大小的泥石流经过超声波泥位计监测断面时，泥位计便通过系统发出预警信号。

e. 雷达等其他监测

区域性的泥石流、滑坡的调查与监测主要采用综合分析已有监测资料，特别是群测群防资料的方式，获取泥石流、滑坡危险区的信息，并辅以遥感监测方法。

自从 1969 年首次应用合成孔径雷达干涉技术(InSAR)以来，InSAR 技术发展较快，近十年来，欧美等发达国家已开始致力于研究使用该技术监测形变。

SAR 传感器具有如下的优点：ⓐ全天候、全天时成像能力；ⓑ成像分辨率与平台高度无关；ⓒ雷达波束能穿透云层。泥石流、滑坡发生时常伴有恶劣的天气条件，光学遥感是无能为力的，而 SAR 却不受任何影响可以照常工作。鉴于此，区域性的泥石流、滑坡的调查与监测可采用遥感监测方法，对于危害大的，必要时可利用 InSAR 技术。

上述五个预警系统通过计算机和现代通信技术连成一个整体，根据需要还可与水利部门的监控终端连接，实现预警的实时监控。预警耗时从雨量达到设定值或声波达到设定值到发出信号只需瞬间，算上工作人员反应时间也只需数秒。

④ 防风预警子系统

我国铁路运营中，曾经出现过数次风力过强，导致车辆侧翻、行车中断的事故，威胁乘客生命安全，造成重大财产损失。

目前对强风的监测，是在铁路沿线设立监测点，安装风速、风向传感器和采集单元，实时采集风速、风向数据，数据超出报警值发出报警；用户确认报警信息和现场情况后，及时采取应对措施，如减速、停车或躲避等。防风预警系统用户一般为铁路调度人员，如果能够对强风尤其是强侧风做到预警，即在强风影响线路正常行车前预先警告，给调度人员留出决策时间，确定合理、适度的对策，对于预防灾害、保证行车安全和效率会起到非常好的作用。

对于强风的预警，分为时间点预警、空间点预警和预警值报警三种方法。无论是哪一种预警，都是在强风到达铁路线之前一段时间给用户发出警报，告知现在及将来的风力情况，以便于用户了解情况，分析可能的灾情，并根据风力的情况采取应对措施。

a. 时间点预警

时间点预警是针对防灾安全监控系统单个监测点，整条线路的所有监测点都有单独的未来某个时间点的预测值。对于单个监测点来说，根据监测点已经收集到的风速数据，结合监测点既有的研究结果，预测未来某个时间点的风力值。将预测值作为预警值报警，用户看到预测报警值，可以关注风力变化，及时采取措施。

b. 空间点预警

空间点预警是针对整条线路，即防灾安全系统接收气象部门的数据，包括风力、风向变化等，如有大风情况，系统计算大风是否对于铁路线路产生影响，并将计算所得结果告知用户。

铁路防风预警子系统的大风监测选点分为两部分：第一部分确定的风监测点为铁路沿线，距离铁轨不会超过 20 m，以便正确反应铁路沿线的风力情况，选择在桥梁、高路堤、山口、隧道和弯道处，同时参考气象部门往年的数据，包括平均风速、年大风日数、年最大风速、年盛行风向等筛选出大致地段，特别是空旷地带风期长、风力强劲的风口，最后确定布点的间隔、密度、朝向和具体位置；另一部分选取离铁路沿线一定垂直距离的位置设立气象监测点，当气象监测点监测到强风信息时，由于此监测点离铁路还有一定距离，强风到达铁路还有一段时间，这段时间作为决策时间，可以使用户及时采取措施。

c. 预警值预测报警

风力是一个渐变的过程，比如风速在达到32.16 m/s(117 km/h)之前，必定要达到27.17 m/s(100 km/h)，风力从 27.17 m/s 变化到 32.16 m/s 需要一段时间，可能是秒级，也可能是分钟级；风力在达到一定值后，不会瞬间消失，而会持续一段时间再降低，即使是突发的风也是如此。对每个报警等级设立一个比报警值低一些的预警值，当风力达到预警值时先预警，用户看到预警后采取对应措施，如图 2.11 所示。表 2.2 例举了京津城际铁路风速与限速值。

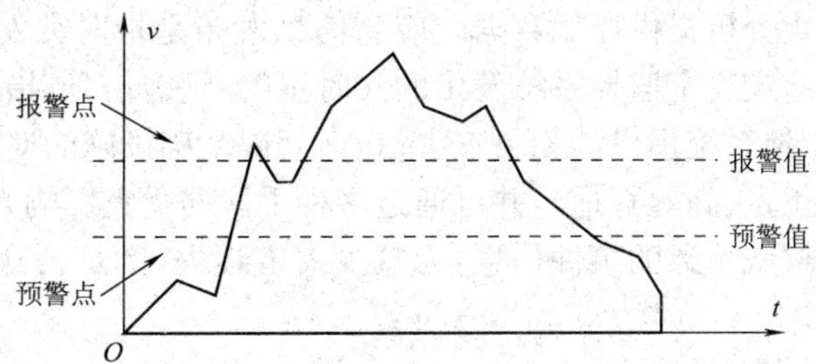

图 2.11　风速预警设定

表 2.2　京津城际铁路风速与限速值对照表

风速 v(m/s)	动车限速值
v< 15	不限速
15<v< 20	限速 300 km/h 以下
20<v< 25	限速 200 km/h 以下
25<v< 30	限速 120 km/h 以下
30<v	禁止动车驶入强风区间

⑤ 铁路综合视频监控系统

铁路视频监控系统作为通信系统的重要组成部分，在车站公共区、车站线路、区间线路、沿线通信信号机房、变电所、开闭所、电力分配所、车站咽喉区、公跨铁立交桥、高架桥路段的维修梯和路基地段设置了视频采集点、提供监视终端给铁路局内各相关部门使用。该系统采用先进的数字、网络技术，将四电、线路、客服及防灾四类视频监控系统统一接入视频监控系统平台中，实现了多系统综合接入、多业务统一管理，集中存储，集中分析。

目前，我国铁路视频监控系统的图像信息和报警信息集中存储在铁路总公司(原铁道部)、铁路运输企业及大型站段、编组站等。集中存储的数据通过智能行为分析技术集中分析，对非法侵入、遗留或丢失物品、滞留和逆行行为进行分析处理，对进入监视画面设定区域的可疑物体进行检测、识别和跟踪，并提醒工作人员，对不同场景预设报警规则，可大大降低工作人员的劳动强度，提高预警的处理效率和准确率。

(4)预警信息的处理和发布

铁路安全监测与预警系统通过自动的应急信息采集系统，及时分析、及时预警，收集大量的数据，通过提取有用信息，形成应急信息，并对这些应急信息进行处理，建立和完善应急信息平台，使得基于网络技术和管理信息系统的应急知识管理有了坚实的基础。

铁路安全监测与预警系统采用各种先进的软硬件技术，通过铁路应急预警信息共享平台，利用 WebService 接口和企业服务总线完成路内外信息的传输和转换，实现动态预警信息快速共享和交互，使路外的预警信息能通畅的进入路局，并使路局的应急预警及处置信息及时对外公布，以正确导向社会舆论并获得社会帮助。

在监测预警阶段，信息要素的应用主体在接处警信息处理和应急信息发布两方面。接处警信息处理是指对突发事件的接警和处警信息进行管理，利用先进成熟的信号采集、传输、继电控制、网络通信和数据存储等技术，对危及铁路运行安全的各类突发事故、自然灾害和侵袭灾害等进行监测报警和输出控制，提供经处理后的灾害预警、限速、停运等信息，对接处警的过程进行记录，为后续调查分析提供原始数据。应急信息发布是指对突发事件信息进行统一管理(行车调度员可依据防灾安全监控系统发出的实时报警、预警信息，指挥列车安全运行；工务部门可按照防灾安全监控系统提供的相关灾害信息，开展基础设施的巡检、抢险及维修养护工作，确保列车运行安全正点、高效舒适)，并可通过多种手段向受灾影响人提供及时准确的警报信息，向社会大众提供权威一致的事件信息，为减少灾害损失，满足公众知情权和稳定社会情绪提供重要手段。

3. 铁路安全应急决策信息系统

随着铁路改革的不断深化，新技术、新装备的广泛应用，铁路信息化建设的全面开展，车、机、工、电、辆各系统、各工种的生产组织、安全管理、应急指挥、经营管理等方面正悄然地发生着变化。如何适应技术装备水平的提升，充分利用先进技术装备确保安全生产，通过信息化建设实现管理创新，来提升企业经营管理水平，摆到了各级管理人员面前。

安全应急决策信息系统，是协助应急指挥人员实现快速、智能化应急决策指挥的信息化手段，也实现了平时状态的日常安全生产管理工作。安全应急决策信息系统可以提供铁路应急信息报告、实时图像传输、网上会商、应急资源管理、应急预案管理、应急指挥联动、预测预警、总结评估及辅助决策等功能，为决策者及时、科学地处理突发应急事件提供信息化保障。

铁路运输企业不但应建设合理的铁路安全与应急的决策指挥信息化平台，还应该建立对应的应急指挥场所，并调整运输企业与站段的相关机构职能，提高运输站段生产调度、安全监控、应急处置和经营管理效能，逐步实现运输站段管理结构扁平化，安全生产信息化、现代化。

(1)系统构建思想

利用计算机网络技术，整合、开发功能全面的安全信息管理平台，采用先进的事故诊断、智能辅助决策支持技术，建立铁路行车安全智能辅助决策系统，开展安全状况的风险评估、安全危害诊断预警，以及安全事故的抢险救灾辅助决策，实现铁路行车安全的现代化管理，使安全管理从传统的事后追踪变为事前的预防控制，从而提高铁路安全管理水平，减少铁路安全事故，降低事故伤亡，是铁路行车安全管理的发展方向。

① 系统目标

铁路行车安全智能辅助决策系统是坚持以人为本，将安全管理科学、安全决策科学与信息技术相结合，适应铁路安全管理工作要求，集安全数据信息采集、传输、处理、评价、预警为一体的安全信息系统，如图 2.12 所示。

a. 建立综合安全信息管理平台，对铁路安全监察信息系统的监测信息、日常安全报表和车务、客运、货运、机务、工务、电务、车辆等系统监测信息进行整合分析。

b. 在对铁路行车安全风险和危机的原因、发展规律、控制对策及预警体系的研究基础上，运用安全科学和事故预警管理的理论和方法，建立铁路行车安全风险评估、隐患诊断、事故预警体系。

c. 建立安全事故案例数据库，提供事故分析的方法，根据现有的各类安全数据以及实时监控的各类安全信息，建立诊断模型，分析行车安全影响因素，并自动总结归纳及学习各类专家的诊断知识，不断扩充专家知识库，为事故诊断提供专家知识，提高诊断效率。

d. 建立自然灾害抢险救援辅助决策系统，对应急预案进行系统管理，采用 RS/GPS/GIS 对重点地区进行自然灾害监测，为抢险救援提供辅助决策支持。

e. 充分利用现有的硬件、软件、通信资源及人力资源，在系统的设计中充分考虑保护原有投资。

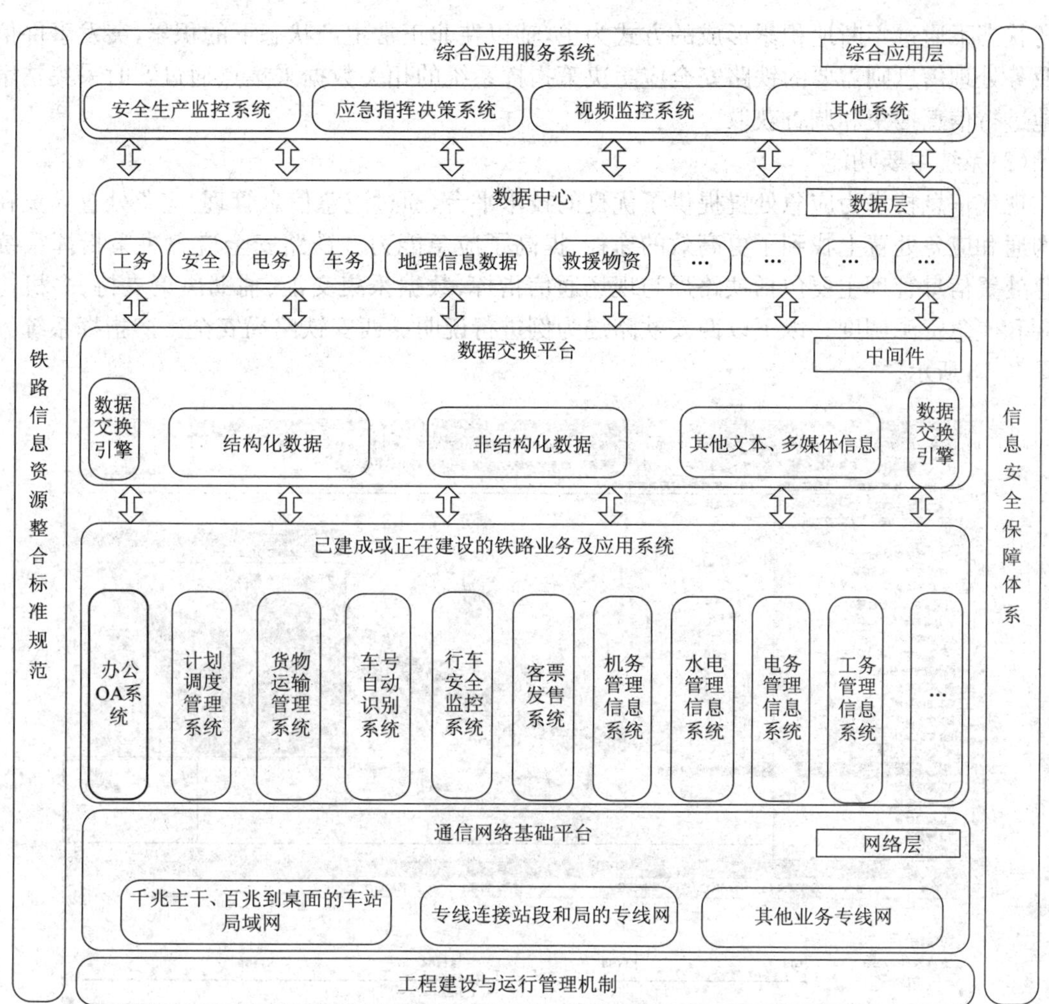

图 2.12　铁路安全应急决策信息系统的构建

② 系统原理

从预防的角度来说，事故的发生虽然具有随机性和偶然性，但同时也具有一定的因果性和必然性，在事故发生之前存在大量的事故隐患和征兆。大部分的事故隐患是由于违反了维系铁路运输生产系统安全运营的各项规章、制度和标准等因素造成的。这些安全信息介于铁路运输生产系统的各项规章、制度、标准与安全事故之间的一个中间环节，安全应急决策指挥系统，必须综合考察安全技术设备以及安全管理所得的安全信息，及时对这些信息应用安全系统工程的理论和方法进行深入挖掘、分析预测、安全评价，从而刻画出当前铁路运输生产系统的安全状况，预先判断存在的事故隐患。

另一方面，从应急的角度来说，由于突发事件发生的突然性、危害性和紧迫性，需要决策者在短时间内做出有效的方案选择，同时又受到时间的紧迫性和决策信息的不完全性的限制，不允许铁路安全应急指挥人员按照一般程序进行深度剖析，难以作出科学的决策。其重要原因就是决策信息支持不足。决策所需要应急信息包括了基础信息、资源保障信息、综合支撑信息、突发事件信息和业务处理信息等方面基础信息、资源保障信息、综合支撑信息主要以正常生产状态下通过不断地积累形成的方式为主，辅以在非正常生产状态下的积累，突发事件信息和业务处理信息则需要的铁路安全应急决策指挥系统的相关数据采集点通过实时采集技术不断地进行信息搜集和调查获取。

(2)系统主要功能

现代信息技术为应急处置提供了优良的技术平台，通过应急信息管理，应急处置人员在信息沟通和应急处置上找到了更高效的途径，提高了应急能力。铁路安全应急决策指挥系统的应急处置信息管理主要包括铁路局与现场通信指挥、数据采集交汇、辅助决策支持、多机构间协调和应急资源调度。以下以西安铁路局为例进行说明。西安铁路局安全生产指挥系统界面如图 2.13 所示。

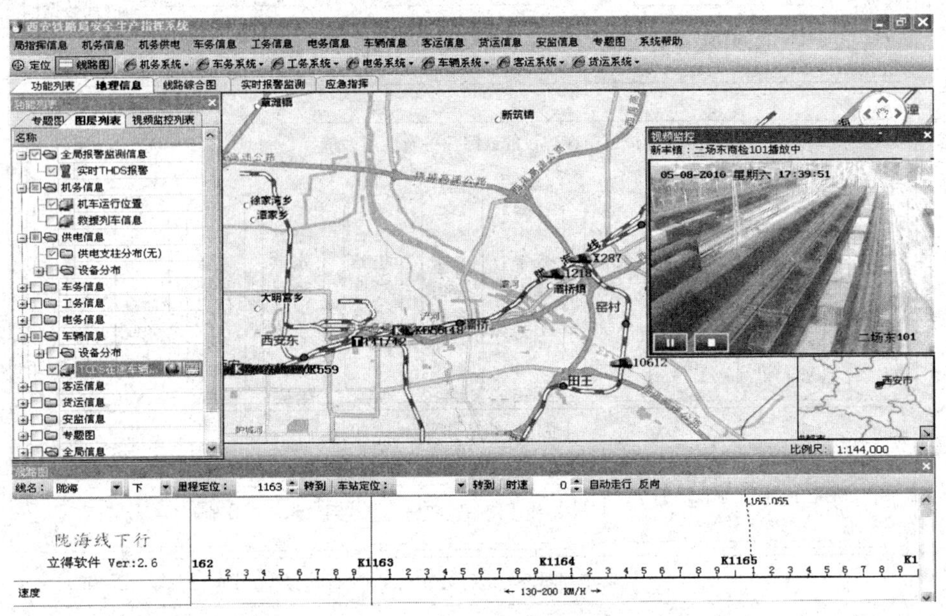

图 2.13　安全生产指挥中心的系统界面

① 指挥中心与现场通信

指挥中心与现场通信是指建立多层次应急通信保障体系，以公众有线网、无线网为基础，发挥各部门专有的无线联系系统作用，构建综合通信调度系统，有效解决各种系统互连互通问题，保证即使出现极端情况，也至少有一种联系相关部门的通信手段。一旦发生突发事件，根据预案的启动等级，各职能部门负责人赶赴铁路局或站段应急指挥中心，通过各职能部门设立的安全生产指挥中心与现场连线，从现场视频图像资料中了解现场突发事件的处置情况，为应急领导小组的决策提供依据；决策命令下达后，再通过应急指挥中心的通信平台将命令传递至现场，使应急现场及时调整救援方案。这种自下而上实现信息的逐级上报，自上而下实现命令的逐级下达，上下级之间纵向传递的过程，在应急组织上实现了信息沟通的灵活性。

② 数据采集交汇

数据采集交汇是指通过现场监测监控系统、传感器网络系统、手持 GPS 等移动式信息设备等，快速采集现场信息，为指挥人员提供实时现场信息和决策依据。建立突发事件信息采集平台，自动或人工接收、处理、存储相关部门和站段与突发事件相关的各种情报资料和技术监测数据，并根据预先制定的预案进行对比和预测，达到早预警、早通报要求。系统包括数据上报、资源管理、统计分析报表、风险源管理和综合查询等功能。

③ 辅助决策支持

辅助决策支持是指综合应用各类信息，通过灾害后果模拟分析、人员疏散模拟，将突发事件发生和发展的轨迹进行演示，并通过应急救援力量配置分析，计算应急资源的需求缺口，确定应急组织的结构和运行机制，通过应急预案查询、应急案例库调用和专家库咨询等技术手段，提供紧急事件指挥决策方案，为事件指挥人员提供决策支持。建立统一突发事件多媒体知识库，汇集预案、案例、资源数据、文件法规、电子地图等资料，建立专家资源库；以视频会议系统和政务网络为基础，实现静态知识与动态智力的有机集成，全面提高对突发事件态势评估和决策的水平。系统包括领导应急终端、综合接处事件、地理信息、预案管理、大屏显示和视频会议等功能。

④ 多机构间协调

多机构间协调是指在突发事件应急管理过程中，往往涉及多个部门、多个地区的大量指挥人员、应急救援队伍和应急物资等。应急信息管理应该为多机构间的协调提供信息平台，为制定事件管理的政策和优先策略，组织后勤支持和资源跟踪，进行资源调配决策、协调事件相关信息发布等提供信息支持和协同工作平台，确保各机构间组织协调的顺畅。

⑤ 应急资源调度

应急资源调度是指在应急处理的过程中，针对事件处理过程中资源需求的信息，根据应急资源管理模块所提供的各种应急资源信息，结合铁路局运输能力等情况，进行应急资源的优化调度和追踪管理，如警力的调度，救灾物资、设施和资金的调度，对事件现场的疏导和部署等。

(3)各职能子系统

① 运输子系统

运输子系统信息实时性强、信息资源共享度高、自动化分析预警程度高，突出全过程控制和一体化管理。实时监控、分析、处理各类信息，实现运输安全生产集中统一指挥。运输子系统功能包括生产组织（包括列车追踪、行车调度、装卸车）、运输生产信息、施工组织与管理、应急指挥、综合信息分析等。

a. 生产组织

实现列车实时追踪，运行图实时查询；实时统计局界口接入、交出列车数和主要站列车出入数，管内各站现在车实时分布，各站停时统计分析；调车作业计划单动态显示；装卸车完成情况及预报；货运收入、发送吨、装车数等指标统计。通过对管内主要收入指标、运输指标、管内现在车实际的动态显示和综合分析，列车追踪、行车调度、装卸车进行动态掌握，合理整合了现有运输生产信息资源，实现了网络和信息资源共享。

b. 运输生产信息

通过整合运输生产统计、运输分析、列车预确报、施工调度、TDMS4.0、TMIS2.0、《站细》、技术规章、管理制度等各类信息，建立信息共享平台，满足各方需要，提高安全生产决策的科学性。

c. 施工组织与管理

运输指挥人员通过施工组织与管理系统，从施工计划下达、施工方案编制、施工“三会”召开以及“两图一表”的编制、施工干部上岗监控等各个方面对施工进行全过程管理和监控，确保施工期间的安全畅通，负责天窗修管理工作，落实天窗修管理制度，提高天窗修兑现率。

d. 应急指挥

全面掌握各类应急预案（包括各类应急预案、应急流程、应急人才库，应急救援组织和人员的组织和联系方式）、应急信息（包括车站站场平面示意图、道路交通图以及可供救援用的医院、消防部队、大型机械等信息），充分利用短信平台，提高应急响应速度，正确及时地指挥处置突发紧急情况。全面掌握设备和人员等应急资源，遇应急处置时，优化人员、设备、物资等应急资源调动，做到快速远程盯控、快速组织支援、快速人员调动这三个有力支持，确保应急处置有序、快捷。

e. 综合信息查询

查询技术规章、管理制度、管内各站《站细》等相关文件、资料。

f. 安全监控

通过视频监控综合平台，突出关键时间、关键地点、关键岗位、关键人，对切割正线调车作业、多方向车站接发列车作业、非正常情况下作业、重点列车等关键作业，实施全天候、全过程控制，及时发现问题和进行有效的监督、指导，弥补点多线长监控不均衡、站场全封闭现场检查难的不足，实现行车主要岗位远程全受控，现场全覆盖，真正以过程安全保结果安全。

② 工务子系统

工务 GIS 平台，集成了实时警报、实时雨量、防洪信息、施工信息、线路视频、线路基础资料、PWMIS 等信息，实现集中管理和安全生产监控，并通过权限控制功能实现局、段、车间、工区分层、分权、分责管理。工务子系统主要包括以下功能：

a. 轨控

实时监控线路轨道几何尺寸变化，监控线路晃车及质量不良地段，收集轨控信息并进行筛选分析，确定线路设备薄弱地段及重点修养处所；下达整修计划，监控养修质量及线路走势。

b. 施工计划网上审批

统筹安排施工及作业，审批施工作业计划，统一调配机械设备、劳力等生产资源，随时掌控施工安全、进度和作业质量，实现设备故障及突发事件上报、处理、反馈。

c. 实时雨量监控

通过实时雨量监控系统，发布防洪预警及警戒信号，监控预警响应及设备巡查情况，监控防洪复旧及预抢工程进度。

d. 应急指挥功能

建立工务线路防胀、防断、防洪、道口应急、自轮运转起复应急预案，便于应急指挥决策；建立段、车间专家库及应急队伍、段汛期抢险大型机械联系表、汛期抢险队伍联系表、应急管理专家库等信息库；建立应急物资储备库，根据故障处理经验建立了段和各车间的应急物资的储备数量、处所信息库；建立短信平台，主要是借助互联网和手机短信平台，及时发布有关应急指挥信息，提高应急响应能力。

e. 重点信息监控

对重点设备状态进行监控和故障预警，包括重点地段（处所）视频监控系统、巡检信息系统、轨道电路实时信息系统、轨温实时监控系统。

f. 基础资料信息系统

集成了工务管理信息系统（PWMIS）、线路视频查询等系统。

③ 电务子系统

电务子系统包括中心和站段两级，主要功能如下：

a. 电务设备管理系统

在电子地图上对管内所有车站信号、通信设备进行管理，实现对各站设备统计分析、故障上报、施工状况及进度跟踪管理，实现局、段两级自动监控、预警、汇总、分析。应急指挥时可快速查询故障相关备品、应急人员、应急预案，并实现局、段、车间三级应急预案管理维护。

b. 集成微机监测、TDCS监测、ATP实时监测、LKJ信息分析系统和安全生产管理系统

微机监测系统实现对全段主要信号设备运用质量、报警情况的实时监测、监控，分析、判断、处理信号设备故障情况；TDCS监控系统实时回放管内列车运行状况，并对主要行车设备显示状态进行监控；ATP实时监测系统对既有线动车区段动车组运行状况进行事后调看及数据分析；LKJ信息分析系统对机车运行和机车信号运行状态进行实时监测分析。

c. 应急指挥

根据应急指挥需要，随时启动应急指挥程序，实现故障设备对应的故障处理流程图，车站信号设备概况信息，站场图、电缆径路图、机械室布置平面图，现场室内、室外设备图片，设备图纸等技术资料，应急人员、应急抢修器材、应急机具、应急器材、应急预案，检修基地器材等查询。

d. 流程闭环管理和重点卡控

通过流程闭环监控和生产管理功能对日常生产和安全管理中的施工、天窗修、重点作业、临时要点、重点作业、日常卡控、重点问题盯控、微机监测问题等实现实时化、全流程、闭环式的全方位流程闭环监控管理。每一项任务、每一个问题、每一个流程都实现有发起、有执行、有过程、有反馈、有考核，真正的实现任务有计划、工作有审核、现场有盯控、过程有掌控的精细化管理。

e. 图纸电子化管理

针对电务信号设备图纸多、管理难得问题，通过实现图纸电子化管理，查询站场平面图、室内平面布置图、双线轨道电路及电缆径路图等图纸信息，器材设备台账统一管理，设备动态监测信息管理。

④ 机务子系统

机务子系统集成应急指挥、经营管理以及对司乘人员和机车运行管理等功能，从而构成机务段安全生产指挥中心平台。按中心和机务段两级实现机车运用管理、安全管理、人员管理、设备质量管理和自动分析等功能。

a. 机车运用管理

具备LAIS、TMIS、股道自动化系统，能实时掌握在途机车的详细运行情况及机车工况，便于生产指挥中心实现各种情况下的生产指挥、特殊状况下的远程支持和应急处理。

b. 人员管理

实时反映出各机务段每名机车乘务员的月劳时、单趟劳时，具备超劳状态的色标警示功能，并根据列车开行情况，实时反映出各线乘务员使用情况、备用乘务员人数。

c. 机车检修

实时显示各机务段机车小辅修计划及计划调整变更情况，自动统计兑现率及小辅修停时，

具有超停时机车的色标警示功能；能实时显示机车临碎修情况，自动统计碎修活件及机车惯性活件并自动生成统计表格，色标警示惯性活件；对机统 6、机统 28 等台账进行管理。

d. 机车整备股道自动化

实时反映局管内各整备场、库内机车位置、机型、车号、计划车次、检修位置、状态及当日段内各场机车整备数量、出入库台次等。

e. 安全管理

全局救援列车分布、头向、编组顺序、值班人员等信息；统一紧急呼叫号码，设置应急情况处理专家库，即时处理各类应急事件；各线运行情况，包括行车事故、路外伤亡、设备故障等概况。

f. 分析功能

日、周、月分析功能，包括违标信息汇总、考核情况汇总、各类专题分析等。

g. 看板功能

显示当日重点工作，包括防洪防汛重点，重要施工概况、上级文电要求等综合信息；显示事故概况、教训、整改和防范措施等安全教育综合信息。

h. 施工管理

调度命令的接收、下达、复核等；施工明示图的审核等。

i. IC 卡管理

IC 卡文件的编辑、模拟、写卡、验卡等过程检查。

j. 机车计划变更与局调度同步

机车计划下达及机车计划变更后，与调度所机调实现信息共享等。

k. 音视频指挥

网上视讯会议，实时指挥。

⑤ 供电子系统

供电子系统包括生产管理、安全管理、综合管理、经营管理、技术管理、应急指挥六大功能。

a. 工作票网络签发、审核和逐层管理的功能

车间、指挥中心分级对班组工作票进行审核、批准，实现安全生产的卡控关口前移。

b. 生产管理网络化管理

接触网、变电班组的值班日志、报表、台账、生产计划、设备运行检修等资料实现电子化台账，实现生产管理的网络化动态管理。

c. 应急指挥

抢修预案、抢修料具、设备图纸、设备履历的电子化和网络共享，在抢修指挥中，各级事故抢修指挥人员能够及时及时、准确的掌握现场信息，按照事先预定的预案，迅速实施最佳抢修方案，并通过系统完成发布抢修命令，达到快速响应的目标，压缩故障时间。

d. 变电所和接触网环境及安全的实时监控

通过视频监控系统，实现对接触网、变电所、轨道车辆的实时监控，对接触网班组分工、变电系统值班、倒闸、巡视作业过程的全面监控，实现各级领导干部对现场的远程监控、指挥功能。

e. 系统资源的全面整合和信息的全面共享的功能

把原来自行开发的电子图纸、生产日报、干部日报等软件系统有机整合在指挥中心系统

中，全段干部职工实现了共享。

⑥ 车辆子系统

车辆子系统按中心、段两级集成客车信息（KMIS、5T、动车信息、段修生产系统、运用客车质量管理、客技站安全生产卡控系统、客列检生产指挥系统等）、货车信息（HMIS、YMIS、EMIS、场际互控、定检修车质量管理等）、安全监控、应急指挥、综合管理等信息系统。分级实现客、货车运行状态实时监控，动车、客车、货车检修、运用及管理信息汇总、统计、分析、查询，生产进度、质量、安全控制等信息监控，动车、客车、货车运用状态监控，段、车间（所）远程图像和语音监控、远程指挥和生产调度、视讯会议、事故追忆及分析、事故救援等。

系统对车辆段生产过程和生产信息进行实时监控、复示、指挥、统计、分析等，各类异常信息集中声光自动报警，为各类故障应急指挥提供科学高效的支持信息。

a. 安全生产监控及分析

及时收集 24 h 安全信息和对全段关键生产场所作业监控，实现安全信息的统计分析。

b. 货车检修过程监控

对定检修车生产计划及任务完成过程、设备状态的集中监控、复示、指挥。

c. 设备状态监控

对全局 5T 设备、AEI 设备运行状态以及管内运用货车技术状态的集中检测、监控。对 3T 进行联合预报，货车运用、站修、场际互控等生产的集中监控、分析、指导、指挥等。

d. 应急指挥

对现场作业远程图像和语音监控、远程指挥和生产调度、视讯会议、事故追忆及分析、事故救援等功能。

e. 经营管理

与物资、设备、人力、安质效、公文流转等信息系统实现信息资源共享，实现网上办公全流程无缝对接。

铁路安全应急指挥系统的实现通过管理技术上的创新，提高职工标准化作业的自觉性，提高了运输生产信息的实时性和运输指挥的有效性。通过管理手段信息化和信息集成，实现了管理的精细化、应急指挥的可视性、实效性和资源的综合利用。通过整合管理机构、职能，体现运输安全管理“分层、分权、分责”的原则，充分发挥运输安全生产指挥系统的最大效能，实现信息资源共享。

2.3.4　知识拓展——高速铁路行车安全保障体系介绍

高速铁路运营安全理念已从事后救援的“被动安全”转变为通过各种先进的技术手段、主动预防预警、综合判断、决策指挥、应急救援等一系列“主动安全”理念。建立一套科学、系统的高速铁路行车安全保障体系对保障高速铁路正常运营，保障人民生命财产的安全，维护社会稳定及提高高速铁路经济效益具有重要的意义。

高速铁路行车安全保障体系是以保障高速铁路行车安全为总体目标，结合我国高速铁路自身的国情和路情，以与行车相关的外部环境、人员、设施、设备等为监测、监控和管理对象，通过信息技术开发相关信息系统，并不断对可能发生的事故和危险源进行预警，以及事故发生后，辅助指挥人员进行决策并迅速调配各种应急资源，指导高速铁路行车安全保障工作的有机整体。其总体框架如图 2.14 所示。

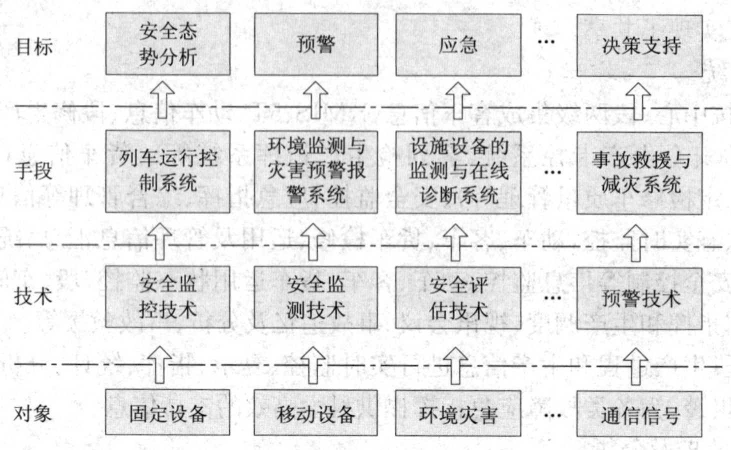

图 2.14　高速铁路行车安全技术保障体系总体框架

高速铁路行车安全保障体系的核心是信息技术的全面综合集成应用，应具备以下特征：

(1)系统性

高速铁路行车安全保障体系要从安全系统工程的角度出发，一方面，要保证高速铁路各种基础设施和关键装备的先进性、可靠性和安全性基本要求；另一方面，高速铁路各子系统都是实现系统总体安全目标不可缺少的部分，都承担着特定的，不同方面的、不同层次的、分工明确的行车安全保障任务，该体系应通过各个子系统的功能集成获得最大的系统总功效。

(2)综合性

综合开发和利用监控和检测到的高速铁路行车安全相关状态信息，有效地辨识系统中潜在的危险因素，从而能够客观地分析高速铁路行车安全态势，以便采取相应的对策来不断提高、改善高速铁路运营安全水平。

(3)高效性

高速铁路行车安全保障体系应以行车安全信息流为指导，协调和管理高速铁路运营的依据，加强车、机、工、电、辆各部门之间以及与系统外相关部门之间的协作效率，从而能够更全面实施控制，做出各个层面的科学决策，保证高速铁路行车安全保障管理工作的高效性。

典型工作任务 4　行车安全教育与专业技能培训体系认知

2.4.1　教学目标

1. 能力目标

掌握铁路行车三级教育体系，学会培训计划的制定与考核。

2. 知识目标

了解安全教育的内容、形式，学会专业技术教育登记卡的填写，掌握专业技能培训的内容。

3. 素质目标

树立自觉接受安全教育和专业培训的思想。

2.4.2　工作任务

组织学习入路教育的基本内容。

2.4.3 相关配套知识

建立健全行车安全教育与专业技能培训体系，对提高铁路职工的安全意识，掌握安全生产的技能，预防行车事故和人身伤亡的发生，有着十分重要的意义和作用。

1. 行车安全三级教育

铁路运输系统对刚参加工作的新工人和新调入行车有关工种岗位的人员要进行入路教育、车间教育和岗位教育，并经过安全考试，专业技能鉴定合格后，方能上岗。

(1)入路教育

一般由基层站段安全教育科室负责。主要介绍铁路运输的特点，讲解行车安全的重要性和行车安全知识，学习《技规》、《行规》、《站细》，参观站场设备，观看一些典型事故安全的电教片，使新工人对本站段的设备和行车安全情况有所了解。

(2)车间教育

新职工(含新转入行车岗位的人员)分配到车间或段管车站以后，由车间或段管站负责进行安全教育，主要内容包括：本部门行车设备和行车安全情况，劳动纪律、作业标准、作业纪律、作业环境以及行车安全存在的主要问题和应注意的事项。

(3)岗位教育

新职工(含新转行车岗位人员)进入生产岗位前由车间或段管站指定专门人员负责师傅带徒弟，并进行岗位职责范围、操作规程和行车、人身安全知识等方面进行教育，使其尽快熟悉和掌握本岗位的安全操作技能。

经过三级教育的人员，站段教育或人劳部门应将教育的内容、时间、主讲人姓名记入职工本人的安全教育卡(见表2.3)，以备查考，当工作调动时随其他关系一并转至新单位。

表2.3 安全教育卡

<table>
<tr><td>姓名</td><td></td><td>性别</td><td></td><td>年龄</td><td></td><td>参加工作时间</td><td></td></tr>
<tr><td>工种</td><td></td><td>本工种工龄</td><td></td><td>所在部门</td><td colspan="3"></td></tr>
<tr><td colspan="8">教育培训记录</td></tr>
<tr><td>年</td><td>月</td><td>日</td><td colspan="3">教育培训内容</td><td>本人签名</td><td>主讲签名</td></tr>
<tr><td></td><td></td><td></td><td colspan="3"></td><td></td><td></td></tr>
<tr><td></td><td></td><td></td><td colspan="3"></td><td></td><td></td></tr>
<tr><td></td><td></td><td></td><td colspan="3"></td><td></td><td></td></tr>
</table>

2. 专业技术教育

铁路运输系统历来对行车、机务等部门技术复杂、操作规程严格、直接关系到人民生命财产安全的主要工种，如机车乘务员、车站值班员、调车长等，建立了“先培训，后上岗”和“变招工为招生”的就业准入制度。原铁道部和各铁路局都建立了不同培养层次的职工教育培训基地，铁路对机车乘务员、车站值班员、车站调度员和列车调度员等还提出了大中专学历方面的要求。

按照原铁道部规定，行车主要工种每两年应进行一次不少于10 d的脱产专业技能适应性培训。职工经过专业技术培训、教育、考试后，站段教育或人劳部门应将有关内容填入职工教育登记卡(见表2.4)。职工参加政治、文化、专业学习情况也应填入职工教育登记卡。

表 2.4　职工教育登记卡

编号　　　　　　　　　　　　　　　　　　　　　　　　　　　　　　建立日期

姓名		性别		出生年月		入路年月	
籍贯		政治面貌		文化程度		毕业学校	
工种		职务		技术职务			

职务变动情况		
年　月	职名及等级	实际技术业务能力

技术业务学习考核登记				
顺号	何时至何时	学习方式	学习工种或职名	成绩

政治、文化(专业)学习考核登记				
顺号	何时至何时	在何处参加什么学习	成绩	备注

奖惩记录		
年月日	奖惩情况	附注

3. 岗位技能达标培训

新录用人员进入铁路运输企业后，并不意味着可以终身在这个岗位上工作。随着科技进步、设备更新、操作规程改变，必须通过职工教育、岗位练兵，不断提高操作技能，才能适应铁路技术发展和岗位技能标准的要求。

职工素质的高低直接影响行车安全。一些基层站段十分重视职工培训，提高职工素质，特别是行车主要工种人员岗位技能达标培训使他们不仅能适应正常情况下的行车工作，而且能适应施工、停电、设备故障等特殊条件下进行的接发列车和调车工作，并能根据具体情况采取应急措施，从而保障了行车安全与人身安全。主要作法有：

(1)狠抓基本功训练

基本功训练要做到站站有练功房，月月有安排，全员参加，几年、几十年如一日，常抓不懈。

(2)典型引路

如开封车务段以谢集车站“全员建站、全员练功”改变安全落后面貌为典型，全面推行“比、考、验、订”的练功比武法。每月在岗位间开展比武竞赛，奖优罚劣；定期进行业务考试，成绩纳入本人技术档案；对考试题进行复验，巩固学习成绩；职工、班组、车站制订争先创优保安全计划,提出奋斗目标。

(3)拉开分配档次,重奖安全业务尖子

实行工人技术等级,进行职业技能鉴定,建立以岗位工资为主的分配制度,完善落实工人技师和高级技师津贴制度,激发职工岗位练功、参加培训、经常学习技术业务的积极性。

站段设立安全技术比武竞赛专项奖金,重奖安全标兵、技术能手等业务尖子。

(4)培训方法灵活多样

坚持脱产专业培训与业余学习、岗位练兵相结合,班前提问与抽查考试相结合,理论考试与实作考核相结合,岗位对口比武竞赛与观摩学习交流相结合,采取灵活多样的培训方法。

4. 安全教育

(1) 安全教育的内容

根据铁路运输的特点,行车安全教育的内容一般包括安全第一、预防为主、综合治理的思想教育,有针对性、季节性的行车安全、人身安全知识教育、新技术、新设备安全操作教育和典型事故案例安全教育。

铁路各级安全管理机构、专业管理部门,经常将典型的事故通报各单位,编发事故案例汇编,要求全体或本系统职工学习,吸取事故教训,事故案例学习是基层站段日常安全培训及“三新”人员(即新员工、晋职人员、转岗人员)必学的内容。利用其他站段的行车事故案例,结合本站段安全情况实际,对职工进行安全教育,吸取教训,预防同类事故发生。传达事故通报时,决不可把事故当故事讲,决不可轻描淡写、无的放矢。

(2)安全教育的形式

安全教育的形式可以多种多样:有的站段每年定期开展安全月、百日安全活动;有的站段组织安全展览、安全教育陈列室;有的站段召开安全经验交流会、安全现场会、安全知识讲座;有的利用音像、图片、黑板报、广播等形式;有的利用职工中典型的人和事,在表彰、奖励先进或批评、惩处违章违纪、事故责任人的同时,对职工进行教育,使“安全第一,预防为主,综合治理”的方针深入人心。

典型工作任务5 铁路行车安全监察体系认知

2.5.1 教学目标

1. 能力目标

了解铁路行车安全监察机构的设置及安全监察人员的工作职责,学会处理铁路行车安全监督通知书等文件。

2. 知识目标

了解铁路运输安全监察工作的程序、安全监察人员的素质与权力,站段安全工作的职责。

3. 素质目标

树立安全监察工作公平公正的理念,培养学生在安全监察工作中坚决执行党的路线、方针、政策和国家法律的自觉性,维护行车安全法规的严肃性。

2.5.2 工作任务

组织学生填记“行车安全监察通知书”和“行车安全监察指令书”。

2.5.3 所需配备

有关行车安全方面的报纸、刊物、宣传栏。

2.5.4 相关配套知识

从铁路运输安全生产角度看，建立健全运输安全法规与监督检查其执行情况同等重要。我国铁路早在1950年5月就设立了行车安全总监察室，负责有关行车安全工作的计划、行车安全规章制度的贯彻执行及事故发生时的调查处理。同年9月，在全路行车安全会议上，确定了监察工作的业务方针、性质和行车事故处理程序与方法，为各级监察机构配备了专职监察人员。几十年来，我国铁路安全监察工作在安全管理中发挥了重要作用，取得了显著成绩。随着铁路“两个根本转变”和现代化建设步伐的日益加快，加强行车安全监察工作显得越来越重要。

1. 行车安全监察组织机构

2013年初，铁道部撤消，组建成为国家铁路局和中国铁路总公司。国家铁路局隶属交通运输部，在安全管理上履行政府铁路行业安全监督职能；中国铁路总公司履行铁路企业内部运输生产安全的主体责任。

国家铁路局下设安全监察司和7个地区铁路监督管理局；中国铁路总公司下设安全监督管理局和6个安全监督特派员办事处；各铁路运输企业设监察室。

各级行车安全监察机构除设领导人员外，按车务、机务、车辆、工务、电务、供电、客货运等专业配备监察，同时配备负责路外、劳动安全、综合分析、教育等方面的业务的监察人员。

2. 各级行车安全监察机构的任务和职权

铁路安全监察机构的任务是：贯彻“安全第一，预防为主，综合治理”的方针，对行车安全工作实行严格的监察，维护行车安全法规，保证安全正点、优质高效地完成运输任务。

铁路局行车安全监察机构对铁路局行车有关单位人员执行行车安全法规的情况有权进行监督，发现有违反行车安全法规的情况，应如实地提出意见、加以纠正；如有关领导不给予正确解决，则有权向上级行车安全监察机构报告，请求处理。

各级行车安全监察机构和行车安全监察人员具有以下职权：

(1)发现作业上违反行车安全法规时，有权加以纠正；对危及行车安全者，有权立即制止，必要时可临时停止其工作并责成有关单位议处；对不适合担当行车工作的人员，有权责成有关部门予以调整。

(2)对危及行车安全的技术设备，有权向有关部门提出意见，要求限期解决；情况严重确有发生严重事故可能时，有权采取临时扣留、封闭措施，并责成有关单位紧急处理。

(3)发现有关规程、规范、规则、细则、办法、设计文件和施工方案违反《技规》和其他行车安全法规时，有权通知有关单位予以纠正，必要时可停止其实施。

(4)调查处理事故中，确定性质和责任上有分歧意见时，由各级行车安全监察机构提出结论性意见。

(5)有权建议对违反行车安全法规或发生行车事故的责任人员和领导干部给予处分；建议对在安全生产工作中做出成绩和防止事故的有功人员给予表彰和奖励。

在上述职权中，由于对事故的定性和定责事关重大，行车安全监察机构提出结论性意见时，应积极慎重对待铁路局的意见；如果对领导的决定有不同意见，可以向上级行车安全监察机构反映，请示予以复查处理；若上级行车安全监察机构发现下级单位或下级行车安全监察机构对事故性质和责任的确定不符合规定、处理不当时，有权加以纠正。

行车安全监察人员在行使职权时，对所发现的问题除向当事人进行帮助教育外，必要时应将存在的问题，填写“行车安全监察通知书”（一式三份，格式见表2.5），交当事人所属单位领导两份提出具体要求和改进意见；对于严重隐患和比较重大的问题，由行车安全监察机构向有关单位领导下发“行车安全监察指令书”（一式三份），送有关单位两份，限期改进。行车安全监察指令书与行车安全监察通知书的格式基本相同，但填发的权限不同：通知书是在检查发现一般问题时，由行车安全监察人员签发；指令书是发现严重隐患和比较重大的安全问题时，需由行车安全监察室主任（副主任）签发。有关单位领导接到“通知书”和“指令书”后必须认真对待，及时研究改进，并将改进情况填记在“通知书”或“指令书”中，回复填发单位。必要时填发单位应派人进行复查。

各级领导要大力支持行车安全监察人员的工作，保证行车安全监察人员正常地行使职权、履行职责，做好监察工作。任何人不得妨碍行车安全监察人员行使职权。如发现对行车安全监察人员有打击报复行为者，必须严肃处理。要保证行车安全监察人员必要的工作条件，以使行车安全监察人员顺利开展工作，及时迅速地了解事故情况，积极有效地组织抢修、救援工作，准确果断地确定事故性质和责任，因此，除为行车安全监察人员提供交通、通讯、食宿等条件外，并配备必要的检测仪表、工具、用品和其他备品，逐步采用先进的检测手段。行车安全监察部门有权参加或召集有关安全会议，查阅有关部门和单位的案卷、记录、表报，借用必要的工具及仪器，要求指派适当人员协助工作等。

表2.5　安全监察通知书

×铁安监通（　　　）第　　　号

________________：

经检查发现下列不安全问题，须立即采取措施进行克服，并于　月　日前将改进情况报本安全监察室核备。

发现问题：	
改进意见 安全监察　　　　（签章） （公章） 年　月　日	改进情况 单位负责人　　　　（签章） （公章） 年　月　日

3. 行车安全监察人员的素质要求和工作准则

行车安全监察是原则性、政策性、科学性和权威性很强的安全管理工作，各级行车安全监察机构按规定职责范围所做的一切工作都关系到消除事故隐患，预防事故发生，切实保护国家、企业、职工利益的大问题。其工作成效主要取决于安全监察队伍的整体素质和工作作风，因此，提高行车安全监察人员的素质是各级行车安全监察工作的重要前提和保证。

《行车安全监察工作规则》规定："各级行车安全监察人员必须身体健康，具有较高的政治思想水平，熟练的技术业务素质，丰富的实际工作经验，中专以上文化程度，较强的独立工作能力。"随着安全科学管理要求和安全技术装备现代化程度的不断提高，面对复杂的社会环境影响，各级安全监察人员应不断提高自身素质，增强使命感，掌握铁路科技新知识，以适应形势发展需要。

为了认真执行《行车安全监察工作规则》，各级行车安全监察人员必须遵守以下工作准则：

(1)坚决执行党的路线、方针、政策和国家的法令，维护行车安全法规的严肃性。

(2)预防为主，防患于未然。

(3)执法严明，刚正不阿。

(4)秉公办事，不弄虚作假。

(5)坚持原则，遵守法规。

(6)积极钻研业务，技术上精益求精。

4. 站段安全科室的工作职责

(1)检查监督站段各部门、各车间执行安全生产方针、政策、法令、规章制度及上级领导的有关指示的情况。

(2)参与制订站段的安全规章制度、细则、办法和各种作业标准，并检查执行情况。参与审查、制订站段施工方案和安全措施，并监督实施。

(3)监督检查站段内各种行车设备、防火防爆设备、机械动力设备及压力容器等的维修保养情况和使用安全。发现有危及行车安全等问题时，及时向有关部门反映。

(4)监督检查行车人员的培训教育、任职提职、技术考核鉴定和身体检查。

(5)参加调查分析站段发生的一般行车事故、人身和路外伤亡事故、设备事故和严重事故苗子，对事故提出定性、定责意见，在处理事故时要作到"三不放过"，即事故原因不明、责任不清不放过，没有安全防范措施不放过，事故责任者和群众没有受到教育不放过。

(6)经常深入地方厂矿企业、居民村落进行保护铁路运输设施和防止路外伤亡的宣传工作。

(7)深入车间、班组调查研究，检查职工执行规章和各项作业标准的情况，及时发现问题和事故隐患，并提出整改和防范措施。

(8)指导班组安全员的工作，定期培训安全员，总结、推广班组安全生产工作经验。

(9)负责站段安全生产的全面管理工作，对站段安全生产情况进行定期和专题的分析，根据不同时期特点和要求，及时采取预防性的安全措施，确保安全生产。

2.5.5 相关规范、规程与标准

1.《铁路安全管理条例》(2013)第六章 第七十八条至第八十二条。

2.《公民道德建设实施纲要》第三部分 公民道德建设的主要内容。

典型工作任务 6　国外铁路行车安全保障体系认知

2.6.1　教学目标

1. 能力目标

能根据国外铁路行车安全保障体系的分析，找出国外行车安全保障体系的优点。

2. 知识目标

了解国外铁路行车安全科学化、法治化管理的概况，全面理解安全保障系统的构成。

3. 素质目标

培养学生学习、分析、借鉴国外先进经验的意识。

2.6.2　工作任务

查阅日本新干线列车自动控制系统的安全技术资料，绘制铁路安全保障系统基本结构示意图。

2.6.3　相关配套知识

发达国家铁路行车安全保障体系的共性是：安全管理法制化、科学化；安全装备高新技术化，安全保障系统综合化、集成化。

1. 完善的法制保障体系

(1)注意加强行车安全立法工作

日本铁路有关安全的法规十分完整，内容丰富、细致、具体。早在 1964 年 6 月及 9 月，为了保障高速铁路的运行安全，在东海道新干线即将开通之际，日本政府及运输省即以法律形式，分别颁布了《关于对妨碍新干线列车运行安全行为进行处罚的特例法》及其《实施细则》。该法制定了有关毁坏运行安全设备罪、在线路上放置物品妨碍行车罪、向列车投掷物体罪等具体条款，对保证新干线运行安全和社会治安起到良好作用。此外，日本有关新干线行车安全方面的法规还包括《新干线运行规则》《新干线铁道构造规则》《新干线运转办法细则》。新干线与既有铁路共用的法律也有很多，主要有：《铁道事业法》《铁道事业法实施细则》《铁道事故报告规则》《铁道设施检查规则》《铁道运转规则》《关于确保运输安全的省(部)令》《关于机车司机驾驶执照的省(部)令》等等。

英、美等国都有经过国家最高权力机构通过后颁布执行的有关铁路运输安全的系列法令和法规，如美国有《运输法》《铁路法》《铁路安全法》等；英国有《运输法》《道路和交通管理法》《铁路管理法》《铁路雇佣法》等。这些法律条文都明文规定了在铁路安全问题上政府部门、铁路企业、有关行业等所具有的权利和承担的责任，从而使有关的各个方面有了共同遵循的准则，做到了有法可依。

(2)有健全的监督机构

日、英、美等国设有专职的铁路安全监督机构，安全监督机构直接隶属于政府有关部门，代表政府根据法律对铁路运输安全进行监督。监察员与铁路的关系必须调整得当，才能正确处理安全事务，实行有力的监督。英国铁路监察员的一条工作原则是，对铁路安全只监督、不干预，并形成以下三条具体规定：

① 铁路线路和设备的养护维修责任由铁路公司承担。

② 铁路安全运转的责任由铁路公司承担。

③ 政府对铁路设计建造的建筑物的安全不承担责任。

通过定期召开的铁路员工会议,监察员可经常了解铁路企业在技术和工作方法方面的发展情况,探讨技术和方法的改革对安全可能产生的影响。铁路企业则需经常要求监察员提供建议和意见。双方相互信任,保持良好的协作关系。

铁路监察员对上报事故进行调查,包括现场实地观察和测量、询问见证人等,以便查明原因、分清责任、提出事故报告。事故调查报告和年度安全总结都要按规定呈报政府,并向社会公布。铁路监察员在事故报告和年度总结报告中经常提出加强安全、防止事故的意见和建议。这对铁路企业虽没有法律的约束力,但有重要的影响。监察员的建议往往得到铁路企业或主管部长的采纳,有时可通过国会立法做出明文规定。

(3)人员管理科学化

重视人的因素对于保障铁路行车安全是至关重要的。首先,要对人员进行分析,找出容易发生事故的人员层次和个人,以及最常见的人的不安全行为。然后,在对人的身体、生理和心理进行检查测验的基础上合理选配人员。从行为科学出发,加强对人的教育、训练和管理,提高生理、心理素质,增强安全意识,提高安全操作技能,从而最大限度地减少、消除不安全行为。此外,还必须正确处理好人、机、环境的相互关系,要以人为主体,同时确保机器正常运转,随自然环境的变化不断完善人、机、环境的关系,加强安全管理,制定能充分发挥人—机—环境系统总体功能的规则、制度和法令,从而确保铁路运输的安全。

防范人为事故的发生,必须从人员、设备、环境等多方面进行探讨,日本铁路在这一领域所采取的措施有:

① 选择高素质的人。如铁路部门在挑选、录用工作人员时,通过适应性检查来选择合适人员。

② 避免错误的教育和训练。如对铁路内、外人员进行安全宣传教育和对路内职工进行各种安全测验和训练。

③ 用机器代替人的工作,强调逐渐采用高效能机械以缩小人所涉及的领域。

④ 改善工作环境,研究开发适应人的特性的设备和操作位置、适宜的工作环境,并应考虑人在作业时应保持适度的紧张。同时,要考虑到由于机械带来的工作环境变化对人的影响。

日本国铁还拥有关于行业和管理工作的学校,根据每个人工作经历的不同进行为期不同的职业培训。此外,日本国铁还对运行系统的工作人员进行各种能力和心理上的测验,以判断他们对驾驶工作的适应性,并分析了考试成绩与事故之间的相关性,而且日本国铁正继续开发和完善这些考试。

法国 TGV 高速列车的乘务人员是从已经合格的常规列车乘务员中挑选的。对一名 TGV 司机的培训时间为 3 周,培训内容包括熟悉 TGV 列车、熟悉高速线路特殊运用法规,以及熟悉将要运营线路范围内的特殊特征等。培训结束时进行理论、实践和心理方面的考核。

英国铁路一直在开发列车驾驶人员的培训程序。初级司机在获得自己能“单独驾驶”资格前需接受大约 5 周的课堂和 10 周的监督操纵学习。在积累起足够的经验和资历前,一般他们需先在较次要的岗位上花几年的时间才能驾驶高速列车。模拟器作为培训和评价操作人员能力的一种手段正广泛采用。品格和能力考试构成了驾驶人员选拔的组成部分。

(4)事故的统计分析做得比较到位

根据事故致因理论,必须对事故原因进行全面的深刻的分析,找出发生事故的各种原因,才能对其进行有效控制。国外铁路对事故的统计和分析十分认真,根据数理统计理论对数据进行长期的积累,建立数据库和多种数学模型,分析事故原因的规律性。日本铁路提出了"事故原因体系",并特别对人为事故进行了统计分析。日本旅客公司利用计算机技术建立多种铁路数据库,在分析了近 20 年的事故后发现,现在的事故都是过去事故的重演,从而强调安全对策不应片面地局限于"冒进信号"、"道口事故"、"自然灾害"等,为搞好安全,首先要从认识上进行一次革命,不放松小事故,了解事故发生原因,掌握同类事故的防范措施,避免重蹈覆辙。

2. 完备的高新技术设备

日本是世界上开行第一条高速铁路的国家,为了保障行车安全,高速铁路首先采用全封闭、全立交的线路,从而彻底消灭了平交道口的事故。同时为了在人—机系统中防范可能的人为错误,采取了以机控为主的控制方式,亦即在行车控制中,一旦得到报警和需要减速的信息后,不管司机处于何种状态,如果控制速度没有降到应降的速度,机器会进行自行控制,自动减速,直到停车。以机控为主的列车自动控制系统(ATC)的采用,杜绝了司机冒进信号事故。

对于行车安全,设备的养护同样十分重要。为了保证设备不间断使用,日本发展并采用了先进的设备检测诊断与维修养护系统。利用系统对运用中的设备进行实时检测,检查其完好状态。日本新干线利用专用检测车,对线路上的固定设备包括轨道、接触网和通信信号设备等定期、定时地进行实际测试,发现异常立即进行修理。此外,对于移动设备,即动车和动车组,检查也很严格,一般都在基地进行,并加以维修。

自然环境的预测和报警是确保行车安全的另一个重要措施。由于海岸线长,同时又是地震频发的地区,自然环境对行车安全的影响十分明显,因此,日本在几条新干线上均安装了大量的灾害检测与报警设备,包括地震仪、雨量计、水位报警器、风速监测装置、降雪监测器、积雪监视装置、长轨温度报警装置和地表滑落报警装置等。

日本新干线的行车安全保障系统经过几十年的不断改进和完善,已经逐步发展成为一个行车管理的综合系统。在日本第一条高速铁路(东海道新干线)投入运用时,作为行车安全保障的系统主要依靠列车自动控制系统,在行车指挥方面只是采取集中调度指挥的措施。而当第二条高速铁路(山阳新干线)投入运用时,就增加了行车安全管理系统,引入了计算机辅助的行车指挥系统,即 COMTRAC 系统,利用计算机进行辅助操作,实现全线调度系统统一指挥,从而进一步提高了行车安全性。

20 世纪 90 年代以来,日本对于高速铁路的安全保障系统又进行了系统化改造,并作为运行管理自动化的一部分纳入新的综合系统。该综合系统集运输计划、运行管理、车辆和设备管理、维修管理、电力控制以及信息集中管理等于一体,以确保行车安全。它把原先高速铁路的一些分散和各自独立的系统综合为一个系统,这就是 1995 年 11 月 10 日在东日本铁路上开通的计算机管理行车调度、设备维修和行车安全的综合系统(简称 COSMOS 系统)。它既包括设备检查与诊断、供电系统控制与监测,以及车站进路安全控制,又包括环境灾害的监测,是一个比较完整的人一机一环境安全系统。

法国高速铁路于 20 世纪 80 年代开始投入运行。作为高速铁路的安全保障系统,法国也是采用与日本新干线类似的列车自动控制系统。法国的列车自动控制系统(TVM 系统)是利用无绝缘音频轨道电路作为传输通道,实现列车与地面信息的交换。TVM 系统可靠性较高,它能代替部分司机的功能，当地面出现危险情况时，无需司机参与就能保证列车安全运行，可有效地防止司机的错误操作。

近几年来，法国的列车自动控制系统又在原有的基础上进行了改进。从原先阶梯式控制的 TVM300 系统发展到采用模块结构的速度模式曲线控制方式的 TVM430 系统。TVM430 系统于 1993 年在北部线上正式投入运用，不但性能比原来的 TVM300 系统有了改进，而且增加了设备状态和自然环境检测的功能，如接触网电压监视、热轴检测、降雨量检测、降雪量检测、暴雨及大风雪检测等，从而进一步强化了列车安全保障的功能。

德国高速铁路 ICE 采用的是 LZB 系列列车速度控制系统，它是德国铁路、西门子公司及劳伦茨公司合作研究的成果。西班牙高速铁路 AVE 从马德里到塞尔维亚 471 km，也采用了 LZB80 型列车速度控制系统。LZB 系列是目前世界上典型的连续式列车速度控制系统之一，目前应用最广泛的是 LZB80 系统。LZB80 系统最突出的特点之一就是利用铺设在钢轨之间的轨道电缆实现车—地之间的双向信息传输。通过车—地信息传输系统，LZB 车载设备可以将列车的精确位置、实际速度、机车及列车工作状况（设备状况、轴温、供电及故障）等信息及时送到地面列车控制中心。列车控制中心的计算机根据综合调度中心下达的列车运行计划、列车运行线路状况信息（坡度、曲线半径、限制速度等）、相邻联锁中心送来的列车进路信息等经计算、比较处理后，确定出在保证行车安全的前提下使列车运行间隔最小的列车运行速度，并立即通过 LZB 地—车双向传输系统将这一速度控制命令传送到 LZB 车载设备，由此实现对列车运行速度的控制。

欧洲是继日本之后高速铁路得到迅速发展的地区。除法国、德国外，英国和意大利等欧共体国家均开行了高速列车，而且这些高速列车大都在既有铁路上开行。由于目前欧洲各国铁路采用的列车自动控制系统的制式不统一，高速列车要在各国铁路上运行难以确保行车安全，因此，欧洲一些国家正在建立统一的列车自动控制系统（ETCS）。ETCS 是一种全新的列车控制系统，它既适应高速列车，也适应常规列车安全运行的需要。该系统将运用最新的数字通信技术和微机控制技术，列车不管行驶到哪个国家的铁路，这种列车控制系统都能确保列车安全。

在英吉利海峡隧道高速铁路采用了特殊的行车安全保障措施。这个隧道是客货混运的高速铁路，它把英法两个国家连接了起来。在技术上，这条海峡隧道铁路采用了当代的最新技术。在安全方面，除了采用高速铁路通常运用的安全措施外，还增加了一些特殊的安全措施。它突出地运用了两大新系统，一是火警系统，二是抢救系统。为了预防可能的火灾，在 50 km 的隧道内安装了 31 个火情检测设备，对隧道内的空气质量进行分析，一旦发现火情信息，除能及时向控制中心发出报警外，还能自动与地面及车上的火警系统互相联系，并进行自动灭火，以确保在发生紧急情况时旅客的安全。抢救系统能保证列车在隧道内行驶一旦发生险情时，可以进行紧急处理，确保旅客与货物能安全地脱离险地。

3. 集成化的安全保障系统

随着列车运行速度和密度的加大，涉及安全保障的信息越来越多，包括各种自然灾害情报数据，各种设备运行状态，有关防灾数据（预警、限速、停运决策信息）等。安全保障体系已经成为一个庞大系统，如何使之运转高效、准确，操作简便、灵活成为人们关心和亟待解决的问题。根据目前研究的结果和实际应用情况表明，欲达此目的必须实现信息资源的共享和系统的综合化与集成化。集成化安全保障系统的基本结构如图 2.15 所示。各国根据其具体情况采用了各具特色的集成化方法。

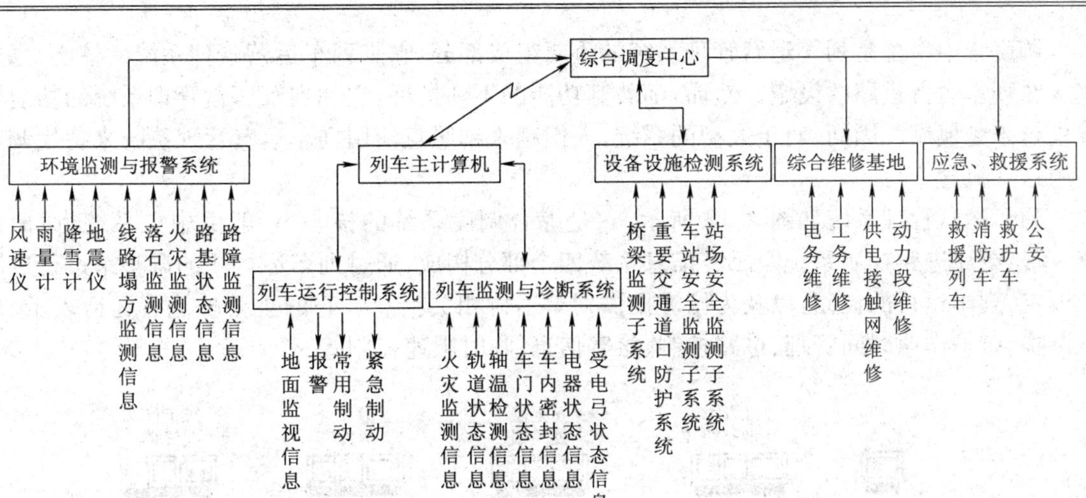

图 2.15　集成化的铁路安全保障系统基本结构示意图

图 2.15 中铁路综合调度系统是高速列车安全正点运行的指挥中枢，它通过协调保证列车正常运行的各个环节，最终实现高速铁路运输的目标。一个完善的综合调度系统应包括下列各分支管理或调度机构：运输计划的制定和管理、列车运行和管理、机车车辆管理、维护作业的管理、设备管理、电力控制、安全监控、车站作业管理。图 2.16 形象地表示出了综合调度的构成及与其他系统的连接关系。组成铁路调度系统的各个部分是紧密联系，相互协同的。列车运营管理系统是最关键的组成部分，其他系统都是通过列车运营管理系统对列车和车站进行控制的。

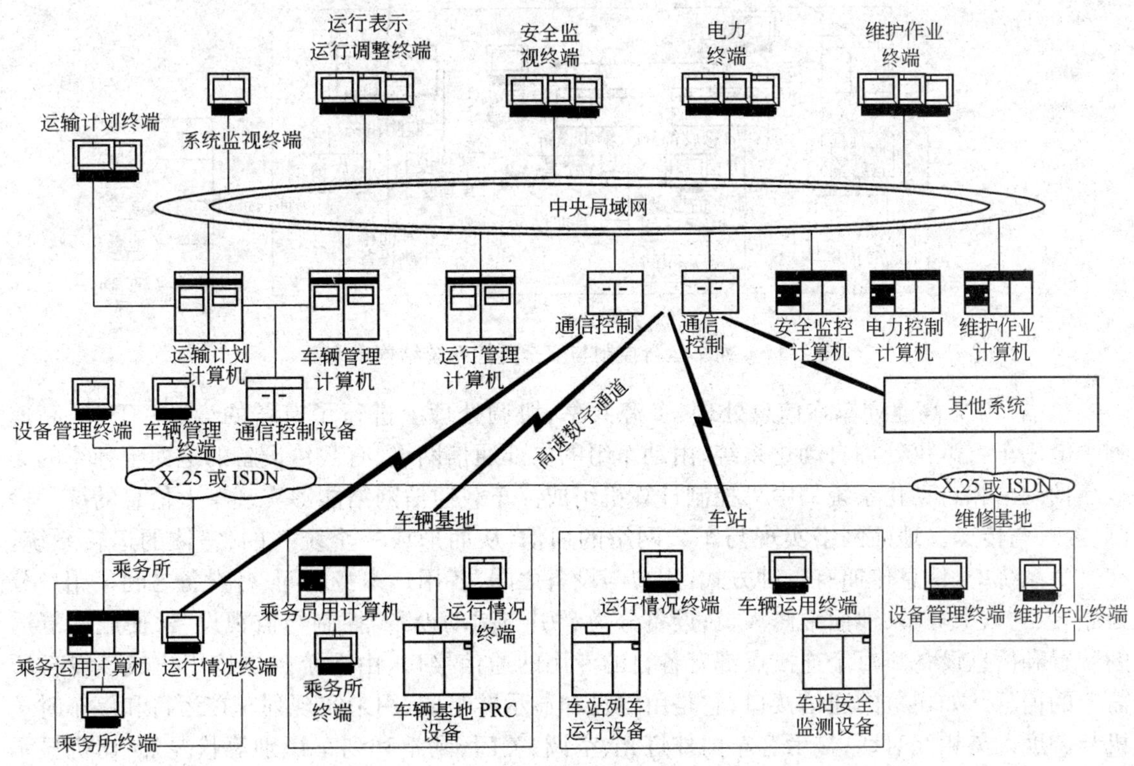

图 2.16　高速铁路综合调度系统结构示意图

调度集中系统是列车运营管理系统的重要组成部分，它是列车运营管理系统的核心，主要完成对列车运行进路的设定。然而，随着其功能的不断扩展，它和列车运营管理系统的功能界限也越来越模糊。因而，对于大型的系统，人们越来越愿意使用列车运营管理系统来替代调度集中这一概念。

列车运营管理系统如图 2.17 所示，它是综合调度系统的核心，一般由中央系统、通信系统、车站程序进路控制系统及旅客信息系统四个部分构成，通过列车运行图的调整来进行进路的设定、列车运行的控制，以及为旅客提供列车运行相关信息。它的主要功能有运行表示、运行调整、维护作业时间管理、进路控制、旅客信息、临时限速控制等。

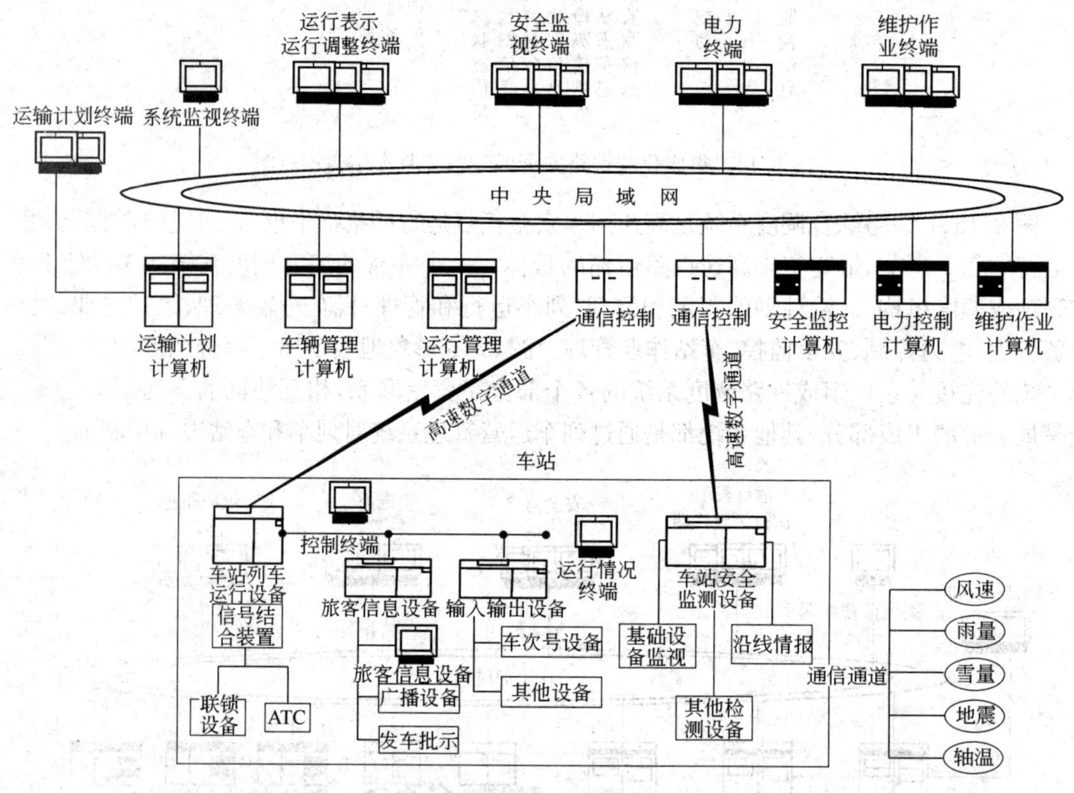

图 2.17　列车运行控制与安全监控系统结构示意图

法国 TGV 高速列车在信息处理、资源共享、协调处理上进行了有益的尝试。TGV 高速列车电动车组微机处理自动化系统，由动车组的内部通信网络、有数传设备的地面至列车的无线通信网络和自动化系统的中央控制计算机组成。车载通信网络能够实现车上信息的统一检测、处理与传送。地面网络实现与车载网络的通信，从而形成一个统一的、整体的运转系统。在这个系统中，信息传递有三种方式：用户与设备之间、各用户本身之间、各设备之间。用户分为旅客、列车乘务员、地面维修人员；设备分为牵引与制动设备、控制与监视设备、使旅客舒适的装置和信息设备。每个连接点都有各自的专用的通信接口，由系统提供该用户或该设备所需要的信息。如司机的通信接口，它是由键盘和显示屏组成，用来实现列车在运行和停车时司机与调度人员相互对话；显示客车内外灯光、空调、关门、到站和列车识别等状况；向司机显示动车组的工作状况；一旦发生故障时，司机可通过计算机化的列车工作日记和计算机查找故障指南，及时找出排除故障的正确措施。再如维修人员的通信接口，它是一种数字式数据传输的由地面至列车的无线电台，用于与计算机终端通信，并遥控其附近列车整备的有关信息。在被这些电台覆盖的区域中，任一列车的任何不正常现象该接口都可以做到远程获取和显示。再将这些信息通过地面网络传递到维修中心，维修中心的计算机接收到列车组情况和任何部件或设备的故障实时数据时，维修工作人员将迅速做好组织检查和修复的准备，待列车入库迅速修复。由此不难发现，在这个系统中所有参与运输的部门都有自己的信息接口，都能够从系统中获取与本部门有关的信息、数据和指令，从而提高了运输效率，保障了行车安全，这就是安全保障系统综合化、集成化的优势所在。

项目小结

现代化铁路行车是一个涉及人机、环境、管理等多因素相互作用的复杂系统，完善的安全保障体系是安全行车的前提。本项目在介绍安全保障体系框架的基础上详细介绍了法律、法规保障体系、技术设备保障体系、人员教育和技能培训体系、监察体系，并扩展了国外行车安全的保障体系，全面了解各专项保障体系将为后续项目的学习奠定了基础。

复习思考题

1. 铁路行车安全保障体系大致由哪几方面构成？
2. 绘图说明现代化铁路行车安全保障体系信息流程。
3. 全国人大常务委员会制定的有关铁路运输安全的法律有哪些？
4. 国务院制定或经国务院批准而由交通行政部门发布实施的有关铁路运输安全的行政法规有哪些？
5. 确保行车安全的规程、规则有哪些？
6. 与行车安全密切相关的作业标准有哪些？
7. 铁路行车安全现行法律法规体系还存在哪些问题？
8. 铁路行车安全技术保障体系主要体现在哪些方面？
9. 铁路安全应急决策指挥系统的主要目标是什么？
10. 铁路行车安全教育与专业技能培训体系包括哪几个方面？
11. 我国的行车安全三级教育包括哪些？
12. 安全教育的主要内容有哪些？
13. 各级行车安全监察机构的任务和职责有哪些？行车安全监察通知书和指令书有何不同？
14. 行车安全监察人员工作准则有哪些？
15. 发达国家铁路行车安全保障体系有哪些共同特点？
16. 与国外铁路相比我国铁路行车安全保障体系存在哪些差距？
17. 我国铁路行车安全保障体系的建设目标是什么？
18. 当前我国铁路行车安全保障体系的建设应从哪几个方面着手？

项目3 铁路交通事故处理

项目描述

本项目通过对铁路交通事故定义、等级的研究，了解铁路交通事故对国民经济、人民生命财产和国家形象的危害。着重学习事故发生后的应急处理、严重事故的救援处理以及事故调查、责任认定和善后处理。

拟实现的教学目标

1. 能力目标

具有对铁路行车工作中发生的紧急情况的应急处理能力。

2. 知识目标

了解铁路交通事故的定义、种类、等级，事故调查处理程序，救援列车的开行办法，学会发生事故后的应急处理。

3. 素质目标

加强工作责任心，认识到交通事故的危害。

典型工作任务1 铁路交通事故认知

3.1.1 教学目标

1. 能力目标

会根据事故损失确定事故等级。

2. 知识目标

熟悉铁路交通事故处理的有关规定。

3. 素质目标

拓展知识面，培养良好的个人修养和严格的工作作风。

3.1.2 工作任务

学习铁路交通事故的定义、分类及等级划分，组织学习讨论《事规》有关内容和机车车辆报废、大、中破条件的界定。

3.1.3 相关配套知识

为了及时正确处理铁路交通事故，维护铁路运输秩序，贯彻“安全第一，预防为主，综合治理”的方针，使铁路运输更好的为国民经济建设服务，国务院发布了《铁路交通事故应急救援和调查处理条例》（简称《条例》），原铁道部制定了《铁路交通事故调查处理规则》（简称《事规》）。

《条例》是我国第一部全面规范铁路交通事故调查处理的行政法规。《条例》的颁布实施，是继2004年《铁路运输安全保护条例》颁布以来，铁路运输安全法制建设的又一件大事，充分说明了党中央、国务院对铁路运输安全工作的高度重视。《条例》全面贯彻落实以人为本的科学发展观、构建社会主义和谐社会的要求，对于规范铁路交通事故调查处理工作，切实维护人民生命财产安全，保障铁路运输安全畅通，促进和谐铁路建设，保持铁路运输安全持续稳定发展，具有十分重要的积极意义。

《事规》是严格按照《铁路交通事故应急救援和调查处理条例》八章四十一条和《条例》释义的规定而制定的，体现了防范为主、从严管理的目的，满足了铁路运输新形势、新技术、新设备的要求，坚持了铁路安全管理的基本特点，保留了铁路事故种类的表现形式。

《事规》是调查和处理铁路交通事故的基本依据，对铁路交通事故的调查处理、定性、定责和统计分析具有鲜明的法规性和权威性。

1. 铁路交通事故的定义

铁路机车车辆在运行过程中与行人、机动车、非机动车、牲畜及其他障碍物相撞，或者铁路机车车辆发生冲突、脱轨、火灾、爆炸等影响铁路正常行车的事故均称为铁路交通事故。

2. 铁路交通事故的分类

(1)按事故造成的人员伤亡、直接经济损失、列车脱轨辆数、中断铁路行车时间等情形分类

按事故造成的人员伤亡、直接经济损失、列车脱轨辆数、中断铁路行车时间等情形，交通事故分为特别重大事故、重大事故、较大事故和一般事故，其中一般事故又分为A、B、C、D四等。

(2)按事故内容分类

按事故内容可分为列车事故、调车事故和因铁路技术设备破损或货物装载不良造成的事故。

3. 铁路交通事故等级

(1) 特别重大事故

有下列情形之一的，为特别重大事故：

① 造成30人以上死亡。

② 造成100人以上重伤(包括急性工业中毒，下同)。

③ 造成1亿元以上直接经济损失。

④ 繁忙干线客运列车脱轨18辆以上并中断铁路行车48 h以上。

⑤ 繁忙干线货运列车脱轨60辆以上并中断铁路行车48 h以上。

(2)重大事故和较大事故

① 重大事故

有下列情形之一的，为重大事故：

a. 造成10人以上30人以下死亡。

b. 造成50人以上100人以下重伤。

c. 造成5 000万元以上1亿元以下直接经济损失。

d. 客运列车脱轨18辆以上。

e. 货运列车脱轨 60 辆以上。

f. 客运列车脱轨 2 辆以上 18 辆以下，并中断繁忙干线铁路行车 24 h 以上或者中断其他线路铁路行车 48 h 以上。

g. 货运列车脱轨 6 辆以上 60 辆以下，并中断繁忙干线铁路行车 24 h 以上或者中断其他线路铁路行车 48 h 以上。

② 较大事故

有下列情形之一的，为较大事故：

a. 造成 3 人以上 10 人以下死亡。

b. 造成 10 人以上 50 人以下重伤。

c. 造成 1 000 万元以上 5 000 万元以下直接经济损失。

d. 客运列车脱轨 2 辆以上 18 辆以下。

e. 货运列车脱轨 6 辆以上 60 辆以下。

f. 中断繁忙干线铁路行车 6 h 以上。

g. 中断其他线路铁路行车 10 h 以上。

(3)一般事故

一般事故分为一般 A 类事故、一般 B 类事故、一般 C 类事故、一般 D 类事故。其构成条件如下：

① 一般 A 类事故

有下列情形之一，未构成较大以上事故的，为一般 A 类事故：

A1. 造成 2 人死亡。

A2. 造成 5 人以上 10 人以下重伤。

A3. 造成 500 万元以上 1 000 万元以下直接经济损失。

A4. 列车及调车作业中发生冲突、脱轨、火灾、爆炸、相撞，造成下列后果之一的：

A4.1 繁忙干线单线或双线之一线行车中断 3 h 以上 6 h 以下，双线行车中断 2 h 以上 6 h 以下。

A4.2 其他线路单线或双线之一线行车中断 6 h 以上 10 h 以下，双线行车中断 3 h 以上 10 h 以下。

A4.3 客运列车耽误本列 4 h 以上。

A4.4 客运列车脱轨 1 辆。

A4.5 客运列车中途摘车 2 辆以上。

A4.6 客车报废 1 辆或大破 2 辆以上。

A4.7 机车大破 1 台以上。

A4.8 动车组中破 1 辆以上。

A4.9 货运列车脱轨 4 辆以上 6 辆以下。

一次人员死亡 2 人/重伤 5 人以上，指行车/从业人员事故，并包括责任路外人员死亡和重伤事故，均构成一般 A 类事故。

② 一般 B 类事故

有下列情形之一，未构成一般 A 类以上事故的，为一般 B 类事故：

B1. 造成 1 人死亡。

B2. 造成5人以下重伤。

B3. 造成100万元以上500万元以下直接经济损失。

B4. 列车及调车作业中发生冲突、脱轨、火灾、爆炸、相撞，造成下列后果之一的：

B4.1 繁忙干线行车中断1 h以上。

B4.2 其他线路行车中断2 h以上。

B4.3 客运列车耽误本列1 h以上。

B4.4 客运列车中途摘车1辆。

B4.5 客车大破1辆。

B4.6 机车中破1台。

B4.7 货运列车脱轨2辆以上4辆以下。

③ 一般C类事故

有下列情形之一，未构成一般B类以上事故的，为一般C类事故：

C1. 列车冲突。

C2. 货运列车脱轨。

C3. 列车火灾。

C4. 列车爆炸。

C5. 列车相撞。

C6. 向占用区间发出列车。

C7. 向占用线接入列车。

C8. 未准备好进路接、发列车。

C9. 未办或错办闭塞发出列车。

C10. 列车冒进信号或越过警冲标。

C11. 机车车辆溜入区间或站内。

C12. 列车中机车车辆断轴，车轮崩裂，制动梁、下拉杆、交叉杆等部件脱落。

C13. 列车运行中碰撞轻型车辆、小车、施工机械、机具、防护栅栏等设备设施或路料、坍体、落石。

C14. 接触网接触线断线、倒杆或塌网。

C15. 关闭折角塞门发出列车或运行中关闭折角塞门。

C16. 列车运行中刮坏行车设备设施。

C17. 列车运行中设备设施、装载货物(包括行包、邮件)、装载加固材料(或装置)超限(含按超限货物办理超过电报批准尺寸的)或坠落。

C18. 装载超限货物的车辆按装载普通货物的车辆编入列车。

C19. 电力机车、动车组带电进入停电区。

C20. 错误向停电区段的接触网供电。

C21. 电化区段攀爬车顶耽误列车。

C22. 客运列车分离。

C23. 发生冲突、脱轨的机车车辆未按规定检查鉴定编入列车。

C24. 无调度命令施工，超范围施工，超范围维修作业。

C25. 漏发、错发、漏传、错传调度命令导致列车超速运行。

④ 一般D类事故

有下列情形之一，未构成一般C类以上事故的，为一般D类事故：

D1. 调车冲突。

D2. 调车脱轨。

D3. 挤道岔。

D4. 调车相撞。

D5. 错办或未及时办理信号致使列车停车。

D6. 错办行车凭证发车或耽误列车。

D7. 调车作业碰轧脱轨器、防护信号或未撤防护信号动车。

D8. 货运列车分离。

D9. 施工、检修、清扫设备耽误列车。

D10. 作业人员违反劳动纪律、作业纪律耽误列车。

D11. 滥用紧急制动阀耽误列车。

D12. 擅自发车、开车、停车、错办通过或在区间乘降所错误通过。

D13. 列车拉铁鞋开车。

D14. 漏发、错发、漏传、错传调度命令耽误列车。

D15. 错误操纵、使用行车设备耽误列车。

D16. 使用轻型车辆、小车及施工机械耽误列车。

D17. 应安装列尾装置而未安装发出列车。

D18. 行包、邮件装卸作业耽误列车。

D19. 电力机车、动车组错误进入无接触网线路。

D20. 列车上工作人员往外抛掷物体造成人员伤害或设备损坏。

D21. 行车设备故障耽误本列客运列车 1 h 以上，或耽误本列货运列车 2 h 以上；固定设备故障延时，影响正常行车 2 h 以上(仅指正线)。

因事故死亡、重伤人数 7 d 内发生变化，导致事故等级变化的，相应改变事故等级。

重伤人数中包括急性工业中毒。

4.《事规》有关内容解释

(1)列车

列车系指编成的车列并挂有机车及规定的列车标志。单机、自轮运转特种设备，虽未完全具备列车条件，亦应按列车办理。

(2)相撞

相撞系指铁路机车车辆在运行过程中与行人、机动车、非机动车、牲畜及其他障碍物相互碰、撞、轧，造成人员伤亡、设备设施损坏。

(3)冲突

冲突系指列车、机车车辆互相间或与轻型车辆、设备设施(如车库、站台、车挡等)发生冲撞，致使机车车辆、轻型车辆、设备设施等破损。

在列车运行中由于人为失职或设备不良等原因，将车辆挤坏或拉坏构成中破及其以上程度，或在调车作业中由于人为失职或设备不良等原因，将车辆挤坏或拉坏构成大破以上程度时，亦按冲突论。

由于机车车辆冲突造成货物窜动将车辆撞坏、挤坏时，定冲突事故，并根据所造成的后果，确定事故等级。

(4)脱轨

脱轨系指机车车辆的车轮落下轨面(包括脱轨后又自行复轨)，或车轮轮缘顶部高于轨面(因作业需要的除外)。

每辆(台)只要脱轨1轮，即按1辆(台)计算。

(5)列车发生火灾

列车发生火灾系指列车起火造成机车车辆破损影响行车设备正常使用，或发生人员伤亡、货物、行包烧毁等。

(6)列车发生爆炸

列车发生爆炸系指机车车辆在运行过程中发生爆炸，造成其设备损坏，墙板、车体变形或出现孔洞，影响正常行车。

(7)繁忙干线

繁忙干线系指京哈(不含沈山线)、京沪、京广、京九(含广州至深圳段)、陇海、沪昆(不含株洲至昆明段)线焦柳线(焦作—石门县北)、襄渝线(襄阳北—三汇镇)及客运专线。

繁忙干线单线，系指连接繁忙干线的联络线。

(8)中断铁路行车

中断铁路行车系指不论事故发生在区间或站内，造成铁路单线、双线区间或双线区间之一线不能行车。中断行车的时间，由事故发生时间起(列车火灾或爆炸由停车时间算起)至恢复客货列车原牵引方式连续通行时止。

如列车能在站内其他线通行，又回到原正线上进入区间的，不按中断行车算。

施工封锁区间发生冲突或脱轨的行车中断时间，从事故发生前原计划开通的时间起计算。

(9)耽误列车

耽误列车系指列车在区间内停车，通过列车在站内停车，列车在始发站或停车站晚开、在运行过程中超过图定的时间(局管内)或调度员指定的时间，列车停运、合并、保留。

(10)机车车辆溜入区间或站内

机车车辆溜入区间或站内系指以进站信号机或站界标为界，机车车辆由站内溜入区间或由区间、专用线溜入站内，在区间岔线内停留的机车车辆溜往正线越过警冲标，亦按本项论。

(11)漏发、错发、漏传、错传调度命令导致列车超速运行

漏发、错发、漏传、错传调度命令导致列车运行监控装置未输或错输限速指令、机车出库后司机未接到线路限速命令，致使列车超过规定限速运行，按本项论。

(12)挤道岔

挤道岔系指车轮挤过或挤坏道岔。

(13)错误办理行车凭证发车或耽误列车

错误办理行车凭证发车或耽误列车系指与邻站已办妥闭塞手续，但由于未交、错交、未拿、错拿、漏填、错填行车凭证，自动闭塞、自动站间闭塞、半自动闭塞区间未开放出站(进路)信号机发车或耽误列车。

行车凭证交与司机或运转车长显示发车手信号后(车站直接发车时为发车人员显示手信号后)，发现行车凭证错误，亦为错误办理行车凭证发车。

填写的行车凭证，错填、漏填电话记录号码、车次、区间、地点时，按本项论。

自动闭塞、自动站间闭塞、半自动闭塞区间未开放出站（进站）信号机，列车起动停车未越过信号机或警冲标时，视同一般D类事故情形。越过关闭的停车信号或警冲标时，视同一般C类事故情形。

(14)调车作业碰扎脱轨器、防护信号或未撤防护信号动车

脱轨器，系指固定脱轨器及移动脱轨器。

防护信号，系指防护施工、装卸及机车车辆检修整备作业的固定信号或移动信号。

机车车辆碰上、扎上脱轨器或防护信号即算。对插有停车信号的车辆，碰上车钩及未撤防护信号动车，按本项论。

(15)擅自发车、开车、停车、错办通过或在区间乘降所错误通过

擅自发车，系指车站发车人员未确认出站信号，运转车长未得到发车人员的发车指示信号，车站发车人员未确认运转车长发车手信号直接发车。

擅自开车，系指司机未得到车站发车人员或运转车长的发车信号而开车。

擅自停车，系指在正常情况下，不应停车而停车。

错办通过，系指应停车的客运列车而错办通过（不包括列车调度员按照列车运行情况临时调整变更通过的列车）。

5. 机车、车辆报废及大中破条件

(1)机车报废条件

① 一次修理费用超过该型机车新车现价60%的。

② 机车主要配件（主变压器、柴油机、转向架、主车架、承载式车体）破损严重，不能恢复基本性能的。

(2)机车大破条件

① 蒸汽机车锅炉、车架、汽缸（煤水车按货车办理）之一必须解体修复时。

② 内燃机车柴油机、转向架之一必须大修修复时，车体及各梁按货车有关规定办理。

③ 电力机车主变压器、转向架之一必须大修修复时，车体及各梁按货车有关规定办理。

(3)机车中破条件

① 蒸汽机车轮对、滑板托架（煤水车按货车办理）之一必须更换时。

② 内燃机车三台牵引电动机、轮对、主发电机、液力变速箱之一必须大修修复时，转向架、车体及各梁按货车有关规定办理。

③ 电力机车三台牵引电动机、轮对之一必须大修修复时，转向架、车体及各梁按货车有关规定办理。

(4)客车报废条件

符合下列条件之一时：

① 外墙、顶板需全部分解，并须更换铁立柱达2/3。

② 需要解体更换中梁。

③ 中、侧梁垂直弯曲超过200 mm或横向弯曲超过100 mm。

④ 两根侧梁折损或一根侧梁及两根端梁折损。

⑤ 车底架扭曲，其倾斜度在车底架1 m以内超过70 mm或全部车底架超过300 mm。

⑥ 底、体架破损程度较大或火灾事故后严重变形，以及旧杂型客车腐蚀、破损严重，经鉴

定无修复价值。

(5)货车报废条件

① 需要更换中梁一根及切换另一根中梁的。

② 需要更换中梁一根及底架上的枕、横梁40%的。

③ 需要更换中梁一根及侧梁一根的。

④ 因事故底、体架破损严重，确无修复价值(如钢质焊接结构车，底、体架需解体1/2以上的)。

各梁更换条件：需截换全梁长度25%以上；或补强板超过梁高1/2，且各块补强板长度总合超过梁长25%的。

(6)车辆大破条件

破损程度达到下列条件之一时：

① 中梁、侧梁、端梁、枕梁中任何一种弯曲或破损合计够二根(中梁每侧按一根计算)。

② 牵引梁折断二根，或折断一根加上述各梁弯曲或破损一根(贯通式中梁牵引部分按中梁算，非贯通式及无中梁的按牵引梁计算)。

③ 货车车体(底架以上部分，以下同)破损或凹凸变形(不包括地板)，敞车面积达50%，棚车、冷藏车、罐车、守车面积达30%。火灾或爆炸烧损计算车体面积时，包括地板在内。0.8 m以下低边车和平车发生火灾或爆炸烧损面积达90%(包括端、侧板及地板)。

④ 客车、机械冷藏车、发电车车体破损，需施修车棚椽子、侧梁、侧柱、通过台顶棚中梁、车棚内角柱、端柱之任何一项。

⑤ 机械冷藏车、发电机、柴油机、发电机破损任何一项需要大修时。

⑥ 客车、发电车火灾或爆炸内部烧损需要修换的面积达20 m^2(包括顶、端、侧、地、门板以及间隔板)。

(7)车辆中破条件

破损程度达到下列条件之一时：

① 中梁、侧梁、端梁 、枕梁中任何一根弯曲或破损。

② 牵引梁折断一根(牵引梁定义与大破同)。

③ 货车车体破损凹凸变形(不包括地板)，敞车面积达25%，棚车、冷藏车、罐车、守车面积达15%。火灾或爆炸烧损计算车体面积时，包括地板在内。0.8 m以下低边车和平车发生火灾或爆炸烧损面积达50%(包括端、侧板及地板)。

④ 转向架的侧架、摇枕、均衡梁或轮对破损需要更换任何一项。

⑤ 机械冷藏车、发电车的冷冻机、柴油机、发电机破损任何一项需要段修时。

⑥ 客车、发电车火灾或爆炸内部烧损需要更换修的面积达10 m^2(包括顶、端、侧、地、门板以及隔板)。

(8)动车组报废条件

符合下列条件之一时：

① 修理费用超过该型动车组新车现价70%的。

② 动车组主要配件(主变压变流器、转向架)破损严重，不能恢复基本性能的。

③ 车体结构变形或破损严重，无法修复的。

(9)动车组大破条件

符合下列条件之一时：

① 修理费用超过该型动车组新车现价50%的。

② 主变压器、牵引变流器、转向架之一必须大修修复时。

(10)动车组中破条件

符合下列条件之一时：

① 修理费用超过该型动车组新车现价30%的。

② 三台牵引电机、轮对、辅助变流器之一必须大修修复时。

(11)车辆各梁大、中破程度按表3.1和表3.2限度计算。

表3.1 客车、动车各梁大、中破限度表

梁　别	弯曲(上、下、左、右)	破损限度
侧梁	40 mm	裂纹破损达到原断面积1/2
端梁	30 mm	裂纹破损达到原断面积1/2
中梁	50 mm	裂纹破损延伸至垂直面(不包括盖板)
枕梁	30 mm	裂纹破损延伸至垂直面(不包括盖板)

表3.2 货车各梁大、中破限度表

梁别	弯曲(上、下、左、右)	破损限度
侧梁	110 mm	裂纹破损达到原断面积1/2
端梁	100 mm	裂纹破损达到原断面积1/2或冲击座上部断面全部裂损
中梁	50 mm(下垂为60 mm)	裂纹破损延伸至垂直面(不包括盖板)
枕梁	50 mm	裂纹破损延伸至垂直面(不包括盖板)

注：1. 客车端梁包括通过台端梁。守车端梁弯曲、破损，以外端梁计算。

2. 非贯通式侧梁、端梁，不按侧梁、端梁算。

3. 货车端梁在角部向内延伸200 mm范围内的破损不按大、中破损计算，超过200 mm范围时，破损限度合并计算。

4. 机械冷藏车(包括机械车、乘务车、冷藏车)、发电车各梁大、中破损程度按客车计算。

5. 0.8 m以下低边车底架以上无论破损程度如何，均按小破计算(火灾或爆炸除外)。

6. 货车改造的简易客车破损时按货车办理。

7. 淘汰及旧杂型车辆破损程度按降一级计算。

8. 计算破损程度时，原有裂纹破损旧痕的尺寸不计算在内。

9. 中、侧梁弯曲测量方法，以两个枕梁间平直线的延长线为基准。两轴车应找出原底架的水平线，然后延长测量。端梁弯曲测量方法以两端引出平行线为基准，垂直测量。每根梁如多处弯曲时，按弯曲最大的一处算，上下左右不相加。

10. 蒸汽机煤水车车体破损按罐车办理；内燃、电力机车车体破损按冷藏车处理。

3.1.4 相关规范、规程与标准

《铁路交通事故调查处理规则》第二章事故等级(第七条至第十七条)。

典型工作任务2 铁路交通事故调查处理

3.2.1 教学目标

1. 能力目标

具有参与交通事故调查处理工作的能力。

2. 知识目标

了解事故调查处理程序、方法,学会事故责任的判定。

3. 素质目标

树立认真负责的责任意识,要认识到发生事故的两重性。

3.2.2 工作任务

绘制铁路交通事故的处理流程,讨论事故责任判定和经济损失的认定方法。

3.2.3 相关配套知识

《铁路安全管理条例》第七十八条规定铁路监管部门依法组织或者参与铁路安全事故调查。铁路运输企业的各级行车安全监察机构是行车事故内部调查处理的主管部门。安全监督特派员办事处参与所辖区域发生的重大、较大事故调查,并提出定性、定责建议。交通事故处理的主要工作包括:事故报告、调查处理、责任判定、统计分析、总结报告等。

1. 事故报告

事故发生后,事故现场的铁路运输企业工作人员或者其他人员应当立即向邻近铁路车站、列车调度员、公安机关或者相关单位负责人报告。有关单位和人员接到报告后,应立即将事故情况向企业负责人和事故发生地安全监管部门值班人员报告,安全监管部门值班人员按规定向负责人报告。

铁路运输企业列车调度员要认真填写《铁路交通事故概况表》(安监报1),向铁路总公司列车调度员报告。

事故发生地安全监管部门值班人员接到安监报1或现场事故报告后,要立即填写《铁路交通事故基本情况表》(安监报3),并向国家铁路监督部门值班人员报告。报告后要进一步了解事故情况,及时补报安监报3。

涉及其他地区铁路监管辖区的事故,发生地监管部门值班人员应及时将安监报3传送至相关安全监管部门。

中国铁路总公司列车调度员接到事故报告后,应及时收取或填写安监报1,并立即向值班处长和安全监督管理局值班人员报告;值班处长、安全监督管理局值班人员按规定分别向本部门负责人、中国铁路总公司办公厅总经理办公室报告,由部门负责人向中国铁路总公司领导报告。事故涉及其他部门时,由办公厅总经理办公室通知相关部门负责人。

发生特别重大事故、重大事故时,由中国铁路总公司办公厅负责向国务院办公厅报告,并通报国家安全生产监督管理局、国家铁路局等有关部门。

发生特别重大事故、重大事故、较大事故或者有人员伤亡的一般事故,地区铁路安全监管部门应向国家铁路局、事故发生地县级以上地方人民政府及其安全生产监督管理部门通报。

事故报告的主要内容:

(1)事故发生的时间、地点、区间(线名、公里、米)、线路条件、事故相关单位和人员。

(2)发生事故的列车种类、车次、机车型号、部位、牵引辆数、吨数、计长及运行速度。

(3)旅客人数,伤亡人数、性别、年龄以及救助情况,是否涉及境外人员伤亡。

(4)货物品名、装载情况,易燃、易爆等危险货物情况。

(5)机车车辆脱轨辆数、线路设备损坏程度等情况。

(6)对铁路行车的影响情况。

(7)事故原因的初步判断,事故发生后采取的措施及事故控制情况。

(8)应当立即报告的其他情况。

事故报告后,人员伤亡、脱轨辆数、设备损坏等情况发生变化时,应及时补报。

事故现场通话按“117”立接制应急通话级别办理。

2. 事故调查

(1)事故调查组的组建权限

特别重大事故按《条例》规定由国务院或国务院授权的部门组织事故调查组进行调查。

重大事故由铁路监管部门组织事故调查组进行调查。调查组组长由铁路监管部门负责人或指定人员担任,铁路总公司安全监督管理局、运输局、公安局等部门和铁路监管部门派出机构、地区安全监管部门及相关铁路局安全监管部门(单位)派员参加。

较大事故和一般事故由事故发生地铁路安全监管部门组织事故调查组进行调查。调查组组长由安全监管部门负责人或指定人员担任,安全监管部门、有关业务处室、公安机关等部门派员参加。

根据事故的具体情况,事故调查组还可由工会、监察机关有关人员以及有关地方人民政府、公安机关、安全生产监督管理部门等单位派人组成,并应当邀请人民检察院派人参加。事故调查组认为必要时,可以聘请有关专家参与事故调查。

发生一般B类以上、重大以下事故(不含相撞的事故),涉及其他安全监管部门辖区时,事故发生地安全监管部门应当在事故发生后12 h内发出电报通知相关安全监管部门。相关安全监管部门接到电报后,应当立即派员参加事故调查组。

自事故发生之日起7 d内,因事故伤亡人数变化导致事故等级发生变化,依照《条例》规定由上级机关调查的,原事故调查组应当及时报告上级机关。

(2)事故调查组的职责

① 查明事故发生的经过、原因、人员伤亡情况及直接经济损失。

② 认定事故的性质和事故责任。

③ 提出对事故责任者的处理建议。

④ 总结事故教训,提出防范和整改措施建议。

⑤ 提交事故调查报告。

事故调查组在事故发生后应当及时通知相关单位和人员;一般B类以上、重大以下的事故(不含相撞的事故)发生后,应当在12 h内通知相关单位,接受调查。

事故调查组到达现场前,组织事故调查组的机关可指定临时调查组组长,组成临时调查组,勘察现场,掌握人员伤亡、机车车辆脱轨、设备损坏等情况,保存痕迹和物证,查找事故线索及原因,做好调查记录,及时向事故调查组报告。

事故调查组到达后,发生事故的有关单位必须主动汇报事故现场真实情况,并为事故调查提供便利条件。事故发生单位的负责人和有关人员在事故调查期间应当随时接受事故调查组的询问,如实提供有关资料和物证。

事故调查组有权向有关单位和个人了解与事故有关的情况,并要求其提供相关文件、资料,有关单位和个人不得拒绝。

(3)事故调查组中专业小组的组成

事故调查组根据需要，可组建若干专业小组，进行调查取证。

① 搜集事故现场物证、痕迹，测量并按专业绘制事故现场示意图，标注现场设备、设施、遗留物的名称、尺寸、位置、特征等。

需要搬动伤亡者、移动现场物体的，应做出标记，妥善保存现场的重要痕迹、物证；暂时无法移动的，应予守护，并设明显标志。

② 询问事故当事人及相关人员，收取口述、笔述、笔录、证照、档案，并复制、拍照。不能书写书面材料的，由事故调查组指定人员代笔记录并经本人签认。无见证人或者当事人、相关人员拒绝签字的，应当记录在案。

③ 对事故现场全貌、方位、有关建筑物、相关设备设施、配件、机动车、遗留物、致害物、痕迹、尸体、伤害部位等进行拍照、摄像。及时转储、收存安全监控、监测、录音、录像等设备的记录。

④ 收取伤亡人员伤害程度诊断报告、病理分析、病程救治记录、死亡证明、既往病历和健康档案资料等。

⑤ 对有涂改、灭失可能或以后难以取得的相关证据进行登记封存。

⑥ 查阅有关规章制度、技术文件、操作规程、调度命令、作业记录、台账、会议记录、安全教育培训记录、上岗证书、资质证书、承(发)包合同、营业执照、安全技术交底资料等，必要时将原件或复印件附在调查记录内。

⑦ 对有关设备、设施、配件、机动车、器具、起因物、致害物、痕迹、现场遗留物等进行技术分析、检测和试验，组织笔迹鉴定，必要时组织法医进行尸表检验或尸体解剖，并写出专题报告。

⑧ 脱轨事故发生后，在全面调查的基础上，必要时应对事故地点前后一定长度范围内的线路设备进行检查测量，并调阅近期内该段线路质量检测情况；对事故地点后方(列车运行相反方向)一定长度的线路范围内，有无机车车辆配件脱落、刮碰行车设备的痕迹等进行检查，对脱轨列车中有关的机车车辆进行检查测量，并调阅脱轨机车车辆近期内在其他线路上的运行情况监测记录。

事故调查中需要对相关的铁路设备、设施进行技术鉴定或者对财产损失状况以及中断铁路行车造成的直接经济损失进行评估的，事故调查组应当委托具有国家规定资质的机构进行技术鉴定或者评估。技术鉴定或者评估所需时间不计入事故调查期限。

各专业小组应按调查组组长的要求，及时提交专业小组调查报告。调查组组长应组织审议专业小组调查报告，并研究形成《铁路交通事故调查报告》，由调查组所有成员签认。调查组成员意见不一致时，应在事故报告中分别进行表述，报组织调查的机关审议、裁定。

事故调查中发现涉嫌犯罪的，事故调查组应当及时将有关证据、材料移交司法机关。

(4)事故调查报告

《铁路交通事故调查报告》应包括下列内容：

① 事故概况。

② 事故造成的人员伤亡和直接经济损失。

③ 事故发生的原因和事故性质。

④ 事故责任的认定以及对事故责任者的处理建议。

⑤ 事故防范和整改措施建议。

⑥ 与事故有关的证明材料

事故调查组应在下列期限内向组织事故调查组的机关提交《铁路交通事故调查报告》：

① 特别重大事故的调查期限为 60 d。

② 重大事故的调查期限为 30 d。

③ 较大事故的调查期限为 20 d。

④ 一般事故的调查期限为 10 d。

事故调查期限自事故发生之日起计算。

事故调查组形成《铁路交通事故调查报告》,报组织事故调查的机关同意后,事故调查组的工作即告结束。铁路安全监管部门应在事故调查组工作结束后 15 d 之内,根据事故报告,制作事故认定书,送达相关单位。

一般 B 类以上、重大以下事故(相撞事故为较大事故)的档案材料,应报铁路监管部门备案(3 份)。

事故调查组成员在事故调查工作中应诚信公正、恪尽职守,遵守事故调查组的纪律,保守事故调查的秘密。未经事故调查组组长允许,调查组成员不得擅自发布有关事故的调查信息。

调查事故应配备必要的调查设备和装备,保证调查工作顺利进行。调查设备和装备包括通信设备、摄影摄像设备、录音设备、绘图制图设备、便携电脑以及其他必要的装备。

(5)事故调查认定书的制作

《铁路交通事故认定书》是事故赔偿、事故处理以及事故责任追究的依据。

事故认定书应按照铁路监管部门规定的统一格式制作,内容包括:

① 事故发生的原因和事故性质。

② 事故造成的人员伤亡和直接经济损失。

③ 事故责任的认定。

④ 对有关责任单位及人员的处理决定或建议。

事故责任单位接到《铁路交通事故认定书》后,于 7 d 内,填写《铁路交通事故处理报告表》(安监报 2),按规定报送《铁路交通事故认定书》制作机关并存档。

3. 事故责任判定和损失认定

(1)事故责任判定

从法律角度讲,事故分为责任事故和非责任事故。

事故责任分为全部责任、主要责任、重要责任、次要责任、无责任和同等责任。

铁路运输企业或相关单位发布的文电,违反法律法规、铁路规章或相关技术标准、作业标准等,直接导致事故发生的,定发文电单位责任。

因设备管理不善造成的事故,定设备管理单位责任。

因产品质量不良造成事故,定产品供应商或制造、检修单位责任;应采用经行政许可或强制认证的产品而采用其他产品的,追究采用单位责任;采购不合格或不达标产品的,追究采购单位责任。

自然灾害原因导致的事故,因防范措施不到位,定责任事故。确属不可抗力原因导致的事故,定非责任事故。

营业线施工中发生责任事故,属工程建设、设计、监理、施工等原因造成的,定上述相关单位责任;同时追究设备管理单位责任。

已经竣工验收的设备,因质量问题发生责任事故,确属工程建设、设计、施工、监理等单位责任的,定上述相关单位责任;属设备管理不善的,定设备管理单位责任。

涉嫌人为破坏造成的事故，在公安机关确认前，定发生单位责任事故；经公安机关确认属人为破坏原因造成的，定发生单位非责任事故。

机车车辆断轴造成事故，由于探测、监测工作人员违章违纪或设备不良、管理不善等原因造成漏报、误报或预报后未及时拦停列车的，定相关单位责任。由于货物超载、偏载造成车辆断轴事故，定装车站或作业站责任。

因列车折角塞门关闭造成事故，无法判明责任的定发生地铁路运输企业责任事故。

错误办理行车凭证发车或耽误列车事故的责任划分：未开放出站（进路）信号机，司机擅自启动列车，定机务单位责任；司机发现未动车，定车站责任；通过列车司机未及时发现，定机务单位责任；司机发现及时停车，定车站责任；车站发现错误及时纠正，未耽误列车，不定责任。

应停车的客运列车在车站错办通过，定车站责任；在区间乘降所错误通过，定机务单位责任。

因断钩导致列车分离事故，断口为新痕时定机务单位责任（司机未违反操作规程的除外），断口旧痕时定机车车辆配属或定检单位责任；机车车辆车钩出现超标的砂眼、夹渣或气孔等铸造缺陷定制造单位责任。

未断钩造成的列车分离事故根据具体情况进行分析定责。

因货物装载加固不良造成事故，定货物承运单位责任；属托运人自装货物的，定托运人责任，货物承运单位监督检查失职的，追究货物承运单位同等责任。

因调车作业超速连挂和“禁溜车”溜放等造成货物装载加固状态破坏而引发的事故，定违章作业站责任；因押运人员在运输途中随意搬动货物和降低货物装载加固质量而引发的事故，定押运人员所在单位责任，货物承运单位管理失职的，追究同等责任；货检人员未认真履行职责的，追究货检人员所在单位同等责任。

自轮运转设备编入列车因质量不良发生事故时，定设备配属单位责任；过轨检查失职的，定检查单位责任；违规挂运的，定编入或同意放行的单位责任。

因临时租（借）用其他单位的设备设施、人员，发生事故，定使用单位责任。

产权单位委托其他单位维修设备设施，因维修质量不良造成事故，定维修单位责任；产权单位管理不善的，追究其同等责任。

凡经中国铁路总公司批准或铁路运输企业批准并报中国铁路总公司核备后的技术革新项目、科研项目在运营线上试验时，在限定的试验期限内确因试验项目本身原因发生事故，不定责任事故；但由于违反操作规程以及其他人为因素造成的事故，定责任事故。

事故发生后，因发生单位未如实提供情况，导致不能查明事故原因和判定责任的，定发生单位责任。

事故涉及两个以上单位管理的相关设备，设备质量均未超过临修或技术限度时，按事故因果关系进行推断，确定责任单位。

事故调查组未及时通知有关单位接受事故调查，不得定有关单位责任。有关单位接到通知后，应派员而未派员接受事故调查的，事故调查组可以直接定责。

铁路作业人员在从事与行车相关的作业过程中，不论作业人员是否在其本职岗位，由于违反操作规程、作业纪律，或铁路运输生产设备设施、劳动条件、作业环境不良，或安全管理不善等造成伤亡，定责任事故。具体情形按以下规定办理：

① 乘务人员及其他作业人员在企业内候班室、外地公寓、客车宿营车等处候班、间休期

间，因违章违纪、设备设施不良等造成伤亡，定有关单位责任。

② 作业人员在疏导道口、引导或帮助旅客上下车、维持站车秩序过程中被列车撞轧而伤亡的，定作业人员所在单位责任。

③ 事故发生过程中，作业人员在避险或进行事故抢险时因违章作业再次发生伤亡，应按同一件事故定责；事故过程已终止，在事故救援、抢修、复旧及处理中又发生事故导致伤亡的，按另一件事故定责。

④ 铁路运输企业所属临管铁路发生的责任伤亡事故，定该企业责任事故。

⑤ 作业人员在工作或间歇时间擅自动用铁路运输设备设施、工具等导致伤亡的，定该作业人员所在单位责任事故，同时追究设备设施配属（或管理）单位的责任。

⑥ 作业人员因患有职业禁忌症而导致行为失控，造成伤亡的，定该作业人员所在单位责任。

⑦ 两个及以上铁路运输企业在交叉作业中发生伤亡，定主要责任单位事故；若各方责任均等，定伤亡人员所在单位责任，同时追究其他相关单位责任。若各方责任均等且均有人员伤亡，分别定责任事故。

作业人员发生伤亡，经二级以上医院、急救中心诊断或经法医检验、解剖，证明系因脑溢血、心肌梗塞、猝死等突发性疾病所致，并按事故处理权限得到事故调查组确认的，不定责任事故。医院等级不够的，须经法医进行尸表检验或尸体解剖鉴定。法医尸检或解剖鉴定报告结论不确定的，定责任事故。

作业人员伤亡事故原因不清，或公安机关已立案但尚无明确结论的，定责任事故。暂时不能确定事故性质、责任的，按待定办理。若跨年度仍不能确定或处理时间超过法定期限的，定伤亡人员所在单位责任。在年度考核截止前，该事故已查清并作出与原处理决定相反结论的，可向原处理部门申请更正。

铁路机车车辆与行人、机动车、非机动车、牲畜及其他障碍物相撞造成事故，按以下规定判定责任：

①事故当事人违章通过平交道口或者人行过道，或者在铁路线路上行走、坐卧造成人身伤亡，定事故当事人责任。

② 事故当事人逃逸或者有证据证明当事人故意破坏、伪造现场、毁坏证据，定事故当事人责任。

③ 事故当事人违反国家法律法规，有明显过失的，按过错的严重程度，分别承担责任。

铁路安全监管部门及其人员未能依法履行职责，发生下列情形之一的，应当追究其行政责任，涉嫌犯罪的，移送司法机关处理：

① 违反国家颁布的技术标准或铁路企业颁布的规章、技术管理规程和作业标准，擅自颁布部门技术标准，导致事故发生的，追究相关部门及其人员的责任。

② 在实施行政许可、强制认证、技术审查或鉴定以及产品设备验收等监督管理职责的过程中，违反法定权限、法定程序和有关规定，或对相关产品设备等监督检查不力，造成不合格、不达标产品设备等投入运用，导致事故发生的，追究相关部门及其人员的责任。

(2)事故损失认定

事故相关单位要如实统计、申报事故直接经济损失，制作明细表，经事故调查组确认后，在事故认定书中认定。

下列费用列入事故直接经济损失：

① 铁路机车车辆、线路、桥隧、通信、信号、供电、信息、安全、给水等设备设施的损失费用。报废设备按报废设备账面净值计算，或按照市场重置价计算；破损设备设施按修复费用计算。

② 铁路运输企业承运的行包、货物的损失费用。

③ 事故中死亡和受伤人员的处理、处置、医治等费用（不含人身保险赔偿费用）。

④ 被撞机动车、非机动车、牲畜等财产物资，造成的报废或修复费用。

⑤ 行车中断的损失费用。

⑥ 事故应急处置和救援费用。

⑦ 其他与事故直接有关的费用。

有作业人员伤亡的，直接经济损失统计范围、计算方法等按《企业职工伤亡事故经济损失统计标准》(GB 6721—1986)执行。

负有事故全部责任的，承担事故直接经济损失费用的100%；负有主要责任的，承担损失费用的50%以上；负有重要责任的，承担损失费用的30%以上、50%以下；负有次要责任的，承担损失费用的30%以下。

有同等责任、涉及多家责任单位承担损失费用时，由事故调查组根据责任程度依次确定损失承担比例。

负同等责任的单位，承担相同比例的损失费用。

4. 事故统计、分析

铁路安全监管部门、铁路运输企业及基层单位应按照规定，建立事故统计分析制度，健全统计分析资料，并按规定及时报送。

各级安全监察部门负责事故统计分析报告的日常工作，并负责监督指导有关部门（单位）做好事故统计分析报告工作。

事故的统计报告应当坚持及时、准确、真实、完整的原则。

事故的统计应按照事故类别、等级、性质、原因、部门、责任等项目分别进行统计。

每日事故的统计时间，由上一日18:00至当日18:00止。但填报事故发生时间时，应以实际时间为准，即以零点改变日期。

责任事故件数统计在负全部责任、主要责任的单位，非责任事故和待定责事故件数统计在发生单位，相撞事故统计在发生单位。

负同等责任或追究同等责任的，在总数中不重复统计件数。

一起事故同时符合两个以上事故等级的，以最高事故等级进行统计。

发生人员伤亡的事故应按以下规定统计：

① 人员在事故中失踪，至事故结案时仍未找到的，按死亡统计。

② 事故受伤人员因正常手术治疗而加重伤害程度的，按手术后的伤害程度统计。

③ 事故受伤人员经救治无效，在7 d内死亡，按死亡统计；经医疗事故鉴定委员会确认为医疗事故的，或7 d后死亡的，按原伤害程度统计。

④ 事故受伤人员在7 d内由轻伤发展成重伤的，按重伤统计。

⑤ 未经医疗事故鉴定委员会确认为医疗事故的伤亡，按责任事故统计。

⑥ 相撞事故发生后，经调查确认为自杀、他杀的，不在伤亡人数中统计。

铁路运输企业应建立《铁路交通事故登记簿》（安监统1）、《铁路交通事故统计簿》（安监统2）、《铁路运输企业安全天数登记簿》（安监统3）、《铁路交通事故作业人员伤亡统计簿》（安监统 4)和《铁路交通事故分析会记录簿》。铁路运输企业专业部门、各基层站段应分别填记《铁路交通事故登记簿》(安监统 1),并建立《铁路交通事故分析会记录簿》。

有关部门、单位应按以下规定填写、传送、管理各种事故表报:

① 铁路各级安全管理部门须建立《铁路交通事故概况表》(安监报 1)和《铁路交通事故基本情况表》(安监报 3)的管理制度,规范统计、分析、总结、报送及保管工作。要及时补充填记安监报 3 各项内容,事故结案后,必须准确填写。铁路运输企业调度部门应当及时、如实填写《铁路交通事故概况表》(安监报 1),建立登记簿,进行统计分析,并制定管理制度。铁路运输企业的

专业部门应当建立安监报 1 登记簿,认真统计分析。

② 铁路运输企业安监室须建立《铁路交通事故处理报告表》(安监报 2)管理制度。基层单位按要求做好填记上报。《铁路交通事故处理报告表》(安监报 2)的使用范围扩大。

③ 铁路运输企业安监室于月、半年、年度后次月 5 d 内填写《铁路交通事故报告表》(安监报 4),上报铁路总公司安全监督管理局。

④ 铁路运输企业安监室于月、半年、年度次月后 5 d 内填写《铁路交通事故路外伤亡统计分析表》(安监报 5),上报铁路监管部门。

《铁路交通事故报告表》(安监报 4)是安全管理部门绝对的基础资料,任何时候都要统计好、保管好,不能用其他统计资料而顶替安监报 4。

⑤ 有从业人员伤亡的事故,事故发生单位填写《铁路作业人员伤亡概况表》(安监报 6—1),上报铁路运输企业安监室;一般 B 类以上事故,由安监室填写《铁路作业人员伤亡概况表》(安监报 6—1),上报铁路总公司安全监督管理局。

铁路运输企业安监室于次月 5 日前(次年 1 月 10 日前),填写《铁路作业人员伤亡统计报表》(安监报 6—2),报铁路总公司安全监督管理局。

铁路运输企业每月 27 日前将本月安全分析总结上报铁路总公司安全监督管理局。企业内部各业务部门须按月、半年、年度,对本系统事故进行分析总结,向上级主管部门报告,并抄送同级安全监管部门。

合资铁路、地方铁路、专用铁路须按月、半年、年度,对本单位事故进行分析,并报安全监管部门。

5. 法律责任与罚则

铁路运输企业及其职工违反法律、行政法规的规定,造成事故的,由铁路安全监管部门依法追究行政责任。构成犯罪的,依法追究刑事责任。

(1)铁路运输企业及其职工迟报、漏报、瞒报、谎报事故的,对单位,由铁路安全监管部门处 10 万元以上 50 万元以下的罚款;对个人,处 4 000 元以上 2 万元以下的罚款;属于国家工作人员的,依法给予处分;构成犯罪的,依法追究刑事责任。

(2)地区铁路安全监管部门迟报、漏报、瞒报、谎报事故的,由国家铁路监管部门对直接负责的主管人员和其他直接责任人员依法给予处分;构成犯罪的,依法追究刑事责任。

(3)干扰、阻碍事故调查处理的,对单位,由铁路安全监管部门处 4 万元以上 20 万元以下的罚款;对个人,处 2 000 元以上 1 万元以下的罚款;情节严重的,对单位,由铁路安全监管部门处 20 万元以上 100 万元以下的罚款;对个人,处 1 万元以上 5 万元以下的罚款;属于国家工

作人员的，依法给予处分；构成违反治安管理行为的，由公安机关依法给予治安管理处罚；构成犯罪的，依法追究刑事责任。

(4)在事故调查中，调查人员索贿受贿、借机打击报复或不负责任，致使调查工作有重大疏漏的，由组成事故调查组的机关给予处分，构成犯罪的，依法追究刑事责任。

6. 运输事故的两重性及其转化

(1)运输事故的两重性

运输事故存在两重性，一方面运输事故给过国家财富和人民生命财产带来不同程度的损失，阻碍铁路运输的改革和发展，损失重大的事故还会给社会带来不安定的因素；另一方面，运输事故也有一些特殊作用。首先是反面教材的作用，事故向人们形象地展示破坏的恶果，教育人们必须按照安全生产规律办事。其次是非正常条件下破坏性(或接近破坏)科学试验的作用。运输系统发生了事故，说明该系统人、机、环境等要素存在考虑不周和相互关系失调等问题，从而以事故形式弥补了系统设计时应做而没有做或想做而无法做的试验，进而改变系统的原设计，使系统的设备质量、环境条件、作业组织及其相关规定得到改善。再次，事故所提供的信息、资料也可能促进与安全学科密切相关的其他学科发展。因此，必须在千方百计防止事故的同时，加倍重视已发生事故的上述作用，充分研究和利用事故给我们提供的一切信息、数据和资料，为有效控制事故，发展安全科学技术服务。

(2)运输事故两重性的积极转化过程

事故既有消极的一面，又有积极的一面，从消极向积极的转变不是自发形成的，而是通过人们对事故信息资源的研究和利用才能实现消极作用向积极作用的转化。

事故在初期只有消极作用，直接使运输系统中的人或物受到伤害或损坏，从而使运输生产中断或受到严重威胁，影响经济效益和职工情绪，挫伤职工的生产积极性和创造性。同时还有可能引起受伤害职工家庭、附近居民及社会公民的抱怨和愤懑，在社会上造成不良影响。此时，事故单位和主管部门会受到来自企业内部和社会各方面的压力，对此，如果各级领导和广大职工以对国家对人民对自己负责的态度变压力为动力，按照“三不放过”的原则，充分利用事故的反面教材作用，对职工实施案例教育，并组织科技力量，全面深入细致地分析研究事故，开发事故信息资源，弄清事故发生机理，吸取教训，采取措施，防止类似事故再次发生，这是事故转化的中期阶段。在这个基础上，依据现代科学技术，探索改善系统安全状况及提高运输系统整体功能和安全生产水平的新思想、新手段、新方法，或者以事故提供的特殊信息为线索，研究开发新的事故控制技术，改进运输安全技术设备，改善运输安全系统管理方法，这样就完成了事故的消极作用和积极作用的转化过程。其转化过程如图 3.1 所示。

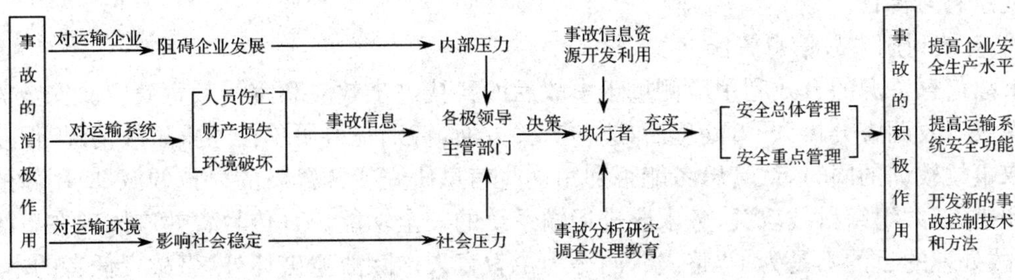

图 3.1　事故的消极作用到积极作用的转化过程

如果有的事故责任单位和少数领导不能正确对待各方面的压力,受经济利益驱使,对事故隐瞒不报,弄虚作假,大事化小,小事化了,这不仅为运输安全留下了后患,而且造成了宝贵的事故信息资源的浪费,如不及时克服纠正,必将助长不正之风的蔓延,承受更重要的事故惩罚。

(3)运输事故两重性的积极转换条件

① 认识和把握事故的运动规律

事故与一切事物一样,也具有它的运动变化规律。一是突然变化,这是指事故的形成是各种不安全因素(或障碍)由量变到质变的结果。当危险因素长期存在,安全管理又比较放松,违章违纪现象就会增多,隐患就会越来越严重,险情就会不断发生,如果熟视无睹,听之任之,不采取措施,就会造成事故。因此,不仅对事故要做到"三不放过",对违章、违纪、事故苗头、人员轻伤等也要"小题大做",特别是对那些未遂事故无伤害事故,一定要当作事故来认真分析处理,吸取教训,采取措施,这样才能做到防患于未然。二是不断变化,运输生产中的主客观情况处于不断变化之中,所有各种变化都会对安全生产带来影响。实际上许多事故的发生原因都涉及人、机、环境的变化就说明了这一点。所以不能正确对待变化了的情况易导致事故发生,而情况变化也可能形成较为安全的条件,关键在于以变应变。不断揭露矛盾,解决矛盾,不断发现新情况,研究新问题,采取有针对性的措施,就能有效地防止事故。反之,如果对变化的情况反应迟钝,甚至麻木不仁,对容易导致事故发生的新情况、新问题不采取措施,就会贻误时机,酿成大错。

② 挖掘事故信息资源

形形色色的事故现场有许多宝贵的事故信息,必须广泛收集和充分利用。事故现场中,无论是与事故有关受到伤害的人员,还是被损坏的运输技术设备及作业环境,都可以从中获取有益于研究分析事故的各种信息、资料。为了使事故调查取证得到真实的情况,事故发生后应严格保护现场,防止无意的破坏和有意的伪造现场。采取测绘、拍照、录像等现代手段保留现场原始状况。事故调查委员会或调查组的组成,除领导和管理人员外,必须选择熟悉事故系统的有关专家参加。这些专家应当是有特殊专长,又与事故发生无关联的科技工作者,以便客观公正地从系统整体出发分析事故,提供解决系统安全问题的基本思路。事故调查应重证据,重调查研究,搜集事故现场中的一切有关痕迹、物证,调查一切与事故有关的人证,谨防人为误导。

③ 实事求是地分析事故

根据事故的调查取得大量的事故信息,经过去伪存真,并结合以往同类事故的累积资料,分析确定事故发生的过程和原因。当事故信息不足以定论时,则应采取必要的试验(实验)手段来辨别真伪,作出符合实际的结论。事故分析应当是以事实为依据的科学分析,不应以个人的主观意志为转移。

④ 有效利用事故信息资源

事故信息资源的有效利用应侧重于事故后的科技进步效应和宣传教育效应。安全监察部门在完成事故调查分析、严肃处理后,应向有关方面,特别是科研单位通报事故情况,促使人们在吸取事故教训的同时,认真思考能否利用这些信息研究或开辟新的科技领域,应用新的安全技术和措施,并组织科技攻关,务求改进运输系统的安全功能。宣传教育效应体现在事故处理上,事故处理的目的不是为了"整人",而是为了教育人。除故意破坏外,事故责任者的本意,并不愿意发生事故,由于一定的主客观原因,作业人员忽视了安全生产纪律,违反了规章制度,而造成事故及其损失的严重后果。因此,给事故责任人必要的不同形式的处理,也是惩前毖后的教育形式。然而更为重要的教育效应则体现在对全体员工的教育上。这就需要利用各种手段加大宣传力度,扩大事故的反面教材作用。绝不能因为怕处理、怕罚款、怕影响企业形象或个人发展而千方百计隐瞒事故、逃避事故责任和处罚,否则,只能造成双重损失,即事故损失和事故信息资源损失。

⑤ 建立健全事故档案

按系统、分类别建立完善的事故档案及其管理制度,可以为安全科技发展提供依据,为安全教育提供生动的素材。在计算机技术广泛应用于铁路现代化管理的态势下,全路应在现有的以事故概况和经过为主的事故数据库基础上,建立人为事故分析数据库,形成对人为错误的原因分析的专家系统,实现定型和非定型分析的图形化,以便更为科学可靠地研究控制和杜绝事故的方法和途径,有效地对事故进行预测和预防。

3.2.4 相关规范、规程与标准

《铁路交通事故调查处理规则》(2007年)第三章～第七章,第十八条～第九十一条。

典型工作任务3 铁路交通事故救援

3.3.1 教学目标

1. 能力目标

具备简单的车辆起复能力。

2. 知识目标

了解铁路事故救援组织的设立、管理及救援列车的开行办法,认识各种机车车辆起复工具。

3. 素质目标

培养吃苦耐劳的工作作风,不怕困难的工作精神。

3.3.2 工作任务

描述救援列车的机构和设备属性,分组演练原线复轨开通法的救援方案。

3.3.3 所需配备

(1)铁路轨道、道岔模型

(2)铁路机车、车辆模型

(3)复轨器、套索及起吊设备模型

3.3.4 相关配套知识

事故发生后,列车司机或者运转车长等现场铁路工作人员应当立即采取停车措施,并按规定对列车进行安全防护。遇有人员伤亡时,应当向邻近车站或者列车调度员请求施救,并将伤亡人员移出线路、做好标记,有能力的应当对伤员进行紧急施救。

为保障铁路旅客安全或者因特殊运输需要不宜停车的,可以不停车。但是,列车司机或者

运转车长等现场铁路工作人员应当立即将事故情况报告邻近车站、列车调度员，接到报告的邻近车站、列车调度员应当立即组织处置。

客运列车发生事故造成车内人员伤亡或者危及人员安全时，列车长应当立即组织车上人员进行紧急施救，稳定人员情绪，维护现场秩序，并向邻近车站或者列车调度员请求施救。

发生列车火灾、爆炸、危险货物泄漏等事故时，现场铁路工作人员应当尽快组织疏散现场人员并采取必要的防护措施。

事故发生后影响本线或者邻线行车安全时，现场铁路工作人员应当立即按规定采取紧急防护措施。

事故救援是指隔离事故区域、抢救生命财产、防止事故扩大和蔓延，清理事故现场，抢修损坏设备，开通线路，恢复行车的一切有组织的行为。为了减少事故损失，尽快开通线路恢复行车，铁路发生交通事故后，应积极组织救援。

1. 铁路交通事故救援组织

我国铁路事故救援组织由机务部门负责管理，各铁路局机务处均设专人负责事故救援工作。在铁路规定地点（主要干线上的技术站所在地）设置适当等级的救援列车，在无救援列车的技术站或较大的中间站，组织救援队。

（1）事故救援列车

各局救援列车的增设、调整应报中国铁路总公司审批，并在《行车组织规则》中公布。救援列车为当地机务段独立车间一级单位，受机务段段长的直接领导。

救援列车设主任一名，领导救援列车的全部工作。救援列车专业人员为救援工作的骨干力量，由机务段挑选身体健康、责任心强、具有一定技术业务水平的人担任，无特殊理由不得变动。救援列车职工应集中居住于救援列车附近的住宅，具有较为方便的通信工具，以保证迅速集结与出动。休班时间应尽量在家休息，必须离开住宅时，应向主任说明去向。

救援列车的基本任务是：

① 担负救援列车管辖区域的交通事故救援，及时起复机车车辆，清除线路上的障碍，开通线路，保证迅速恢复行车。

② 负责救援列车管辖区域内各救援队的技术训练和业务指导，以及工具备品的配置、改进、修理和补充工作。

③ 不断分析和总结救援工作的先进经验，改进事故救援方法。

（2）事故救援班

在救援列车所在地，由各站、段、医院挑选有救援经验的职工10～15名，分别组成不脱产的救援班。救援班是救援列车的后备力量，其任务是补充救援列车专业人员和技术力量的不足，保证救援任务的顺利完成。

① 救援班班长由各单位领导者担任，报上级领导批准后，告知救援列车主任。

② 各单位救援班的具体人数和召集办法，由救援列车主任考虑，商得各单位领导同意确定。救援班的人员素质除身体健康外，还应注意技术专长的搭配，人员有变动时应及时补充并告知救援列车主任。

③ 各救援班按调度命令出动。事故救援班所属单位值班人员接到出动的调度命令后，救援班长应立即召集本单位救援班人员，迅速赶到救援列车处报到，听从救援列车主任指挥，与救援列车协同行动。

(3) 事故救援队

在铁路局长批准的无事故救援列车的车站上，组织事故救援队，救援队为不需要出动救援列车时处理轻微脱轨事故的组织。遇有重大、大事故，有必要时，也应参加救援列车的救援工作。

① 救援队的组成

设队长1名、救援队员15～20名(由车站、机务、车辆、工务、电务、供电、水电、卫生等部门的人员组成)。

② 救援队的任务

积极抢救负伤人员或送附近医院抢救治疗；采取一切措施，起复机车车辆，清除线路上的一切障碍物，迅速恢复行车；如事故严重时，应于救援列车到达前做好救援准备工作；保护铁路财产及运输物资(行李、包裹、货物)的安全。

③ 救援队的召集出动

救援队所在地设有电话所或电话总机的，救援队长所在单位接到救援调度命令后，立即用电话通知电话所领班，由电话员直接通知救援队有关单位。

在无电话所的车站，由车站值班员直接通知有关单位。

有关单位接到出动调度命令后，立即通知救援队长并召集本单位的救援队员，在30 min内迅速赶到指定地点集合。救援队长赶到集合地点后，立即了解事故情况，提出初步救援方案，向列车调度员汇报，征得同意后携带救援工具和备品赶赴事故现场进行救援工作。

2. 铁路交通事故救援设备

在中国铁路总公司指定地点设事故救援列车、电线路修复车、接触网检修车，并经常处于整备待发状态，其工具备品应保持齐全整洁、作用良好。

机车、动车、重型轨道车上应备有复轨器。

救援队在车站的适当处所的备品室(库)内存放必备的起复救援工具、备品、器材，如人字形复轨器、海参形复轨器、千斤顶、钢丝绳、大锤、短钢轨等。

(1)救援列车

① 救援列车的编组

救援列车一般由轨道起重机及游车、工具车、发电车、救护车、办公宿营车、炊事车、备品车、平车、水槽车、装有拖拉机的棚车等车辆组成，轨道起重机应挂于救援列车的一端，不得挂于中间。救援列车应编成完整的车列，所有车辆应全部连接完好并接通制动软管，制动机作用保持良好。

② 救援列车的停放

救援列车应停留在固定使用的机务段段管线或所在车站的站线上，该线路应两端贯通，不需转线即可直接发车进入区间。救援列车停留线两端的道岔应扳向不能进入该线的位置并加锁，钥匙由段(站)值班员或救援列车值班员保管。

救援列车所在地点，应设有办公室及生产、生活用房屋，办公室应装设值班电话。

(2)电线路修复车

为了修复因自然灾害或其他原因造成的信号、通信线路损坏，装有工具、器材的专用车辆，可随时编入救援列车开往事故现场。

(3)接触网检修车

为了修复电气化铁道发生接触网断线、电杆及铁塔倒伏、瓷瓶破损等而特设的专用车。

(4)车辆脱轨的起复工具

① 人字形复轨器

人字形复轨器两个为一组,左为“人”字形,右为“入”字形。使用时,先在脱轨车辆复轨方向一端,按照车轮距钢轨的距离,选择适当地点,将复轨器按左“人”右“入”的位置安放在钢轨上,其后端部须落在枕木上,再在头部与钢轨顶接触处加上防滑木片或棉丝、破布等,尾部用道钉钉固在枕木上,在腰部底下两侧充满石砟。如后部带串锁应使尾部与枕木边相齐,串锁由钢轨底下穿过。如复轨器前面带有加固板,应将加固板放在钢轨底部用螺丝与复轨器上部连结加固。人字形复轨器如图 3.2 所示。

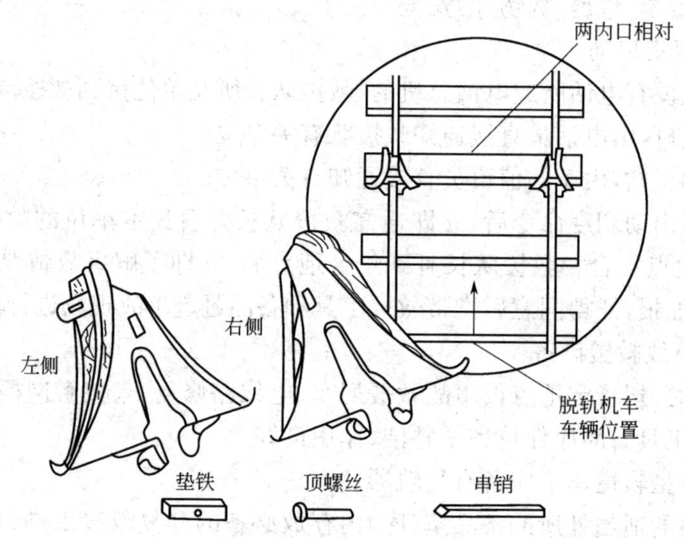

图 3.2　人字形复轨器及其使用方法

使用人字形复轨器时,应注意以下几点:

a. 必须摆放一致,注意左右分开。

b. 不要在钢轨接头处和腐朽枕木上安装。

c. 如遇混凝土或腐朽枕木时,可根据具体情况在两枕木间插入枕木或枕木头并捣实,将复轨器安装在新插入的枕木上。

d. 复轨器固定后,在脱轨车轮的前方铺垫石砟,以免损坏轨枕和防止车轮改变方向。

e. 人字形复轨器适合于脱轨车轮离钢轨较远时的起复工作。

② 海参形复轨器

海参形复轨器一组两个,一个为外侧复轨器,安放于脱落在线路外侧的车轮的前方;另一个为内侧复轨器,安放于脱落在两钢轨之间的车轮的前方。海参型复轨器体小轻便,适用于脱轨车轮距离较近的起复工作。海参形复轨器如图 3.3 所示。

海参形复轨器的使用方法如下:

a. 内外侧复轨器必须摆齐。

b. 外侧复轨器与基本轨要密贴,内侧复轨器要与基本轨留出 35～40 mm 的间隙,以便轮缘通过。

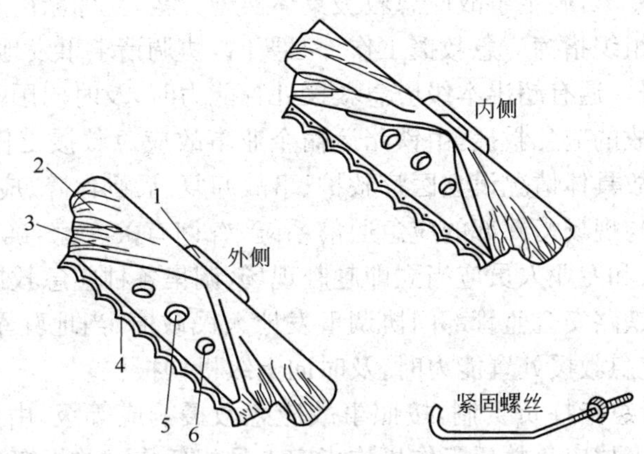

图 3.3　海参形复轨器

1—扒锔铁；2—轮缘侧向边；3—斜面；4—刺齿；5—用手握持复轨器用孔；6—斜面。

c. 与人字形复轨器一样，复轨器必须固定在完好的或插入的枕木上。

d. 禁止在钢轨接头附近摆放复轨器。

③ 手动简易复轨器

手动简易复轨器是起复脱轨车辆的简易工具，它适用于中间小站、隧道、站台处，起复载重 60 t及其以下发生脱轨的空重车辆。该起复器具有使用轻便、灵活、起复迅速、操作简便安全、便于携带、不需要动力机械等特点。

简易复轨器由起重部件和横向位移部件组成。

起重部件包括上滑铁板、滑盘、下滑铁板、顶起千斤顶、支撑千斤顶、千斤顶托、千斤顶托软盘、垫木。

横向位移部件包括横向移动千斤顶、拉链钩、拉杆、卸扣、牢销。

使用手动简易复轨器起复车辆的作业顺序：

第一步，用顶起千斤顶，顶起脱轨车辆(轮对轴身下面顶起)。

第二步，用横向移动千斤顶，将轮对推至对准钢轨上方。

第三步，落下顶起千斤顶，将轮对落在轨面上复位。

第四步，撤出手动简易复轨器。

3. 事故救援方法

接到事故救援报告后，应当根据事故严重程度和影响范围，按特别重大、重大、较大、一般四个等级由相应单位、部门作出应急救援响应，启动应急预案。

特别重大事故的应急救援，由铁路监管部门报请国务院启动，或者由国务院授权的部门启动。中国铁路总公司在国务院事故应急救援领导小组的领导下开展工作，开通与国务院有关部门、事发地省级事故应急救援指挥机构以及现场事故救援指挥部的应急通信系统，征求有关专家建议以及国务院有关部门意见提出事故应急救援方案，经国务院事故应急救援领导小组确定后组织实施，并派出专家和有关人员赶赴现场参加救援。

重大事故的应急救援，由铁路监管部门启动。事故应急救援工作机构应当组建现场事故应急救援指挥部(以下简称现场指挥部)，并根据事故具体情况设立医疗救护、事故起复、后勤保障、应急调度、治安保卫、善后处理等工作组，开通与事发地铁路运输企业和现场指挥部的应急通信系统，咨询有关专家，确定事故应急救援具体实施方案，立即派出有关人员赶赴现场，调集各种应急救援资源，组织指挥应急救援工作。必要时，协调请求事发地人民政府、当地驻军、武装警察部队提供支援。遇有超出本级应急救援处置能力时，及时向国务院报告。

较大事故、一般事故的应急救援，由铁路运输企业事故应急救援工作机构启动，组织成立现场指挥部，并根据事故具体情况设立医疗救护、事故起复、后勤保障、应急调度、治安保卫、善后处理等工作组，开通与现场指挥部的应急通信系统，咨询有关专家，确定事故应急救援具体实施方案。有关负责人和专业人员应当立即赶赴现场，调集各种应急救援资源，组织指挥应急救援工作。必要时，由铁路安全监管部门协调事发地人民政府、当地驻军、武装警察部队提供支援。遇有超出本级应急救援处置能力时，及时向上级机构报告。

现场救援工作实行总指挥负责制，按照事故应急救援响应等级，由相应负责人担任总指挥，或者视情况由上级事故应急救援工作机构指定人员担任临时总指挥，统一指挥现场救援工作。各工作组及参加事故应急救援的单位、部门应当确定负责人。救援列车进行起复作业时，由救援列车负责人或者指定人员单一指挥。

现场总指挥以及参加事故应急救援的各工作组负责人、各单位和部门负责人、作业人员应当区别佩戴明显标志。

救援列车应当在接到出动命令后 30 min 内出动，到达事故现场后，救援列车负责人应当迅速确定具体的起复作业方案，经现场总指挥批准后立即开展起复作业。救援列车在桥梁或坡道等特殊地段作业时，应当连挂机车。两列及以上救援列车分头作业时的指挥，由现场总指挥协调分工后各自负责。两列及以上救援列车在同一个作业面集中作业或者联动作业时，由负责本区段救援任务的救援列车或者由现场总指挥指定人员负责指挥。救援列车在电气化区段实施救援作业时，应当在确认接触网工区接到停电命令并做好接地防护后方准进行。起复动车组、新型机车车辆等，应当使用专用吊索具。

事故应急救援需要通信保障时，通信部门应当在接到通知后根据需要立即启用“117”应急通信人工话务台，组织开通应急通信系统。事故发生在站内，应当在 30 min 内开通电话、1 h 内开通图像传输设备；事故发生在区间，应当在 1 h 内开通电话、2 h 内开通图像传输设备；并指定专人值守，保证事故现场音频、视频和数据信息的实时传输，任何人不得干扰、阻碍事故信息采集和传输。

事故造成铁路设备设施损坏时，有关专业部门应当立即组织抢修，根据实际情况及时切断事故现场电源，拆除、拨移和恢复接触网，及时架设所需照明，调集足够的救援队伍、材料和机具，积极组织抢修损坏的线路、通信信号等行车设备设施，协助事故机车车辆的起复。对可以运行的受损机车车辆进行检查确认，符合挂运条件的方准移动，必要时派人护送。起复作业完毕后，应当迅速做好开通线路的各项准备。

救援工作应充分利用事故现场的地形、地物和设备条件，选择既快又安全的救援方案，尽量采用多种方法多处进行平行作业，争分夺秒，开通线路，恢复行车。

(1)原线复轨开通法

原线复轨开通法是在脱轨的机车车辆堵塞线路时，利用复轨器、线路设备、千斤顶、轨道起重机等设备，采用拉、吊、顶等手段，使脱轨的车轮复轨，达到自轮运转，开通线路的目的。

原线复轨开通法是事故救援中普遍采用的方法，它具有复轨速度快、时间短、效率高，可一次复轨完毕，避免重复作业的优点，且较便线路开通法和拉翻法节省人力物力，也不会扩大机车车辆的破损程度。这种方法能把事故的损失和影响减少到最低程度。因此，有条件时，应首先采用原线复轨开通法。

① 车辆的车轮在钢轨一侧脱轨时

当车轮偏斜方向不大，且距钢轨较近时，应沿钢轨方向回拉起复，在车轮靠近钢轨地点安放人字型或海参型复轨器，用机车直接或用钢丝绳连接机车拉复。

② 车辆的车轮脱在钢轨两侧时

由于物体垫起或其他原因，使两组转向架脱轨于线路两侧，此时，可根据车轮轮缘距钢轨外侧的距离选定适当的地点，安放一组人字形复轨器，即可用机车拉动一次复轨，如图 3.4 所示。使用海参形复轨器时，要在两转向架的前方各放一组，也可一次完成起复，如图 3.5 所示。

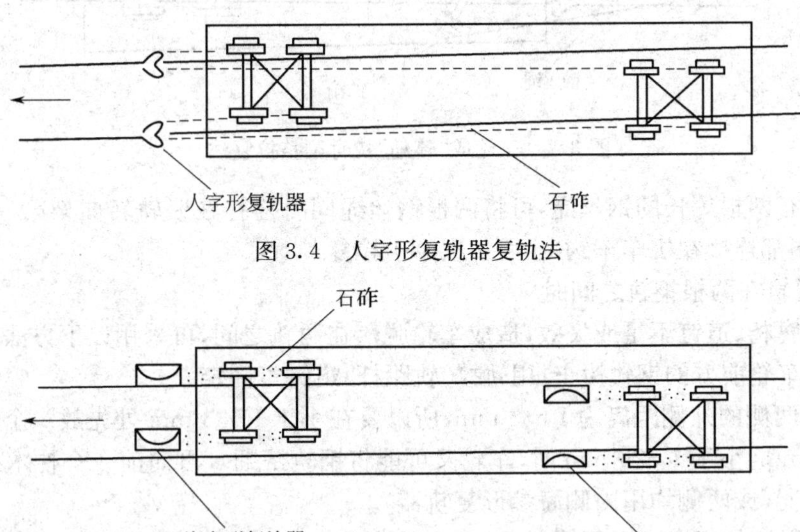

图 3.4　人字形复轨器复轨法

图 3.5　海参形复轨器复轨法

③ 车轮脱轨过远或偏斜度较大时

当车轮离开轨道较远或车轮方向向轨道外方偏斜时，必须先用导轮轨或钢丝绳一端挂在偏斜车轮外侧轴箱上，用机车拉复，逼使车轮向轨道方向调整，然后在适当地点安放人字形或海参形复轨器拉复，如图 3.6 所示。

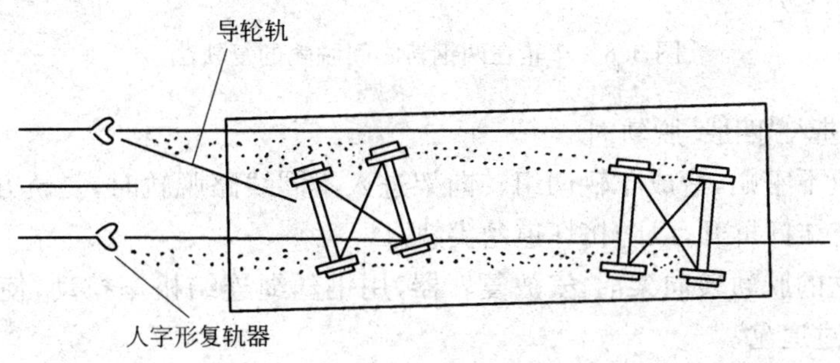

图 3.6　导轮轨导向复轨法

④ 车辆车轮成“骑马”状

脱轨成“骑马”状时，复轨比较困难，特别是铸钢侧架，下部距轨面较低，车轮脱轨后，侧梁下部低于钢轨高度，影响转向架转动的灵活性。此时，一般采用钢丝绳拉复。拉复前先将重车卸空，再在脱轨车轮前方垫石砟或钢板，用钢丝绳一端拴挂在脱轨车轮外侧轴箱上，另一端连接机车车钩，在脱轨轮前方的适当位置安放人字形复轨器（最好安放组装式复轨器）。准备完毕后，指挥机车慢慢拉动，当脱轨车轮爬上复轨器后，立即停止拉动，将钢丝绳取下挂在脱轨车辆的车钩上，再拉动复轨，如图 3.7 所示。

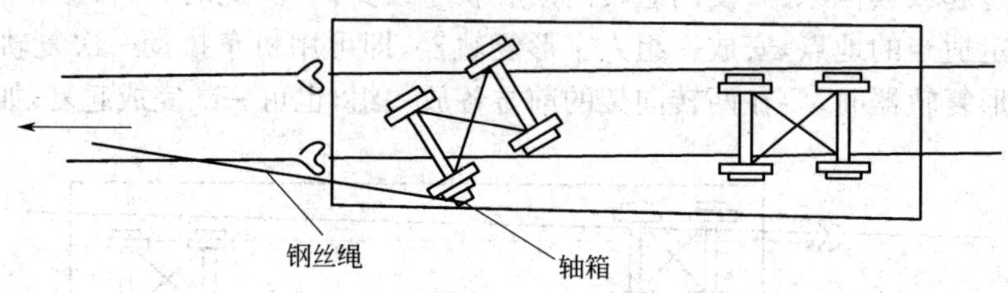

图 3.7　车轮成“骑马”状时调整拉复法

如果现场有两根等长的钢丝绳，可将两根钢丝绳同时拴挂在脱轨转向架第一根轴的两侧轴箱上，另一端都连接在机车车钩上，可一次牵引拉复。

⑤ 车轮脱轨在两根钢轨之间时

由于枕木腐朽、道钉不足或失效，造成车轮脱落在两轨之间，可采用以下方法复轨：

a. 将脱轨车轮前方的钢轨拨正，用轨撑、轨距杆、道钉等固定。

b. 因轮对两侧的外侧距离为 1 633 mm，所以要在小于 1 633 mm 处先放一个复轨器，但不得小于 1 526 mm（小于 1 526 mm 时，车轮又可能将钢轨挤翻），再向前一个枕木挡，安放另一个人字形复轨器（或两侧均用内侧海参形复轨器）。

c. 用钢丝绳连挂机车牵引复轨，如图 3.8 所示。

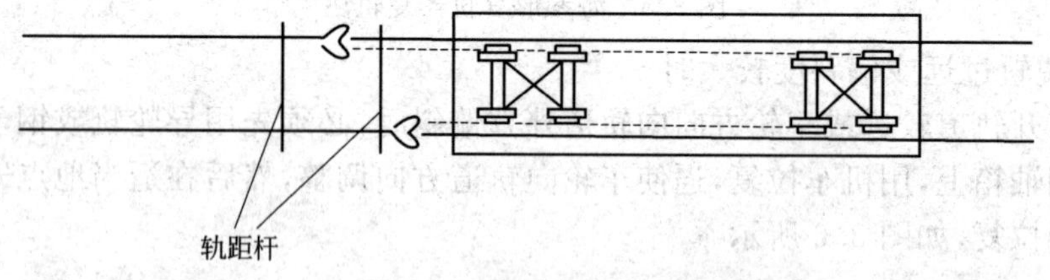

图 3.8　车轮在两钢轨之间脱轨的复轨法

⑥ 车辆跨线进入“四股”脱轨时

由于道岔尖轨不密贴，造成车辆两组转向架进入不同线路脱轨时，复轨方法如下：

a. 先将道岔连结杆拆开，以防挤坏道岔尖轨。

b. 在靠近道岔的脱轨转向架前，安放复轨器，用钢丝绳连结机车拉动，使第一转向架车轮复轨，并将车辆拉过道岔。

c. 当第二组转向架也脱轨时，第一转向架复轨后停止拉动，用同样方法安放复轨器（或利用辙岔心、护轮轨的作用），牵引车辆，使第二组转向架复轨，再将车辆拉过道岔，如图 3.9

所示。

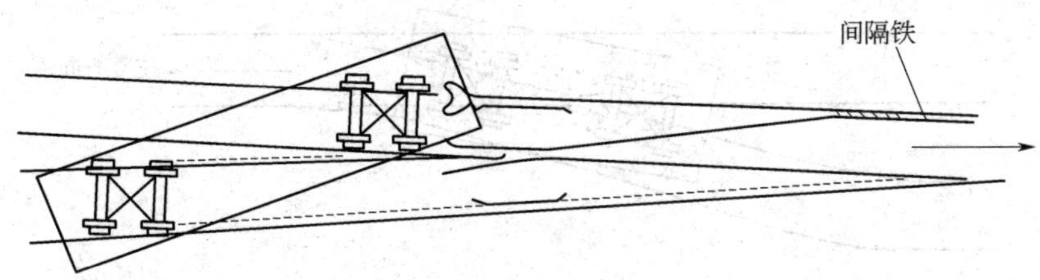

图 3.9　跨线脱轨时的复轨法

⑦ 车辆在曲线上脱轨时

由于曲线外轨设置超高、转向架倾斜角度较大，在曲线上复轨比较困难，往往这侧复轨，另一侧又脱轨，因此要采取必要措施：

a. 如脱轨处靠近直线，车轮倾斜不大，可将车辆拉到直线上再复轨。

b. 不能拉入直线时，可用人字形复轨器或海参形复轨器复轨，但应在复轨器前方道心内靠近曲线外侧钢轨处钉一根 2 m 长的短轨用作护轮轨，保护车轮不再脱轨。

c. 如果在水泥轨枕区段，可插入木枕，并捣实，以便固定护轮轨。

d. 拉复时速度要慢，以免车轮越过复轨器，如图 3.10 所示。

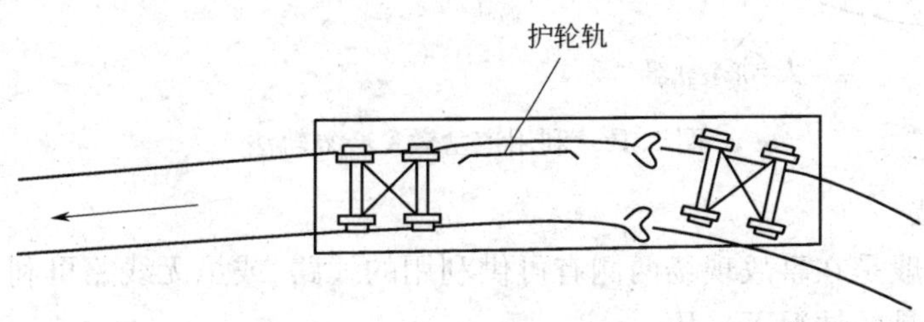

图 3.10　曲线脱轨起复法

⑧ 道岔上脱轨时

道岔上进入"四股"脱轨后，无法安装复轨器时，可利用道叉间隔铁或辙叉心进行复轨。

a. 利用道岔间隔铁进行复轨

车辆在尖轨后端脱轨时，利用间隔铁自然抬高车辆，使车轮轮缘踏面沿两基本轨复轨。

沿车轮复轨经路，两钢轨之间填石砟至尖轨腰部，石砟的高度应在车轮压过后与轨面齐平。

拆开道岔连结杆，使尖轨能自由活动。

将机车与脱轨的车辆直接或用钢丝绳连结，指挥机车拉动车辆起复。

车轮方向发生偏斜时，可利用基本轨在拉动时，自然调整方向，不必单独调整车轮方向，如图 3.11 所示。

b. 利用道岔辙叉心复轨

车轮在辙叉心后端脱轨时，无法安装复轨器，可利用道岔辙叉心向尖轨方向复轨。

在辙叉护轮轨后端连结处上钉上导轮轨（逼轨），在导轮轨与基本轨之间填满石砟，以便使车轮踏面抬高并逼使车轮进入护轮轨缘槽内。

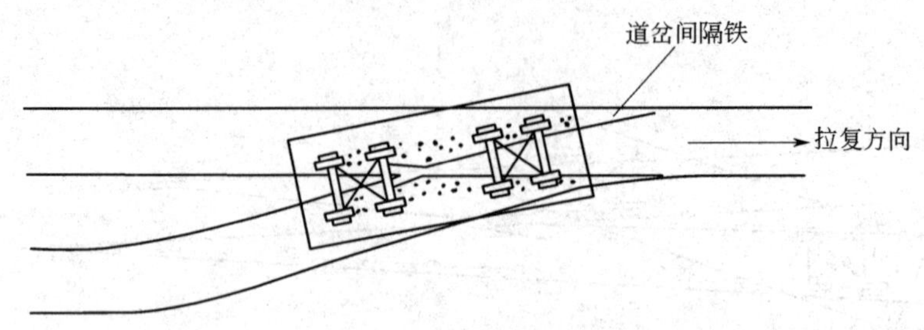

图 3.11　利用道岔间隔铁进行复轨法

辙叉心后端两基本轨之间填满石砟，石砟要高于轨面，使车轮能爬上辙叉心顶部。

后转向架车轮脱于两条线路之间时，在复轨方向的前右方安放一个人字形复轨器，将后转向架一侧的车轮过到线路内侧。

机车直接或用钢丝绳连接脱轨车辆向尖轨方向牵引复轨，如图 3.12 所示。

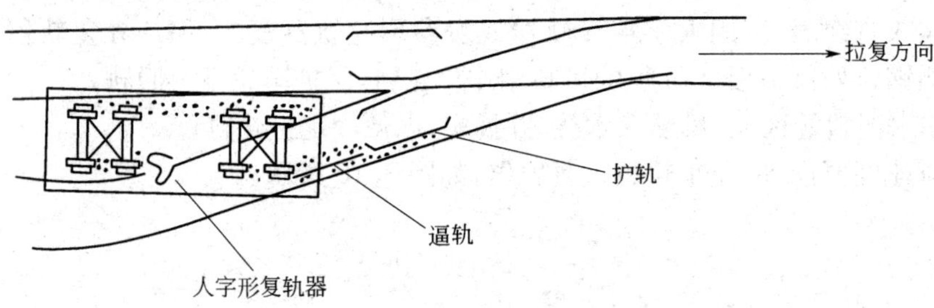

图 3.12　利用道岔辙叉心复轨法

(2)便线开通法

便线开通法一般是在事故现场两侧有可供利用的线路，或虽无线路可利用，但地势平坦，铺设便线较容易的情况下采用。

① 借用线路拨道开通法

当机车车辆颠覆脱轨事故发生在车站咽喉道岔区或站外附近某段线路上且正线两侧有牵出线或其他岔线线路可借用时，采用便线开通法，可以大大缩短正线中断时间。此时，应组织工务人员实施拨道开通正线。

② 新铺便线开通法

新铺便线工作量大、动用劳动力和路料数量多，开通时间长，仅在下列情况下采用：

a. 堵塞正线的机车车辆或货物在较短时间内难以清除，正线两侧无其他线路可供利用，但地形适合铺设便线。

b. 由于火灾或危险货物影响等原因，救援人员作业困难，而现场两侧具有铺设便线的条件时。

c. 在运输繁忙区段发生列车重大颠覆事故，机车车辆和线路破坏较为严重，但又必须迅速开通线路时，即使新铺便线有一定困难，但正线开通恢复行车后，可利用便线起复事故机车车辆，故仍可采用新铺便线开通法。

(3)清除障碍原线开通法

清除障碍原线开通法是利用机车、起重机等动力机械，将堵塞线路的机车车辆清除出线路，然后抢修被破坏的线路，迅速恢复通车的方法。通常采用移车法和拉翻法清除障碍。

① 移车法

移车法又分吊移和拉移两种方法。

吊移是利用轨道起重机吊起，将机车车辆吊离线路至临时位置，拉移是用人力或拖拉机等将机车车辆移开线路。

移车法的优点是不扩大车辆和货物的损失，用于装载危险货物的车辆比较安全，但其作业过程复杂，与拉翻法相比，效率较低，开通线路需要时间长。

下列情况可采用移车法：

a. 事故车辆中装有危险品、爆炸品或现场无法卸车时。

b. 颠覆脱轨的车辆已大部分离开线路，只有部分侵入限界时。

c. 由于地形限制，只能平面移动使车辆离开线路时。

d. 事故车辆中装载贵重物品或其他不得损坏的货物，而现场无法卸车时。

② 拉翻法

拉翻法是利用机车、轨道起重机或拖拉机，将堵塞线路的、损坏的机车车辆拉倒或拉翻，使其离开正线，迅速恢复行车的一种方法。

拉翻法在较大的颠覆事故中已广泛采用，可从当地农村、厂矿、驻军借用拖拉机、重型牵引车，将事故车拉开、拉翻，迅速恢复行车，比等待救援列车要快得多。

但拉翻法可能扩大机车车辆的破损程度，翻动的距离可能大于机车车辆限界，给以后重新起复机车车辆带来困难。

拉翻法是以迅速开通线路恢复行车为主，将扩大机车车辆的损失放在第二位的救援方法。符合以下条件之一时，可采用拉翻法：

a. 机车车辆破损严重甚至报废时。

b. 机车车辆走行部分严重损坏，堵塞线路无法使用复轨器起复时。

c. 破损的机车车辆主体与转向架脱离、歪倒比较严重或离开线路过远，无法使用复轨器复轨，且离救援列车驻地较远或多个车辆颠覆脱轨时。

d. 破损机车车辆叠压成堆时。

事故地点在隧道内或高路堑地段不得、也无法采用拉翻法。

4. 电力机车脱轨颠覆的起复方法

电力机车发生脱轨、颠覆等事故，起复电力机车的方法主要有拉复和吊复两种。一是使用复轨器等工具，将轻微脱线的电力机车拉复；二是使用救援列车中的轨道起重机将其吊复。由于使用救援起重机吊复电力机车，一般都需要拆除和恢复接触网，加上起重机点火出动、驶往事故现场的时间，有可能延长中断行车的时间，扩大事故对行车的影响和损失，尽可能不采用吊复方法。

(1)拉复电力机车的方法

电力机车有两个完全相同、各自独立的转向架。每台转向架有三根车轴，每根车轴由一台牵引电动机驱动。它的六根轴全部是动轴，而且采用单独传动方式。

由于电力机车构造上的特点(下部重量大，机车重心低，运行比较稳)，机车本身不易脱轨，电力机车没有导轮，脱轨后不拐弯，仍然走直线，加上机车排障器、齿轮箱卡住钢轨，一般脱轨后距离钢轨不会太远。同时，电力机车牵引力大，轻微脱轨不需要另派救援机车，利用本身的拉力就可以起复。因此，电力机车发生一般脱轨事故后，大都采用顶、拉的办法使其复轨。

使用复轨器时，由于电力机车脱轨后，齿轮箱等下部装置落地，人字形、海参形复轨器一般都塞不进去，应先垫上石砟等物，将机车拉向高处，再塞进复轨器使机车复轨。如果电力机车脱轨后距离钢轨较远时，常使用一种大型复轨器，复轨的效果比较好。这种复轨装置由引轨、攒轨和复轨器组成。

(2)吊复电力机车的方法及安全注意事项

当电力机车发生严重脱轨或颠覆歪倒时，应采用大型救援起重机将其吊复或抬复。吊复电力机车时应注意以下几点：

① 不能用钢丝绳直接捆绑和吊装

电力机车的车体均系钢板压型外壳，不适于钢丝绳直接吊装，以免挤扁车体后，不易整修恢复原型。因此，在吊装电力机车时，均应使用特制的支撑梁和吊具，避免作业中钢丝绳割坏车体，扩大损失。

韶山型电力机车车体两侧下部留有四个孔眼，利用起重机吊复时，可在孔眼内插上特制圆销，供捆绑钢丝绳之用。因电力机车脱轨后千斤顶塞不进去，如需使用千斤顶抬起机车时，可在圆销颈部装上垫铁，然后用千斤顶顶销子即可抬起机车。法国制造的6Y_2和6G型电力机车，车体两端和两侧共有八个圆销孔，并备有专用的吊具。国产韶山型机车没有配备吊具，因此，在电气化铁路区段的一些救援列车，试制了专供起吊电力机车用的圆销及其垫铁，如图 3.13所示。

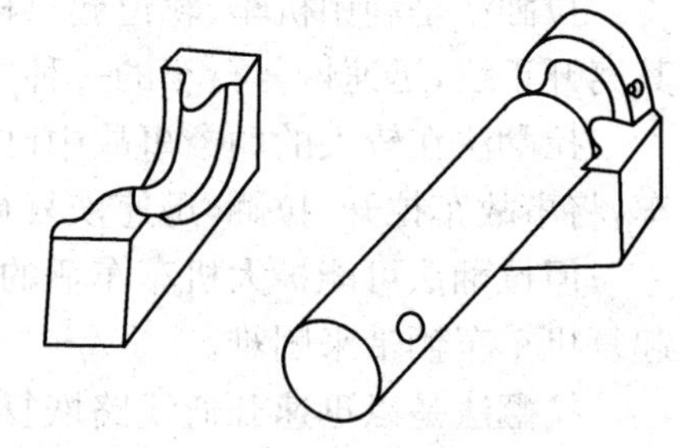

图 3.13 吊装电力机车用的圆销

② 使用钩框垫铁保护车钩

韶山型电力机车两端没有圆销孔，当起重机在事故机车同一条线路上进行吊装作业时，钢丝绳只有挂在事故机车两端的车钩上。考虑到电力机车重量较大，车钩强度不够，为了在吊装时不致损坏钩头，有的救援列车特制了钩框垫铁，套装在车钩上，以加强承受重量的能力。其外形如图 3.14 所示。

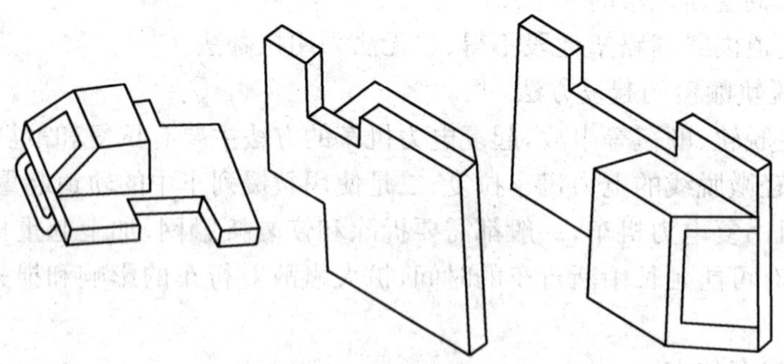

图 3.14 起吊电力机车用的钢框垫铁

③ 使用专用索具将车体和转向架联成整体

电力机车结构上不是一个整体，其走行部类似车辆的转向架结构，但无心盘。在起吊作业前，须用专用索具将转向架与车体连结在一起，吊装时才能一起复位。这种专用索具，目前使用的有两种：一种是连结车体与转向架的钩子和钩子销(如图 3.15 所示)；一种是将车体与转向架捆绑在一起的索具(如图 3.16 所示)。

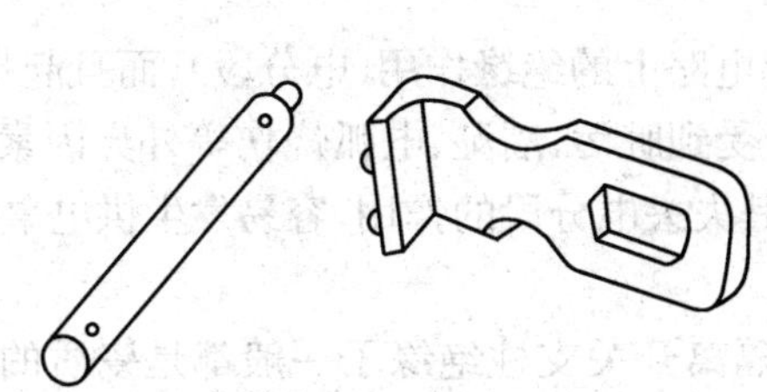

图 3.15　联结车体与转向架的钩子和钩子销

图 3.16　捆绑车体与转向架的专用索具

(3)救援起重机作业

电力机车或车辆脱轨、颠覆须利用轨道起重机吊复时,因接触网导线最低高度只有 5 700 mm(旧线改造最低只有 5 330 mm),而且带有 25 kV 的高压电。根据电气化铁路有关电气安全规则规定,起重机本身和吊装的物件与接触网带电部分需保持 2 m 以上安全距离。因此,救援起重机在电气化铁路上进行吊复事故机车、车辆时,需按下列规定办理:

① 接触网停电后方可进行吊装作业

目前,我国铁路常用的轨道起重机的起重臂,其工作高度均超过接触网导线高度,且起复事故一般需顺铁路方向作业,起重臂工作位置与接触网带电部分难于保持 2 m 的安全距离。因此,救援起重机起吊作业前,接触网需拆除、偏移或停电后,方可进行吊装作业。作业完毕,救援列车主任应通知停电负责人拆除地线,办理复电手续。接触网送电后,禁止起重机再进行吊装作业。

起重机在接触网支柱附近进行作业时,接触网虽已停电,仍需要接触网工配合工作,如解开必要的定位绳,摘掉妨碍起重机吊臂工作的承力索,将接触网导线、承力索拉离线路中心等。

如起重机在接触网两支柱中间直线线路上作业时,可以不拆除接触网。因为接触网导线和承力索均非刚体,有一定弹性和摆动量,所以有些部位当起重机吊臂升起后,慢慢靠上接触网可以缓缓摆动,但必须在接触网工监护下进行,摆动量一般不应超过 300 mm,以免接触网被擦伤或拉断。

起重机吊臂需要转变方向时,须选择好转头地点,防止刮断接触网导线,特别要注意起重机尾部碰坏线路两旁的接触网支柱,严防事故扩大。

② 防止救援人员触电

救援列车中的各种车辆和起重机在带电的接触网下停留时,严禁攀登车顶、吊臂高处和车辆上部,以免触电;接触网停电前,禁止轨道起重机升起吊臂、蒸汽轨道起重机竖立烟筒,防止起重机任何部位超高。碰撞接触网,引起触电或供电事故。

5. 接触网事故抢修与事故救援的配合

沿电气化铁路架设的接触网是向电力机车供给电力的设备,它必须保证不间断地供电。但是,由于各种原因,接触网有时会发生事故,中断供电,影响行车,甚至造成线路堵塞。为了保证铁路运输畅通无阻,接触网一旦发生事故就要迅速抢修,尽快送电通车,最大限度地减少事故造成的损失。

(1)接触网事故

接触网及其导线发生事故,有些是设备本身的薄弱环节或检修、操作不当引起的,有些是外界条件影响或行车事故造成的。较常发生的接触网事故主要有以下几种：

① 区分(分段)绝缘器表面击穿

区分绝缘器采用玻璃钢作为主绝缘器，不仅起电路上的绝缘作用(电分段)，而且起接触网导线的机械连接作用。区分绝缘器装设在露天，由于受到脏污、潮湿、电弧烧伤等外界因素的影响，绝缘强度急剧下降，造成主绝缘器表面被击穿，使其失去电分段的作用，容易发生供电事故。

② 绝缘子闪络和击穿

我国铁路接触网上采用的悬(串)式、棒式和隔离开关支柱绝缘子一般都是瓷质的，表面涂有一层光滑的釉质，以防止水分渗入，并具有一定的抗污染能力，且易于擦洗。

绝缘子发生闪络的主要原因有三：一是绝缘子本身泄漏距离较短，受气候潮湿、降雨雾、表面结冰，附近工矿、货场和隧道内扬起的烟灰、尘土等外界污染源的影响，使其绝缘性能下降，容易使绝缘子沿瓷体表面发生放电，引起闪络；二是绝缘子材质不良，结构上有裂纹、气孔等，使用中会发生瓷体击穿现象，完全失去绝缘作用；三是绝缘子使用时间长了，会产生绝缘性能下降的老化现象。

绝缘子瞬间闪络会引起变电所馈线开关跳闸。但在电源切断、闪络消失后，自动重合闸装置又会重新合闸，恢复供电。接触网瞬时无电，对电力机车运行影响不大。

绝缘子发生闪络后，纵使瓷体未损坏，但其绝缘性能下降，仍会再次发生闪络，直至被击穿，完全失去绝缘作用，造成供电事故而中断行车。因此，多次发生闪络现象的绝缘子应及时更换，不宜长时间继续使用。

绝缘子闪络产生的电弧，有时会引起设备不同程度的烧伤，个别情况下还会引起绝缘子爆炸或使其完全丧失绝缘性能．发生供电事故。

③ 刮弓事故

刮弓事故的原因较为复杂，主要有：机车受电弓状态不良，司机没有及时发现，继续高速运行；电力机车错误越过接触网终点，受电弓碰、刮接触网终端绝缘子串；接触网导线不平不直、有硬点或悬吊零件超过接触面，受电弓滑板高速滑过时发生严重碰撞或产生强烈电弧而损坏受电弓；接触网导线高度不符合要求，电力机车运行中产生振动以及机车受电弓压力不足，使受电弓与接触网导线间不能保持一定的接触压力，受电弓滑板与接触网导线发生脱线；接触网导线悬挂不符合规定，拉出值超过最大容许值，特别在曲线地段和受暴风影响，使接触网导线滑到受电弓工作面外方，以致弓架升天，在继续运行中拉坏接触网和刮坏受电弓。

电力机车刮弓的事故也是经常发生的。刮弓的后果：轻则刮断一根吊弦，打掉受电弓炭滑板的炭条；重者则刮断导线承力索，破坏范围可达半个锚段，使受电弓完全毁坏，接触网停电，中断列车运行。

④ 接触网导线和承力索断线

接触网导线断线的主要原因是导线磨耗过大或有机械损伤和烧伤，未及时发现，也未及时更换或采取加强措施，在天气骤冷时，因张力过大而拉断导线。

在多隧道而天气寒冷的电气化区段，隧道漏水引起结冰，冰柱从隧道拱顶挂下，短接承力索和隧道拱顶，从而造成接触网经过冰柱接地跳闸，严重的甚至会烧断承力索。

⑤ 货物装载不良或行车事故损坏接触网

接触网紧靠铁路线路架设，列车运行中发生的不正常情况和行车事故很容易使其受到损坏。货物装载不良，如原木倒塌、坠落，装在货车上的起重机吊臂固定不牢，在运行中旋转，货车车门脱落等，都有可能砸断、刮断支柱和下锚的支柱拉线，造成支柱倾倒；篷布捆扎不牢，绳索松脱，有可能刮坏隧道内接触网地线，甚至将地线卷到承力索等接触网上部（带电部分），造成短路，烧断承力索或烧坏其他设备；列车发生冲突、脱轨、颠覆等事故，也可能撞断接触网支柱，破坏接触网其他部件；列车火灾事故，特别是隧道内发生火灾事故，会烧断接触网导线和承力索，还可能烧坏接触网悬挂、定位装置等，甚至烧坏隧道内全部接触网。

上述五种接触网事故，有的影响行车，有的不影响行车。如果发生事故时，该供电臂正好没有列车运行（这种情况很少见），或是处理及时、迅速，停电时间很短而没有影响正常行车，只列为一般供电事故。如果由于接触网事故处理不当，耽误列车运行，按其影响程度确定其事故等级，并列为行车事故。因此，发生接触网事故后，有关部门应立即组织抢修。

(2)接触网事故抢修

接触网是没有备用措施的，一旦发生事故，势必造成接触网停电，中断行车，使线路堵塞。这在干线铁路上后果更加严重。中断的时间愈长，堵塞愈严重，其影响面也愈广。为了将中断行车所造成的影响限制在最小范围内，要求接触网事故发生后，能以最快的速度进行抢修，以期在最短时间内恢复线路正常行车。

接触网事故中断供电的时间，一般包括三部分：第一，从发生事故到判明事故地点、性质和范围所需要的时间；第二，抢修人员集合，准备抢修工具材料，出发到现场所需要的时间；第三，抢修事故所需要的时间。要缩短中断供电的时间，必须同时缩短这三部分所需要的时间，忽视任何一个环节都可能使整个中断供电的时间延长。

接触网事故抢修的原则是尽快抢修，并在最短时间内送电通车。如果不能一次将接触网的全部设备恢复到正常状态时，应尽可能采取措施使接触网脱离接地，只要能保证列车顺利通过，就可以先送电通车。必要时电力机车可采用降弓通过的措施。剩余的工作可在通车之后，采用带电检修方式或另外安排停电时间进行处理。例如，在一般的断线事故中，往往伴随有大量的悬挂变形和吊弦等零件的损坏。进行这类事故抢修时，接通断线所需要的时间往往不长。而处理吊弦及已变形悬挂的调整工作所需时间却占很长时间。为了缩短中断供电的时间，应在接通断线以后立即送电通车，然后利用列车运行的间隙时间采取带电作业方式进行接触网调整。

当然，送电通车之后列车通过频繁，不仅停电不易，而且带电作业也受到很大干扰，将给接触网的继续处理带来很大麻烦，有可能拖长恢复到正常状态的时间。这对于接触网工区的工作来讲，是不利的。但是，对整个铁路运输来讲，则是非常必要的。决不能为了一次完成抢修和全面调整接触网而延长停电时间，扩大事故范围。

接触网事故抢修的速度快慢，在很大程度上决定于事故抢修的指挥是否正确和得当。电力调度员是接触网抢修的组织者和指挥者，首先应与接触网工区密切配合，迅速判明事故地点。一个供电臂的接触网长达30～40 km，事故地点究竟发生在那一个区间（站场）的哪一个支柱上呢？在没有安装故障点探测仪的供电臂上，主要靠各个方面反映的情况和电力调度员、接触网维修人员的经验来判断和寻找。对于事故地点不明显的绝缘子闪烙、区分绝缘器击穿等，可采取分段送电的方法来观测、判断。

电力调度员在了解事故地点的同时，应通知接触网工区立即作好抢修的准备工作，必要时应命令接触网工区派人到现场观察寻找事故点。在事故点判明以后，电力调度员应迅速调动抢修人员和交通工具（接触网工区应配备重型轨道车或汽车），派送抢修人员赶赴事故现场，并根据现场的具体情况和列车调度员商定对在途列车（特别是客车）的处理意见，迅速做出事故抢修方案的决断，通知现场事故抢修指挥人员执行。当抢修人员到达现场后，事故抢修的指挥则由现场指挥人员负责。除紧急情况外，参加抢修作业的人员要坚决服从指挥人员的命令，保证抢修作业有条不紊、迅速而安全地完成抢修任务。

大型事故的抢修，指挥人员应运用统筹法来指挥抢修工作。能够两个或几个小组同时进行的工作，一定要安排同时进行；具有先后顺序的，必须抓紧第一个步骤的工作，以免影响下一步工作的顺利进行。例如，在导线断线的同时，还损坏了一个腕臂，那么在安排导线接头作业的同时，就应该安排腕臂的更换，导线接头与腕臂同时完成后，就可以进行定位器的安装。

(3)接触网抢修与事故救援的配合

在电气化铁路发生列车冲突、脱轨、颠覆等事故，接触网都将遭到一定程度的破坏；隧道内发生重大火灾事故，一般都将烧毁隧道内全部接触网，重大交通事故复救工作，往往需要接触网抢修来配合。有时，接触网虽然没有被破坏，但在这些事故救援过程中，也需要接触网进行某种程度的变动来配合，如用救援起重机吊复脱轨的机车车辆时，一般都需要变动或撤除接触网，以利救援吊车有作业的空间。

遇列车脱轨事故，若接触网未被破坏，应尽可能不动接触网，即尽可能采用拉复而不采用吊复的救援办法，这样整个供电臂不需要停电，可以保证列车在其他区间、股道上正常运行。如决定采用起重机吊复的方法，抢修人员应主动配合，尽快确定接触网移动方案（尽量少动接触网），同时一定要提前作业，处理好接触网，使起重机等待时间减少。如接触网遭到破坏，那么在起复事故列车的同时，尽可能提前做好接触网恢复的准备工作，即在不影响起重机作业的地方立杆、装设腕臂、定位器，导线和承力索在地面上放线等，以待起重机作业完毕后，迅速恢复接触网的正常状态。

【例 3.1】 电力机车在某站咽喉区脱轨

车站咽喉区道岔较多，上空接触网比较复杂，配合处理脱轨事故时，要根据具体情况，灵活掌握。例如，电力机车在咽喉区脱轨，接触网虽然未被破坏，不影响车站其他股道和其他区间的列车正常运行，但由于机车脱轨后倾斜在四开道岔上，无法拉复，决定采用吊复的办法，需移动接触网位置予以配合。

事故现场概况如图 3.17 所示。

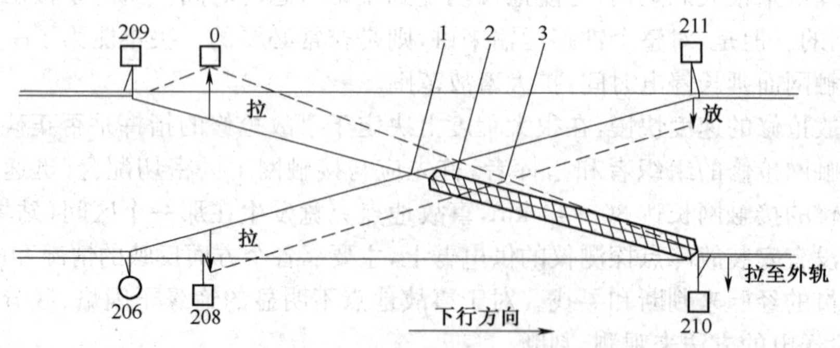

图 3.17 移动道岔区接触网位置

1—原中心线岔；2—脱线机车位置；3—更动后接触网交叉点

配合事故救援的接触网人员到达现场后，根据现场情况，立即研究配合起复的方案，决定将中心线岔和附近的两根吊弦拆除，206～211号支柱间接触网导线和承力索向下行方向右侧平行移动，使接触网的交点由1移至3，事故机车一端上空没有接触网障碍，便于救援吊车在209～210号支柱间进行起吊作业。

起吊另一端时。吊车在210号支柱下行方向的直线上作业，上空接触网仍妨碍吊车作业，必须向210号支柱一侧移动。根据起重机在直轨上起吊的经验，接触网只要移至线路外轨上空，对吊车的作业就没有影响了。但在起吊过程中，必须指定专人监视起吊作业，密切注视吊臂的动向，并采取措施防止吊臂碰刮接触网。

起吊作业完成后，立即将接触网恢复原状，稍事调整后即可送电通车。

【例3.2】 某电气化铁路区间发生列车冲突

在这次列车冲突事故中，有三根接触网支柱被颠覆的车辆撞倒，接触网破坏300余米。根据当时的情况决定：在清除线路之后，将接触网的两个锚段合并为一个锚段临时接通，中间缺的支柱用三根小铁塔代替。

方案确定以后，与起复事故的同时，积极准备接触网抢修的工作：将支柱立起来，装好腕臂及定位器，沿着铁路线路放好接触网导线及其承力索，并在地面上作好一端的接头。清除线路的作业一结束，即将承力索和导线先后拉起来，各支柱及导线、承力索接头处同时进行作业，接通之后立即通电，剩下的吊弦安装、导线调整等工作，在恢复送电以后，再带电进行作业。

线路临时开通后，事故车辆仍在线路两侧，起复工作量还很大，决定在线路开通后每天停电1.5 h，用以起复事故车辆。如果每天为配合起复事故车辆而拆、装接触网一次，势必占用停电点，因而减少了起复事故车辆的作业时间。为缩短停电时间，消除每天拆、装接触网的时间，决定在事故车辆比较集中的地方，将接触网拆除四个跨距，在无接触网的两端设立升、降弓标志，电力机车运行至该处时降弓通过（图3.18）。

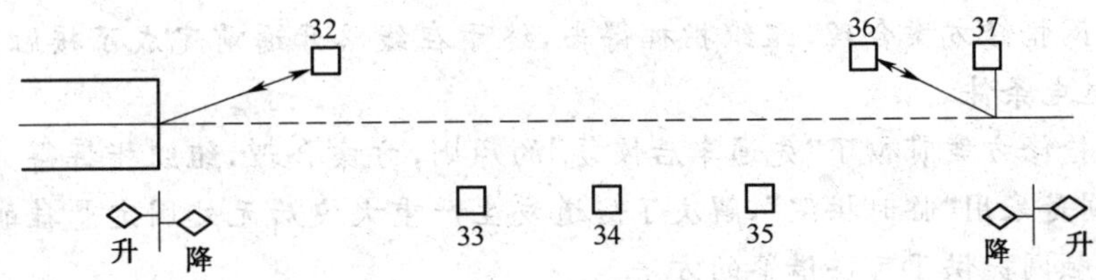

图3.18 接触网锚段临时接通

【例3.3】 某线140号隧道内发生重大火灾事故

某线140号隧道长度200 m左右，隧道内发生重大火灾，致使隧道内接触网全部被烧毁，隧道衬砌被烧坏．悬挂、定位立柱无法安装，隧道拱顶也需要重新衬砌。为了及时通车，决定在隧道外两根接触网支柱上下锚，并设立降、升弓标志，如图3.19所示。

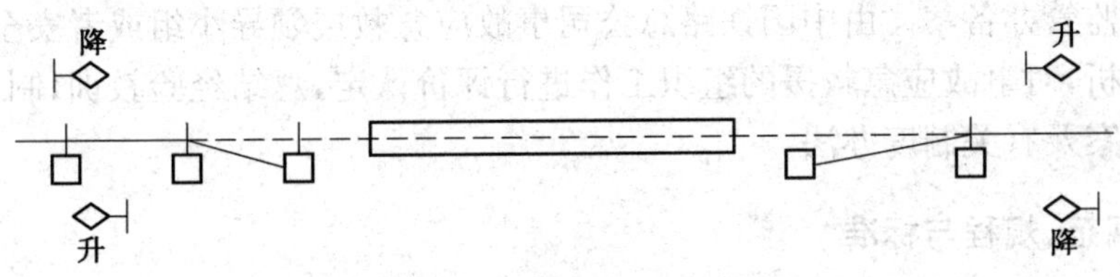

图3.19 接触网在隧道外下锚

由于隧道内衬砌烧坏，列车在隧道内限速 15 km/h，该处线路坡度为 12‰。下坡运行时，靠列车惯性，机车降弓惰行通过；上坡列车由于限速，机车断电难以闯过 12‰的坡道，所以规定在前方站加挂补机推进。加挂补机后，前后两台机车的距离应大于无电区的长度，前面的本务机车降弓通过无电区时，列车由后部补机推进运行；待本务机车越过无电区，接通电源后牵引运行时，后面的补机再降弓通过无电区。直到隧道内衬砌完成，取消限速后，就不再加挂补机了。

【例 3.4】 某线某隧道内发生重大火灾

某线某隧道全长 1 776 m，因油罐车在隧道内发生脱轨、颠覆造成重大火灾事故，隧道内及洞口附近 2 000 m 左右接触网遭到毁灭性破坏，波及 3 个锚段。

面对当时洞外浓烟烈火升腾，洞口温度高达 1 000 ℃以上，人员难以接近，救援工作无法进行。事故救援抢险指挥部果断提出总方案：封洞灭火，注水降温，开洞排除有害气体，起复隧道内车辆，清理加固隧道，抢修线路与接触网设备，尽快送电开通线路。总体方案确定后，很快制定出接触网抢修配合行车事故救援方案。

首先拆除两个洞口的接触网，清理部分设备。为铺设便线和救援列车的起复作业创造条件；在隧道北口附近引接变压器，提供照明电源。

其次，利用救援空隙，采取平行作业方法，拆除隧道内全部悬挂；重新埋设中心锚结埋入杆件，更换破损的绝缘子和其他零件；架设中心锚结至隧道南口的承力索；面对隧道拱顶被烧酥，根据隧道横断面尺寸，赶制一批临时拱架，冒着高温和有害气体的侵袭，安装在隧道内，用于接触网悬挂及定位。

在清理加固隧道的时间，设立临时支柱 1 根，恢复隧道北口下锚装置；恢复隧道内支撑定位装置和部分锚段的接触网利用抢修线路的时间，架设中心锚结至隧道北口的承力索；恢复隧道内全部锚段接触网和锚段关节；调整悬挂，送电开通。

由于接触网抢修方案合理，组织指挥得当，终于在线路开通前完成了接触网全部抢修任务，提前达到送电条件。

这次配合抢修方案贯彻了“先通车后恢复”的原则，方案合理，组织指挥得力，部门之间协调配合好，特别是采用“临时拱架”，解决了隧道发生严重火灾后无处固定悬挂的问题，为今后抢修隧道内接触网提供了可供借鉴的方法。

6. 事故的善后处理

事故善后处理工作组应当依法进行事故的善后处理，组织妥善做好现场遇险滞留人员食宿、转移和旅客改签、退票等服务工作以及伤亡人员亲属的通知、接待以及抚恤丧葬、经济补偿等处置工作。负责收取伤亡人员医疗档案资料，核定救治费用。

事故应急救援工作结束后，现场指挥部应当对事故应急救援工作进行总结，于 5 d 内形成书面报告，并附事故应急救援有关证据材料，按事故等级报中国铁路总公司事故应急救援领导小组或者安全监管办备案。由中国铁路总公司事故应急救援领导小组或者安全监管办组织进行全面总结分析，对事故应急救援的组织工作进行评价认定，总结经验教训，制定整改措施，修改完善应急预案及有关制度办法。

3.3.5 相关规范、规程与标准

《铁路交通事故应急救援规则》第五章现场救援第二十四条至第三十六条。

典型工作任务4　几种典型情况的现场处置

3.4.1　教学目标

1. 能力目标

具备处理简单故障或小事故的能力。

2. 知识目标

了解几种常见交通事故及对应的处置办法。

3. 素质目标

具备强烈的责任意识与稳定的心理素质；具有良好的沟通能力。

3.4.2　工作任务

分组讨论几种典型交通事故情况的应急处置办法。

3.4.3　相关配套知识

根据对已发生事故的分析，挤道岔、车辆抱闸、列车冒进信号、车辆燃轴、列车运行中货物坠落或装载异状、制动梁脱落、列车发生火灾等，为铁路运输生产中的多发性事件。这些事件一旦发生，必须立即进行现场应急处置，以防事态继续扩大，否则，其后果不堪设想，可能酿成重大、大事故。下面简要介绍这些典型情况的应急处理措施。

1. 发生挤道岔的处理

发现道岔故障或被挤坏后，立即做好防护，禁止一切机车车辆通行，及时报告车站值班员（调车区长），通知工务、电务部门进行检查修理。为了不中断行车，由工、电人员将道岔扳向尖轨未挤坏一侧，钉固后方准使用。

发生挤道岔后，如果机车、车辆停留在道岔上并已挤过道岔，不准后退（后退可能造成机车车辆脱轨，使事故扩大），要顺岔子方向缓缓移动，将车列全部拉过道岔。如必须后退时，可将道岔扳向尖轨未挤坏的一侧钉固后，方准后退。

复式交分道岔挤后，因其道岔构造复杂，停在道岔上的机车车辆禁止移动，通知工务、电务部门检查，确定处理方法。

2. 发现列车中车辆抱闸的处理

缓解状态下运行的列车中有闸瓦抱车轮的摩擦声、轻度冒烟或火花（晚间明显看到）时，多属于车辆抱闸。某种原因使闸瓦紧贴车轮，但车轮尚能转动，夜间可察觉圆形火花；有时闸瓦抱死车轮，使车轮不能转动，夜间可看到车轮与轨面接触处向后射出较短的平行火花。车辆抱闸容易造成列车运缓、坡停，严重时还可能引起装载危险、易燃货物的车辆发生火灾或爆炸。

发现车辆抱闸的处理方法如下：

（1）司机应采取停车处理。

（2）接发车人员发现时，对通过列车显示停车信号，或向运转车长显示停车信号，错过停车时机时报告列车调度员，前方站停车处理。

（3）运转车长如能判定车辆抱闸时，可向司机显示停车信号或做紧急制动阀停车处理。

列车在区间或站内停车后，司机会同运转车长或车站值班员等查找抱闸车辆时，做一次制动、缓解试验找出抱闸车故障处所与抱闸原因。当司机做常用制动时，运转车长、车站值班员等注意查明抱闸车的制动缸、制动基础作用是否正常。当司机做缓解车辆松闸时，注意倾听抱闸车三通阀排风口有无排风音响，如果三通阀正常排风而制动缸活塞杆未缩回制动缸体内时，一般情况系制动缸活塞皮碗变质卡塞、缓解弹簧力弱或折损；如果缩回，一般为制动基础装置故障，如制动梁脱落、拉杆弯曲、结合销子丢失等。

如果故障一时不能排除，可按"关门车"处理，即放掉副风缸内的风，在车辆松闸的状态下，关闭制动支管上的截断塞门，停止该车辆制动作用。如果系制动基础装置故障，除将闸瓦拨离踏面外，要找适当位置捆绑好故障部件，防止部件丢失。

3. 列车冒进信号的处理

当发生列车冒进进站或出站信号机后，列车不得移动位置，查明情况后分别处理：

(1)冒进进站信号机

① 接车进路已准备妥当，以调车方式接入站内。

② 停车位置影响准备接车进路时，通知司机退出有关道岔，准备好接车进路后，以调车方式接入站内。集中联锁的车站，退出信号机后，准备好接车进路，开放进站信号机进站。

③ 挂有装载超限货物车辆的列车，接车线满足列车限制条件时，以调车方式接入站内。否则通知司机后退，接入超限列车的固定线路。

(2)冒进出站信号机

① 通知司机以调车方式退回出站信号机前方，办理闭塞，开放出站信号机发车。

② 电话闭塞，在不影响接发其他列车或调车作业时，列车不必后退，办好闭塞手续，准备好发车进路，发给司机占用区间凭证后发车。

③ 超长列车冒进出站信号后，不影响其他列车到发或调车作业时，不得后退。

④ 如果列车不能移动且必须接发其他列车时，车站值班员首先应确认其他列车的接发列车进路不受影响，通知有关司机注意，并派人进行防护，然后接发其他列车。

列车冒进信号后，及时报告列车调度员以便调整列车运行计划。

列车冒进信号挤岔时，按挤岔处理方法办理。

4. 列车发生火灾的处理

列车发生火灾应立即停车。

(1)停车地点的选择

① 列车中有冒烟、发火现象的车辆并已接近车站，在站内灭火较为有利，可运行到站内停车处理。站内应停于靠近水源的线路，禁止停在仓库和邻线停留车辆及重要建筑物的处所。

② 火势不大，停在区间有水源、易扑火、有村庄的地点。禁止停在桥梁、隧道、长大上坡道及风口地段。

③ 火势较大，必须立即停车，防止运行中风力助长火势。

(2)停车后的处理

① 将着火的车辆与前后车辆拉开一段距离。数个车辆同时着火时，一一拉开距离，以分散火势，便于灭火。

② 对区间停留的车辆应采取防溜措施(着火车辆应立即拧紧手闸，以免火势增大后无法拧闸)，并按规定进行防护。

③ 在电气化铁路区段内，立即报告列车调度员，并提出是否需要停电的请求。

④ 迅速组织人员、器材进行扑救。装载危险货物的车辆着火时，应指派有办理危险货物知识的职工指导抢救及灭火。

⑤ 旅客列车发生火灾时，应首先疏散旅客。

⑥ 火势危及邻线列车安全时，应及时进行防护，使邻线列车停车。

⑦ 彻底扑灭火灾后，及时处理区间遗留车辆，开通线路。

5. 列车中车辆燃轴的处理

滑动轴承的车辆，由于轴瓦与轴颈间油膜被破坏或其他原因，造成轴瓦与轴颈直接摩擦而产生高热。如果出现冒浓烟、发火或白合金熔化，是车辆燃轴的主要表现。

司机或运转车长、接发车人员发现列车中车辆燃轴时应立即停车处理：

(1)司机发现立即停车。

(2)运转车长发现燃轴时应使用无线列调电话通知司机停车，或使用紧急制动阀，迫使列车停车。

(3)接发车人员发现车辆燃轴时，向列车显示停车信号，或用无线调度电话通知司机尽快停车。列车来不及停车时，应报告列车调度员或前方站停车。

燃轴车停车后的检查处理方法如下：

(1)有列检的车站，通知列检处理；无列检的车站，由车站值班员、运转车长、机车司机共同检查处理。

(2)区间停车时，先按规定做好防护，旅客列车由检车乘务员检查处理，其他列车由司机和运转车长负责处理。打开燃轴车轴箱盖，消灭火种后，注入适当粘度大的润滑油，降低速度运行到前方站停车处理。

(3)车站停车处理时，严禁浇水及用砂土灭火，防止车辆骤冷裂损。在打开轴箱盖时，要闪开身体，防止轴箱内烟火喷出伤人。必要时，可将燃轴车辆摘下，通知列检所派人前来处理。

6. 列车运行中发现装载异状、货物坠落的处理

列车运行中发现篷布掀起、绳索松开、货物突出或倾斜，情况不严重，不致碰撞线路两侧建筑物，不影响行车及行人安全时，不必停车，可运行到前方站处理。

如发现装载的货物窜出、脱落、歪塌、篷布掀开，超过机车车辆限界，有触及线路两侧建筑物和接触网等设备，危及行车和人身安全等严重情况时，应采取紧急停车措施，并做必要的整理，但电气化区段不停电不得上车整理。坠落的货物如能搬动可随列车装走，否则应移至不妨碍行车地点，并派人看守。处理站对遗留在区间的货物编制普通记录。

在双线区间坠落的货物影响邻线行车，又不能移出线路时，先做好邻线的防护再进行处理。

7. 列车运行中制动梁脱落的处理

制动梁是制动基础装置的主要部分，列车运行中，司机、运转车长发现制动梁或下拉杆脱落，立即采取停车措施。接发车人员，如发现运行的车辆制动梁或下拉杆脱落时，应向列车显示停车信号，或用无线列调电话通知司机，使列车停车处理。如来不及时，应立即向列车调度员报告，通知前方站停车处理。处理时，可将该车副风缸内的压缩空气排出，在车辆缓解状态下，关闭该车辆的截断塞门，停止该车辆制动机作用并将脱落的制动梁卸下或捆绑好后开车。

3.4.5 相关规范、规程与标准

《铁路交通事故应急救援规则》第三章紧急处置,第十五条至第十九条。

典型工作任务5 铁路交通事故应急预案

3.5.1 教学目标

1. 能力目标

能够编制简单的交通事故应急预案。

2. 知识目标

掌握应急预案的分类分级和基本结构,熟悉国家、铁路总公司以及铁路局交通事故应急预案的具体要求。

3. 素质目标

牢固树立以人为本、预防为主安全理念。

3.5.2 工作任务

学习应急预案的概念、文件结构、编制方法和培训演习,学习国家、铁路总公司及铁路局交通事故应急预案的应用案例。

3.5.3 相关配套知识

随着2006年1月8日国务院发布的《国家突发公共事件总体应急预案》的出台,我国应急预案框架体系初步形成。是否已制定应急能力及防灾减灾应急预案,标志着社会、企业、社区、家庭安全文化的基本素质。作为公众中的一员,我们每个人都应具备一定的安全减灾文化素养及良好的心理素质和应急管理知识。

应急概念是应对于特重大事故灾害的危险问题提出的。危险包括人的危险、物的危险和责任危险三大类。首先,人的危险可分为生命危险和健康危险;物的危险指威胁财产的火灾、雷电、台风、洪水等事故;责任危险是产生于法律上的损害赔偿责任,一般又称为第三者责任险。其中,危险是由意外事故、意外事故发生的可能性及蕴藏意外事故发生可能性的危险状态构成。

应急预案指面对突发事件如自然灾害、重特大事故灾害、环境公害及人为破坏的应急管理、指挥、救援计划等。它一般应建立在综合防灾规划之上,应包括完善的应急管理指挥系统,强有力的应急工程救援保障体系,综合协调、应对自如的相互支持系统,充分备灾的保障供应体系,体现综合救援的应急队伍等。

1. 应急预案的概念及分类

(1)定义

应急预案是针对具体设备、设施、场所和环境,在安全评价的基础上,为降低事故造成的人身、财产与环境损失,就事故发生后的应急救援机构和人员,应急救援的设备、设施、条件和环境,行动的步骤和纲领,控制事故发展的方法和程序等,预先做出的科学而有效的计划和安排。

应急预案可以分为企业预案和政府预案，企业预案由企业根据自身情况制定，由企业负责，政府预案由政府组织制定，由相应级别的政府负责。根据事故影响范围不同可以将预案分为现场预案和场外预案，现场预案又可以分为不同等级，如车间级、工厂级等；而场外预案按事故影响范围的不同，又可以分为区县级、地市级、省级、区域级和国家级。

(2)分类

应急预案的类型有以下四类：

① 应急行动指南或检查表

针对已辨识的危险制定应采取的特定的应急行动指南。简要描述应急行动必须遵从的基本程序，如发生情况向谁报告，报告什么信息，采取哪些应急措施。这种应急预案主要起提示作用，对相关人员要进行培训，有时将这种预案作为其他类型应急预案的补充。

② 应急响应预案

针对现场每项设施和场所可能发生的事故情况，编制的应急响应预案。应急响应预案要包括所有可能的危险状况，明确有关人员在紧急状况下的职责。这类预案仅说明处理紧急事务的必需的行动，不包括事前要求(如培训、演练等)和事后措施。

③ 互助应急预案

相邻企业为在事故应急处理中共享资源，相互帮助制定的应急预案。这类预案适合于资源有限的中、小企业以及高风险的大企业，需要高效的协调管理。

④ 应急管理预案

应急管理预案是综合性的事故应急预案，这类预案详细描述事故前、事故过程中和事故后何人做何事、什么时候做，如何做。这类预案要明确制定每一项职责的具体实施程序。应急管理预案包括事故应急的四个逻辑步骤：预防、预备、响应、恢复。

2. 应急预案文件结构

(1)文件体系

应急预案要形成完整的文件体系。通常完整的企业级应急预案由总预案、程序文件、指导说明书和记录四部分构成。

① 总体要求

它包含了应对紧急情况的管理政策、预案的目标、应急组织和责任等内容。总体要求涉及应急准备、应急行动、应急恢复以及应急演习等各阶段和各部门。总体要求是纲领性的，主要明确应急的原则、职责和总体目标，具体的内容由其他文件详细说明。

② 程序文件

程序文件说明某个具体行动的目的和范围。程序文件的内容十分具体，包括该做什么、由谁去做、什么时间和什么地点等，如应急通讯程序、现场急救程序、现场监测程序、疏散程序等。程序文件的目的是指导较为复杂的应急行动，使某些应急行动程序化和标准化，确保应急人员在执行应急任务时不会产生误解和误操作。程序文件可采用文字叙述、流程图表或是两者的组合等格式，应根据单位具体情况和具体的程序内容选用最适合本单位的程序格式。

③ 指导说明书

程序文件应当简洁明了，而一些具体的细节则应在说明书里介绍。应急行动细节的内容往往是供应急行动人员使用，尤其是只涉及少数应急人员的具体工作时，相应的文件应在指导说明书中描述，如有毒、有害气体现场监测设备、应急通讯设备的使用说明书，医疗救护人员、后勤人员的职责说明书等应纳入指导说明书。

④ 应急行动记录

应急行动记录包括应急行动时的相关记录，如通讯记录、指挥与行动记录、现场监测数据记录、应急演习与培训记录等。这些记录是文件体系必要的组成部分，是改善应急行动与预案的基础，也可能是追究法律责任的依据。

从记录到总体要求，层层递进，组成了一个完整的预案文件体系。从管理角度而言，可以根据这四类文件等级分别管理，既保持了预案文件的完整性，也便于查阅和调用。

(2)主要内容

重大事故应急预案可根据2004年国务院办公厅发布的《国务院有关部门和单位制定和修订突发公共事件应急预案框架指南》进行编制。应急预案主要内容应包括：

① 总则

总则说明编制预案的目的、工作原则、编制依据、适用范围等。

② 组织指挥体系及职责

组织指挥体系及职责明确各组织机构的职责、权利和义务，以突发事故应急响应全过程为主线，明确事故发生、报警、响应、结束、善后处理处置等环节的主管部门与协作部门；以应急准备及保障机构为支线，明确各参与部门的职责。

③ 预警和预防机制

预警和预防机制包括信息监测与报告、预警预防行动、预警支持系统，预警级别及发布。

④ 应急响应

应急响应包括分级响应程序(原则上按一般、较大、重大、特别重大四级启动相应预案)，信息共享和处理，通讯，指挥和协调，紧急处置，应急人员的安全防护，群众的安全防护、社会力量动员与参与，事故调查分析、检测与后果评估，新闻报道，应急结束等11个要素。

⑤ 后期处置

后期处置包括善后处置、社会救助、保险、事故调查报告和经验教训总结及改进建议。

⑥ 保障措施

保障措施包括通信与信息保障，应急支援与装备保障，技术储备与保障，宣传、培训和演习，监督检查等。

⑦ 附则

附则包括有关术语、定义，预案管理与更新，国际沟通与协作，奖励与责任，制定与解释部门，预案实施或生效时间等。

⑧ 附录

附录包括相关的应急预案、预案总体目录、分预案目录、各种规范化格式文本，相关机构和人员通讯录等。

3. 应急预案的编制方法

应急预案的编制一般可以分为五个步骤，即组建应急预案编制队伍、开展危险与应急能力分析、预案编制、预案评审与发布和预案的实施。

(1)组建编制队伍

预案从编制、维护到实施都应该有各级各部门的广泛参与，在预案实际编制工作中往往会由编制组执笔，但是在编制过程中或编制完成之后，要征求各部门的意见，包括高层管理人员，中层管理人员,人力资源部门,工程与维修部门,安全、卫生和环境保护部门,邻近社区,市场销售部门,法律顾问,财务部门等。

(2)危险与应急能力分析

① 法律法规分析

分析国家法律、地方政府法规与规章,如安全生产与职业卫生法律、法规,环境保护法律、法规,消防法律、法规与规程,应急管理规定等。

调研现有预案内容包括政府与本单位的预案,如疏散预案、消防预案、工厂停产关闭的规定、员工手册、危险品预案、安全评价程序、风险管理预案、资金投入方案、互助协议等。

② 风险分析

通常应考虑下列因素:

a. 历史情况。本单位及其他兄弟单位,所在社区以往发生过的紧急情况,包括火灾、危险物质泄漏、极端天气、交通事故、地震、飓风、龙卷风等。

b. 地理因素。单位所处地理位置,如邻近洪水区域,地震断裂带和大坝;邻近危险化学品的生产、储存、使用和运输企业;邻近重大交通干线和机场,邻近核电厂等。

c. 技术问题。某工艺或系统出现故障可能产生的后果,包括火灾、爆炸和危险品事故,安全系统失灵,通讯系统失灵,计算机系统失灵,电力故障,加热和冷却系统故障等。

d. 人的因素。人的失误可能是因为培训不足、工作没有连续性、粗心大意、错误操作、疲劳等原因造成的。

e. 物理因素。考虑设施建设的物理条件,危险工艺和副产品,易燃品的储存,设备的布置,照明,紧急通道与出口,避难场所邻近区域等。

f. 管制因素。彻底分析紧急情况,考虑如下情况的后果:出入禁区,电力故障,通信电缆中断,燃气管道破裂;水害,烟害,结构受损,空气或水污染,爆炸,建筑物倒塌,化学品泄漏等。

③ 应急能力分析

客观地评价本单位的管理能力、技术力量、人员素质、物资准备能力、救治能力、抢险能力等。对每一紧急情况应考虑如下问题:

a. 所需要的资源与能力是否配备齐全。

b. 外部资源能否在需要时及时到位。

c. 是否还有其他可以优先利用的资源。

(3)预案编制

根据单位风险和应急响应能力现状,按照法律、法规和本单位相关规定编制应急预案。主要包括:

① 确定具体的工作目标和阶段性工作时间表。

② 编制工作任务清单,落实到具体的人员和时间。

③ 确定预案总体和各章节的结构。

④ 将预案按章节分配给编写组成员,完成文件编制。

在应急行动涉及外部机构时,应与他们事先沟通协调。企业编制预案时应将相关的情况报告地方政府主管部门,将上级的应急要求和精神纳入本单位的应急预案。

(4)预案的评审与发布

预案编制完成后,应组织各级管理人员、应急管理人员和应急响应人员(必要时聘请外部人员)充分讨论和修订、评审。确定后经相关单位的最高管理者(安全第一责任人)进行签署发布。发布范围应覆盖涉及的所有领域。

(5)预案的实施

预案经批准后实施生效。但预案实施不仅指在紧急情况时的执行,应将预案融入单位的整体活动、包括预案的培训和演练等。

4. 应急预案的培训演习

(1)应急预案培训的原则和范围

应急救援培训与演习的指导思想应以加强基础、突出重点、边练边战、逐步提高为原则。应急培训的范围应包括政府主管部门、社区居民、企业全员的培训和专业应急救援队伍的培训。

(2)应急培训的基本内容

基本应急培训主要包括报警、疏散、火灾应急培训和不同水平应急者培训等方面。

在具体培训中,通常将应急者分为五种水平,即初级意识水平应急者、初级操作水平应急者、危险物质专业水平应急者、危险物质专家水平应急者、事故指挥者水平应急者。

(3)训练和演习类型

根据演习规模可以分为桌面演习、功能演习和全面演习。根据演习的基本内容不同可以分为基础训练、专业训练、战术训练和自选科目训练。

【例 3.5】 国家处置铁路交通事故应急预案

1　总则

1.1　编制目的

预防和最大程度地减少铁路交通事故造成的人员伤亡、财产损失和对公共安全的影响,及时有效处置铁路交通事故,尽快恢复铁路运输正常秩序。

1.2　编制依据

依据《中华人民共和国安全生产法》《中华人民共和国铁路法》《中华人民共和国消防法》《国家突发公共事件总体应急预案》《特别重大事故调查程序暂行规定》《铁路技术管理规程》《铁路交通事故调查处理规则》等法律法规和有关规定,制定本预案。

1.3　适用范围

本预案适用于铁路发生特别重大交通事故,即造成 30 人以上死亡(含失踪)、或危及 30 人以上生命安全,或 100 人以上中毒(重伤)、或紧急转移人员超过 10 万、或直接经济损失超过 1 亿元、或繁忙干线中断行车 48 小时以上的事故;以及在国家铁路、国家铁路控股的合资铁路开行的旅客列车,国家铁路、国家铁路控股的合资铁路开往地方铁路或非国家铁路控股的合资铁路的旅客列车,发生重大行车事故,即造成 10 人以上、30 人以下死亡(含失踪),或危及 10 人以上、30 人以下生命安全,或 50 人以上、100 人以下中毒(重伤),或直接经济损失在 5 000 万元以上、1 亿元以下,或繁忙干线中断行车 24 小时以上的事故。

地方铁路和非国家铁路控股的合资铁路发生上述交通事故时,按管理权限,由所在地省级人民政府制定相应应急预案,并按其规定组织处置。

1.4　工作原则

(1)坚持以人为本。以保障人民群众生命财产安全为出发点和落脚点,最大程度地减少交通事故造成的人员伤亡和财产损失。

(2)尽快恢复运输。分秒必争,快速抢通线路,尽快恢复通车和运输秩序。

(3)实行分工负责。在国务院统一领导下,中国铁路总公司和国务院有关部门、事发地人民政府按照各自职责、分工、权限和本预案的规定,共同做好铁路行车事故应急救援处置工作。

(4)坚持预防为主。积极采用先进的预测、预防、预警和应急处置技术,提高行车事故防范水平;不断完善铁路应急救援体系建设,提高救援装备技术水平和应急救援能力。

2 组织指挥体系及职责

在发生铁路Ⅰ级应急响应的交通事故时,根据需要,铁路监管部门报请国务院领导组织、指导、协调应急救援工作,由国务院或国务院授权铁路监管部门成立非常设的国家处置铁路交通事故应急救援领导小组,成员单位根据铁路交通事故的严重程度、影响范围和应急处置的需要确定。

铁路监管部门成立铁路交通事故应急指挥小组,下设交通事故灾难应急协调办公室,负责协助部领导处理有关事故灾难、信息收集和协调指挥等工作。

国家处置铁路交通事故应急救援领导小组根据中国铁路总公司建议以及相关部门和单位意见,作出应急支援决定。国务院各有关部门和地方人民政府依据分工,分头组织实施应急支援行动。

事发地省级人民政府成立现场救援指挥部,具体负责事故现场群众疏散安置、社会救援力量支援等方面的现场指挥和后勤保障工作;负责组织处置地方铁路和非国家铁路控股的合资铁路发生的行车事故。

3 预防预警

3.1 铁路交通事故信息报告与管理

铁路监管部门负责本预案规定处理权限的铁路交通事故信息的收集、调查、处理、统计、分析、总结和报告,同时预测事故发展趋势,发布安全预警信息,制订相应预防措施。

铁路交通事故信息按《铁路交通事故应急处理规则》规定进行报告。当铁路交通事故发生后,有关人员应立即上报铁路监管部门,最迟不得超过事故发生后2小时;铁道部按有关规定上报国务院,最迟不得超过接报后2小时;按本预案要求通知中国铁路总公司应急指挥小组成员。

对需要地方人民政府协助救援、协调伤员救治、现场群众疏散等工作以及可能产生较大社会影响的铁路交通事故,发生事故的铁路运输企业,应按地方人民政府和铁路运输企业铁路交通事故应急预案规定程序,立即向事发地人民政府应急机构通报,地方人民政府应按有关程序进行处置。

地方铁路和非国家铁路控股的合资铁路发生Ⅰ、Ⅱ级应急响应的行车事故时,由事发地省级人民政府在事故发生后2小时内报铁路监管部门事故灾难应急协调办公室。

3.2 铁路交通事故预防预警系统

根据铁路交通事故特点和规律,适应提高科技保障安全能力的需要,铁路部门应进一步加大投入,研制开发和引进先进的安全技术装备,进一步整合和完善铁路现有各项安全检测、监控技术装备;依托现代网络技术和移动通信技术,构建完整的铁路行车安全监控信息网络,实现各类安全监测信息的自动收集与集成;逐步建立防止各类铁路交通事故的安全监控系统、事故救援指挥系统和铁路行车安全信息综合管理系统。在此基础上,逐步建成集监测、控制、管理和救援于一体的高度信息化的铁路行车安全预防预警体系。

4　应急响应

4.1　分级响应

按铁路交通事故灾难的可控性、严重程度和影响范围，应急响应级别原则上分为Ⅰ、Ⅱ、Ⅲ、Ⅳ级。当达到本预案应急响应条件时，应启动本预案。

4.1.1　Ⅰ级应急响应

(1)出现下列情况之一，为Ⅰ级应急响应：

①造成30人以上死亡(含失踪)，或危及30人以上生命安全，或100人以上中毒(重伤)的铁路交通事故。

②直接经济损失超过1亿元的铁路交通事故。

③铁路沿线群众需要紧急转移10万人以上的铁路交通事故。

④铁路繁忙干线遭受破坏，造成行车中断，经抢修在48小时内无法恢复通车。

⑤需要启动Ⅰ级应急响应的其他铁路交通事故。

(2)Ⅰ级响应行动。

① Ⅰ级应急响应由铁路监管部门报请国务院启动，或由国务院授权铁路监管部门启动。

② 铁路监管部门接到事故报告后，立即报告国务院，同时根据事故情况，通知国务院应急救援领导小组有关成员，组成国家处置铁路交通事故应急救援领导小组。

③ 铁路监管部门开通与国务院有关部门、事发地省级应急救援指挥机构以及现场救援指挥部的通信联系通道，随时掌握事故进展情况。

④ 通知有关专家对应急救援方案提供咨询。

⑤ 铁路监管部门根据专家的建议以及国务院其他部门的意见提出建议，国务院应急救援领导小组确定事故救援的支援和协调方案。

⑥ 派出有关人员和专家赶赴现场参加、指导现场应急救援。

⑦ 协调事故现场救援指挥部提出的其他支援请求。

4.1.2　Ⅱ级应急响应

(1)符合下列情况之一，为Ⅱ级应急响应：

①造成10人以上、30人以下死亡(含失踪)，或危及10人以上、30人以下生命安全，或50人以上、100人以下中毒(重伤)的铁路交通事故。

②直接经济损失为5 000万元以上、1亿元以下的铁路交通事故。

③铁路沿线群众需要紧急转移5万人以上、10万人以下的铁路交通事故。

④铁路繁忙干线遭受破坏，造成行车中断，经抢修24小时内无法恢复通车。

⑤需要启动Ⅱ级应急响应的其他铁路交通事故。

(2)Ⅱ级响应行动

① Ⅱ级应急响应由铁路监管部门负责启动。

② 铁路监管部门事故灾难应急协调办公室立即通知铁路监管部门应急指挥小组有关成员前往指挥地点，并根据事故具体情况通知有关专家参加。

③应急指挥小组根据事故情况设立行车指挥、事故救援、事故调查、医疗救护、后勤保障、善后处理、宣传报道、治安保卫等应急协调组和现场救援指挥部。

④开通与事发地铁路运输企业应急救援指挥机构、事故现场救援指挥部、各应急协调组的

通信联系通道，随时掌握事故进展情况。

⑤根据专家和各应急协调组的建议，应急指挥小组确定事故救援的支援和协调方案。

⑥派出有关人员和专家赶赴现场参加、指导现场应急救援工作。

⑦协调事故现场救援指挥部提出的支援请求。

⑧向国务院报告有关事故情况。

⑨超出本级应急救援处置能力时，及时报告国务院。

4.1.3 发生Ⅲ级以下应急响应的铁路交通事故，由铁路运输企业按其制定的应急预案启动。

4.2 信息共享和处理

4.2.1 中国铁路总公司通过现代网络技术，构建铁路行车安全信息管理体系，实现铁路行车安全信息集中管理、资源共享。

4.2.2 国际联运列车在境外发生铁路交通事故时，中国铁路总公司及时与有关部门联系，了解事故情况。

4.2.3 发生Ⅰ、Ⅱ级应急响应的铁路交通事故时，发生事故的铁路运输企业在报告中国铁路总公司的同时，应按有关规定抄报事发地省级人民政府。

4.3 通信

4.3.1 铁路监管部门负责组织协调建立通信联系，保障事故现场信息和国务院各应急协调指挥机构的通信，必要时承担开设现场应急救援指挥机动通信枢纽的任务。

4.3.2 铁路系统内部以行车调度电话为主通信方式，各级值班电话为辅助通信方式。

4.3.3 铁路交通事故发生后，根据事故应急处理需要，设置事故现场指挥电话和图像传输设备，确定现场联系方式，确保应急指挥联络的畅通。

4.4 指挥和协调

4.4.1 铁路监管部门指挥协调工作

(1)进入应急状态，中国铁路总公司应急指挥小组代表中国铁路总公司全权负责事故应急协调指挥工作。

(2)铁路监管部门应急指挥小组根据事故情况，提出事故现场控制行动原则和要求，调集相邻铁路运输企业救援队伍，商请有关部门派出专业救援人员；各应急机构接到事故信息和支援命令后，要立即派出有关人员和队伍赶赴现场。现场救援指挥部根据中国铁路总公司应急指挥小组的授权，统一指挥事故现场救援。各应急救援力量要按照批准的方案，相互配合，密切协作，共同实施救援起复和紧急处置行动。

(3)现场救援指挥部成立前，由事发地铁路运输企业应急领导小组指定人员任组长并组织有关单位组成事故现场临时调查处理小组，按《铁路交通事故应急处理规则》的规定，开展事故现场人员救护、事故救援、机车、车辆起复和事故调查等工作，全力控制事故态势，防止事故扩大。

(4)事故发生后，铁路行车指挥部门要立即封锁事故影响的区间(站场)，全面做好防护工作，防止次生、衍生事故的发生和人员伤亡、财产损失的扩大。

应急状态时，中国铁路总公司有关部门和专家，要及时、主动向事故灾难应急协调办公室提供事故应急救援有关基础资料以及事故发生前设备技术状态和相关情况，并迅速对事故灾难信息进行分析、评估，提出应急处置方案和建议，供铁道部应急指挥小组领导决策参考。

4.4.2 事发地人民政府指挥协调工作

地方人民政府应急指挥机构根据事故情况，对铁路沿线群众安全防护和疏散、事故造成的伤亡人员救护和安置、事故现场的治安秩序以及有关救援力量的增援提出现场行动原则和要求,并迅速组织救援力量实施救援行动。

4.5 紧急处置

4.5.1 现场处置主要依靠事发地铁路运输企业应急处置力量。事故发生后,当地铁路单位和列车工作人员应立即组织开展自救、互救,并根据《铁路交通事故应急处理规则》迅速上报。

4.5.2 发生铁路交通事故需要启动本预案时,铁路监管部门、国务院有关部门和地方人民政府分别按权限组织处置。根据事故具体情况和实际需要调动应急队伍,集结专用设备、器械和药品等救援物资,落实处置措施。公安、武警对现场施行保护、警戒和协助抢救。

4.5.3 铁路监管部门应急指挥小组根据现场请求,负责紧急调集铁路内部救援力量、专用设备和物资,参与应急处置;并通过国家处置铁路行车事故应急救援领导小组,协调组织有关部委的专业救援力量、专用设备和物资实施紧急支援。

4.5.4 涉及跨省级行政区域、影响严重的事故紧急处置方案,由铁路监管部门提出并协调实施;必要时,报国务院决定。

4.6 救护和医疗

4.6.1 铁路交通事发地人民政府负责现场组织协调有关医疗救护工作。

4.6.2 卫生部门根据中国铁路总公司应急指挥小组的请求,负责协调组织医疗救护、医疗专家、特种药品和特种救治装备进行支援,协调组织现场卫生防疫有关工作。

4.6.3 事发地铁路运输企业按照本单位应急预案中确定的医疗救护网点,迅速联系地方医疗机构,配合协助医疗部门开展紧急医疗救护和现场卫生处置。

4.6.4 对可能导致疫病发生的铁路交通事故,铁路运输企业应立即通知卫生防疫部门采取防疫措施。

4.7 应急人员的防护

应急救援起复方案,必须在确保现场人员安全的情况下实施。应急救援人员的自身安全防护,必须按设备、设施操作规程和标准执行。参加应急救援和现场指挥、事故调查处理的人员,必须配带具有明显标识并符合防护要求的安全帽、防护服、防护靴等。根据需要,由铁道部应急指挥小组和事发地人民政府具体协调调集相应的安全防护装备。

4.8 群众的安全防护

4.8.1 凡旅客列车发生的铁路交通事故需要应急救援时,必须先将旅客和列车乘务人员疏散到安全区域后方准开始应急救援。

4.8.2 凡需要对旅客进行安全防护、疏散时,由铁路运输企业按其应急救援预案进行安全防护和疏散。需要对沿线群众进行安全防护、疏散时,铁路运输企业应立即通知事发地人民政府,由地方人民政府负责进行安全防护和疏散。

4.8.3 旅客、群众安全防护和事故处理期间的治安管理,由公安机关和武警部队负责。

4.9 社会力量的动员与参与

需社会力量参与时,由铁路监管部门应急指挥小组协调地方人民政府实施,并纳入地方人民政府应急救援预案。社会力量参与应急救援,应在现场救援指挥部统一领导下开展工作。

4.10 突发事件的调查处理及损失评估

Ⅰ级应急响应的铁路交通事故调查处理,由国务院或国务院授权组织调查组负责。其他铁路交通事故的调查处理，按《铁路行车事故处理规则》有关规定，由国家铁路行业监管负责。

铁路交通事故的损失评估，按铁路有关规定执行。

4.11 信息发布

铁路监管部门或被授权的铁路局负责铁路交通事故的信息发布工作。如发生影响较大的事故，要及时发布准确、权威的信息，正确引导社会舆论。要指定专人负责信息舆论工作，迅速拟订信息发布方案，确定发布内容，及时采用适当方式发布信息，并组织好相关报道。

4.12 应急结束

当铁路交通事故发生现场对人员、财产、公共安全的危害性消除，伤亡人员和旅客、群众已得到医疗救护和安置，财产得到妥善保护，列车恢复正常运输后，经现场救援指挥部批准，现场应急救援工作结束。应急救援队伍撤离现场，按“谁启动、谁结束”的原则，宣布应急结束。完成事故救援起复后期处置工作后，现场救援指挥部要对整个应急救援情况进行总结，并写出报告报送铁路监管部门事故灾难应急协调办公室。

5 后期处置

5.1 善后处理

事发地铁路运输企业负责按照法律法规规定，及时对受害旅客、货主、群众及其家属进行补偿或赔偿；负责清除事故现场有害残留物，或将其控制在安全允许的范围内。铁路监管部门和地方人民政府应急指挥机构共同协调处理好有关工作。

5.2 保价保险

铁路交通事故发生后，由善后处理组通知有关保险机构及时赶赴事故现场，开展应急救援人员现场保险及伤亡人员和财产保险的理赔工作；对涉及保价运输的货物损失，由善后处理组按铁路有关保价规定理赔。

5.3 铁路交通事故应急经验教训总结及改进建议

按照《铁路交通事故应急处理规则》规定，根据现场救援指挥部提交的铁路行车事故报告和应急救援总结报告，铁路监管部门事故灾难应急协调办公室组织总结分析应急救援经验教训，提出改进应急救援工作的意见和建议，报送铁道部应急指挥小组。

铁路监管部门、国务院有关部门和事发地省级人民政府应急指挥机构，应根据实际应急救援行动情况进行总结分析，并提交总结报告。

6 保障措施

6.1 通信与信息保障

铁路监管部门负责组织协调通信工作，保证应急救援时通信的畅通。

铁路监管部门负责组织建立统一的国家铁路和国家铁路控股的合资铁路交通事故灾难应急救援指挥系统，逐步整合行车设备状态信息、地理信息、沿线视频信息，并结合事故灾害现场动态图像信息和救援预案，建立铁路运输安全综合信息库，为抢险救援提供决策支持。

6.2 救援装备和应急队伍保障

铁路监管部门根据铁路救援体系建设规划，协调、检查、促进铁路应急救援基地建设，强化完善救援队伍建设，保证应急状态时的调用。

铁路监管部门要进一步优化和强化以救援列车、救援队、救援班为主体的救援抢险网络，合理配置救援资源；采用先进的救援装备和安全防护器材，制订各类救援起复专业技术方案；

积极开展技能培训和演练，提高快速反应和救援起复能力。

6.3 交通运输保障

启动应急预案期间，事发地人民政府和铁路运输企业按管理权限调动管辖范围内的交通工具，任何单位和个人不得拒绝。根据现场需要，由地方人民政府协调地方公安交通管理部门实行必要的交通管制，维持应急处置期间的交通运输秩序。

6.4 医疗卫生保障

地方卫生行政部门应制定相应的医疗卫生保障应急预案，明确铁路沿线可用于应急救援的医疗救治资源和卫生防疫机构能力与分布情况，提出可调用方案，检查监督本行政区域内医疗卫生防疫单位的应急准备保障措施。

各铁路运输企业在制定应急预案时，应按照地方卫生行政部门确定的承担铁路交通事故医疗卫生防疫机构名录，明确不同地区、不同线路发生事故时医疗卫生机构地址、联系方式，并制订应急处置行动方案，确保应急处置及时有效。

6.5 治安保障

各级应急处置预案中，要明确事故现场负责治安保障的公安机关负责人，安排足够的警力做好应急期间各阶段、各场所的治安保障工作。

6.6 物资保障

铁路运输企业要按规定备足必需的应急抢险路料及备用器材、设施，专人负责，定期检查。

6.7 资金保障

铁路运输企业财会部门要采取得力措施，确保铁路交通事故应急处置的资金需求。铁路交通事故应急救援费用、善后处理费用和损失赔偿费用由事故责任单位承担，事故责任单位无力承担的，由地方人民政府和铁路部门按管理权限协调解决。应急处置工作经费保障按《财政应急保障预案》规定实施。

6.8 技术储备与保障

铁路交通事故灾难应急协调办公室负责专家库、技术资料等的建立、完善和更新。

7 宣传、培训和演习

7.1 宣传教育

地方各级人民政府要积极利用电视、广播、报刊等新闻媒体，广泛宣传应急法律法规和公众避险、自救、互救知识，提高公众自我保护能力和守法意识。

要结合铁路行业实际，全面开展宣传教育工作，提高全体职工和公众的安全意识。

7.2 培训

按照分级管理的原则，国务院有关部门和地方人民政府要组织各级应急管理机构以及专业救援队伍的人员进行上岗前培训，定期进行救援知识的专业培训，提高救援技能。

7.3 演练

要有计划地按应急救援要求每年进行一次演习和演练。根据需要，可开展国内外的工作交流，提高铁路行业应急处置实战能力。

8 附则

8.1 名词术语的定义与说明

铁路交通事故性质按《铁路交通事故处理规则》规定的构成条件确定。

本预案有关数量的表述中，“以上”含本数，“以下”不含本数。

8.2　预案管理与更新

随着应急救援法律法规的制定和完善、部门职责的变化以及应急过程中存在的问题和出现的新情况，铁路部门应及时修订完善本预案。

8.3　奖励与责任追究

对实施本应急预案行动中表现突出的单位和人员，由各级应急领导(指挥)小组给予表彰和奖励；在应急处置中因公殉职的人员需追认烈士时，由地方人民政府负责按有关程序办理。对玩忽职守、严重失职造成事故的责任人，根据国家有关法律法规的规定，按照管理权限，给予行政处罚；构成犯罪的，依法追究刑事责任。

8.4　预案实施时间

本预案自印发之日起实施。

【例3.6】　××铁路局火灾事故应急预案(2010年8月24日省应急办)

1　总则

1.1　编制目的

为了有效处置铁路火灾事故，迅速扑灭火灾，最大限度地减少人员伤亡、财产损失及社会影响，特制定本预案。

1.2　编制依据

《中华人民共和国消防法》《中华人民共和国铁路法》《中华人民共和国安全生产法》《火灾事故应急预案》

1.3　工作原则

铁路火灾事故应急处置应遵循“统一指挥，快速反应，以人为本，迅速扑灭，减少损失”的基本原则。

1. 统一指挥。在本预案确定的组织指挥机构的统一领导下，各有关部门、单位和人员按照既定的分工，各负其责，各尽其职，保证事故救援工作高效、快速、有序地进行。

2. 快速反应。火灾发生后，铁路局应迅速响应，按照本预案的响应程序和工作要求，立即组织有关人员赶赴现场，向现场调集灭火救援队伍和所需的物资、装备，迅速开展灭火救援行动。

3. 以人为本。灭火救援中要把保证人的生命安全作为第一原则，尽最大努力做好人员疏散、遇险人员抢救以及伤员救治工作。同时，做好灭火人员的安全防护，确保安全。

4. 迅速扑灭。根据火灾现场实际情况，采取有效的灭火战斗方案和火灾扑救措施，迅速控制火势，扑灭火灾。

5. 减少损失。灭火救援中要千方百计防止火势蔓延，抢救遇险物资，并尽可能减少次生灾害。火灾扑灭后，要尽快恢复生产、工作秩序，做好事故善后处理。

1.4　适用范围

1. 本预案适用于铁路局管辖内的单位、车站以及货物列车和本局担当的旅客列车发生火灾事故的应急处置。

2. 对由于火灾事故引发的铁路行车组织、事故救援等应急处置工作，按铁路行车事故有关应急预案相应内容执行。

2　组织指挥体系及职责

2.1　应急指挥体系

1. 铁路局成立火灾事故应急领导小组，组长为主管安全副局长，副组长为安监室主任、公安局局长，成员由办公室、安监室，运输、客运、车辆、机务、货运、工务、电务、劳卫处，宣传部负责人组成。

2. 铁路局火灾事故应急领导小组下设火灾事故应急领导小组办公室(设在公安局，办公室主任由公安局主管副局长担任，消防处处长担任副主任)

3. 发生火灾事故需启动本预案时，铁路局火灾事故应急领导小组根据事故情况下设现场指挥、灭火救援、事故救援、事故调查、医疗救护、后勤保障、善后处理、新闻发布、治安保卫等应急小组，分别由局办、安监室、运输处、客运处、货运处、劳卫处、公安局、宣传部和其他相关处室有关人员组成。各应急小组在火灾事故应急领导小组的统一指挥下，各司其职，按要求组织实施本预案各项应急处置措施。

2.2　火灾应急组织机构职责

1. 火灾应急领导小组主要职责

(1) 批准本应急预案的启动与终止，统一领导火灾事故应急处置工作，根据火灾事故现场，向局有关部门和单位下达行动命令，决策抢险应急方案。

(2)及时向铁道部、省、市地方政府汇报火灾事故火灾发生经过、受灾程度、救援进展等情况，并根据现场情况决定请求协调支援。

(3)及时传达上级有关领导和部门的指令。

(4)协调与地方人民政府应急处置工作，需要其他单位支援时，负责与其联系、沟通，请求支援。

(5)及时组织抢险人员、医疗救护、调拨救援物资，组织抢修被毁线路和设备，尽快恢复运输生产。

(6)负责组织对火灾事故的调查，确定火灾事故责任。

2. 火灾应急领导小组办公室主要职责

(1)负责与铁路总公司火灾应急领导小组办公室的协调、联系，督促各应急小组落实火灾应急领导小组的决策。

(2)负责提出完善本应急预案的建议和意见。

(3)做好对站段单位火灾应急预案制定工作的指导，审核相关应急预案。

(4)负责做好本应急预案的组织、协调工作，落实应急预案演练计划。

(5)负责指导站段单位火灾应急预案演练工作。

(6)负责做好日常基础工作，掌握全局火灾应急预案启动情况，并建立相应台账。

3. 事故现场综合组(由办公室、安监室、公安局、运输处、宣传部等部门参加)主要职责。

(1)负责落实火灾事故应急领导小组发出的有关指令。

(2)根据事故发生的不同阶段和状态，统一部署、调整应急预案的实施工作，出现危及周边单位和人员的险情时，迅速组织进行人员和物资疏散工作。

(3)对应急处置过程中发生的变化和问题，采取紧急处理措施，并及时对抢险方案提出修订和补充。

(4)对在本次事故抢险中紧急调用的各类物资、设备和占用场地，事故后及时归还或给予补偿。

(5)适时发布公告，将事故的原因、责任及处理意见公布于众。

(6)配合有关部门做好稳定社会秩序和伤亡人员的善后及安抚工作。

(7)负责各应急小组的交通、通信、生活等后勤保障。

4. 运输处主要职责

(1)负责火灾事故现场的行车调度指挥工作。

(2)根据火灾事故现场情况,及时调整运行方案,确保救援物资、抢险人员运输的快捷、安全。

(3)组织车站和有关单位职工配合消防队扑灭火灾。

5. 客运处主要职责

(1)根据火灾事故现场情况,组织人员,迅速疏散旅客和警戒区域内人员,防止旅客伤亡。

(2)及时对疏散到安全地带的旅客做好安抚工作,妥善安置滞留旅客。

(3)协助公安部门对旅客进行调查、登记和火灾事故原因分析。

(4)及时处理因货物列车火灾引起的旅客伤亡事故。

6. 货运处主要职责

(1)及时提供施救企业信息,了解发生火灾事故危险货物的特性和施救注意事项及扑救方法。

(2)根据抢险物资性质和运输要求,迅速确定货物装载方案。

(3)做好货运事故的处理工作。

7. 电务、信息处主要职责

(1)立即启动铁路应急通信系统,根据"117"应急通信级别,按照"立接制"紧急办理。

(2)开通局与事故发生地事故现场和上级应急救援指挥部的通信联系,并做到"三及时、一清晰",即应答及时、接线及时、撤线及时和话音清晰。

(3)根据事故现场情况和要求,协调铁通公司设置事故现场指挥电话和图像传输设备,确定现场联系方式。

(4)组织人员恢复被毁的信息、通信设备。对通信系统存在的盲区、干扰等,采取其他方式,确保应急指挥联络的畅通。

8. 劳卫处主要职责

(1)负责医疗各项应急准备工作,协调有关人员、药品、医疗器具的应急调配。

(2)组织协调现场对伤亡人员的抢救、医护和安置工作,必要时商请地方、部队医疗机构派员救治。

(3)组织实施现场危险化学品的检测和监测,及时提出保护旅客及公众的安全措施。

9. 安监室主要职责

依据铁路交通事故调查处理有关规定,负责对火灾事故的调查,及时正确地查清事故原因、性质和责任,提出初步定性定责意见。

10. 公安局主要职责

(1)协调地方公安消防部门实施现场灭火救援。

(2)负责对事故现场的保卫和人员疏散工作。

(3)负责对事故现场的调查访问、现场勘察等工作。

(4)协调地方公安消防部门参与火灾事故调查。

(5)必要时封闭现场,设置警戒线,阻止未经批准人员进入现场。

(6)采取措施,监控火灾事故肇事者、犯罪嫌疑人,防止逃逸。

11. 车辆、机务、工务处主要职责

(1)负责组织人员和物资,及时进行抢险救援、设施抢修和恢复行车各项工作。

(2)按照局事故应急领导小组的指令,参加火灾事故原因调查分析。

3 信息报告

3.1 信息报告

发生在车站和单位内的火灾事故,事故发生单位必须在20分钟以内上报路局总值班室和主管业务处以及铁路公安消防部门。发生在区间、专用线的火灾事故,有关单位必须在30分钟以内上报。

3.2 信息报告内容

1. 火灾事故概况速报

(1)必须准确报告火灾发生的时间、地点(线别、站名或区间、公里)、车次或单位名称。

(2)事故简要经过和人员被困及伤亡概况。

(3)起火单位概况(包括客车或货车的车辆类型和编组、运输的化学危险品种类、数量情况或发生火灾的建筑物概况等)。

(4)火势发展蔓延情况,需要有关部门和单位协助事故抢救和处理的有关事宜。

2. 火灾事故情况续报

(1)已经采取的主要措施,救援的进展情况。

(2)现场相关情况(有无爆炸颠覆倒塌等危险,是否对周围人员或建筑构成威胁等)。

(3)事故现场周围环境状况。

3.3 信息收集及分析

根据火灾事故发生单位或现场上报的信息情况,收集 事故发生单位的基本情况(包括车班人员现况、车辆状况,货物列车火灾致灾危险化学品的理化特性、种类和数量,或地面单位的建筑层数、使用功能、生产性质等);人员疏散情况、火灾事故类型,受灾范围,伤亡人数,火灾事故发展情况;报警情况、地方调派力量、灭火救援情况等。通过对上报信息的分析,对火灾事故的级别、事故原因、事故性质作出初步的判断。

4 应急响应

铁路火灾事故应急响应级别,分为Ⅰ级、Ⅱ级、Ⅲ级、Ⅳ级,应急响应标准按照《铁路火灾事故应急预案》应急响应预案标准相应确定。本预案属Ⅲ级应急响应预案。

4.1 应急响应标准

1. Ⅰ级应急响应标准

铁路火灾事故符合下列情况之一,启动Ⅰ级应急响应预案:

(1)事故已造成30人以上死亡,或危及50人以上生命安全。

(2)重伤100人以上。

(3)1亿元以上直接财产损失。

(4)国务院认定可启动Ⅰ级应急响应预案的火灾事故。

2. Ⅱ级应急响应标准

铁路火灾事故符合下列情况之一,启动Ⅱ级应急响应预案:

(1)事故已造成死10人以上30人以下死亡,或危及30人以上50人以下生命安全。

(2)50人以上100人以下重伤。

(3)5 000 万元以上 1 亿元以下直接财产损失。

(4)铁路总公司认定可启动Ⅱ级应急响应预案的火灾事故。

3. Ⅲ级应急响应标准

铁路火灾事故符合下列情况之一者,启动Ⅲ级应急响应预案:

(1)事故已造成 3 人以上 10 人以下死亡,或危及 10 人以上 30 人以下生命安全。

(2)10 人以上 50 人以下重伤。

(3)1 000 万元以上 5 000 万元以下直接财产损失。

(4)铁路局认定可启动Ⅲ级应急响应预案的火灾事故。

4. Ⅳ级应急响应标准

铁路火灾事故符合下列情况之一者,启动Ⅳ级应急响应预案:

(1)事故已经造成 3 人以下死亡,或危及 10 人以下生命安全。

(2)10 人以下重伤。

(3)1 000 万元以下直接财产损失。

(4)运输站段认定可启动Ⅳ级应急响应预案的火灾事故。

本节所述"以上"包括本数,"以下"不包括本数。

4.2 应急响应启动形式

1. 应急响应行动

(1)发生铁路火灾事故,达到Ⅰ级、Ⅱ级应急响应级别的启动本预案同时,报请铁路总公司启动相应应急预案。

(2)发生铁路火灾事故,达到Ⅲ级应急响应级别的启动本预案。

(3)Ⅳ级应急响应级别由站段启动,响应程序和内容在站段火灾事故应急预案中具体规定。

2. 应急响应启动形式

由火灾事故应急领导小组以《××铁路局关于启动火灾事故应急预案的命令》的形式,宣布启动。命令内容应包括火灾基本情况、响应单位及各自职责等内容。宣布应急响应启动的命令应抄送应急管理办公室、应急救援指挥中心及应急领导小组成员单位。

4.3 应急响应内容

1. Ⅰ级、Ⅱ级应急响应行动程序和内容

达到Ⅰ级、Ⅱ级应急响应级别的,由铁路局报请铁路监管部门,由铁路监管部门授权启动。启动预案后,按下列程序和内容响应行动:

(1)铁路局接到事故报告后,立即报告铁路监管部门。

(2)铁路局应急领导小组和有关部门负责人必须立即赶赴现场,在组长主持下立即开展有关协调指挥工作。铁路局火灾事故应急办公室立即通知各应急小组,其工作状态由日常管理变为应急状态管理,并按其应急职责立即开展工作。

(3)根据现场情况,请求当地公安、消防、医疗卫生等部门开展现场灭火和救援等工作。

(4)铁路局立即开通与铁道部有关部门、事故发生地省级应急救援指挥机构以及现场救援指挥部的通信联系通道,随时掌握事故救援进展情况。

(5)根据专家和各应急小组的建议,由火灾事故应急领导小组确定事故救援的支援和协调方案。

(6)迅速派出有关人员和专家赶赴现场参加、指导现场应急救援。

(7)协调事故现场应急救援指挥部提出的支援请求。

2.Ⅲ级应急响应行动程序和内容

(1)路局总值班室接到事故报告后,立即向应急领导小组组长汇报事故概况和有关经过,并按领导指示,迅速组织各相关部门进行处理。

(2)各部门接到命令后必须在30分钟内组织有关人员出发,以最快速度赶赴现场。

(3)应急领导小组根据发生事故的性质,确定现场指挥部门(负责人),具体指挥各应急工作组迅速实施事故救援行动。

(4)各应急工作组分别按照权限,根据事故具体情况、等级和实际需要,调动应急队伍,集结专用设备、器械、物资、药品等,落实各项处置措施。

4.4　应急响应结束形式

火灾事故现场清理完毕,生产秩序恢复正常,受伤人员得到妥善医治,视为应急结束。由火灾事故应急领导小组以《××铁路局关于结束火灾事故应急预案的命令》的形式宣布。宣布应急响应结束通知抄送应急管理办公室、应急救援指挥中心及应急领导小组成员单位。

5　救援资源及利用

发生火灾后,火灾事故应急领导小组根据事故现场请求,负责紧急调集铁路内部救援力量、专用设备和物资,各单位应全力保障救援物资的供给。

5.1　应急救援资源

(1)局管辖沿线各站应按照《铁路工程设计防火规范》的标准,配备扑救客、货列车和建筑火灾用的消火栓、消防水池、消防车通道、移动式消防泵、灭火器等消防设施和扑救人员防护应急装备。

(2)三等以上车站应建立扑救各种火灾的义务消防队。

(3)局管辖沿线各站应根据本站实际,制定包括人员、水源、消防设备情况和线路情况以及周边单位情况、灭火作战部署情况等内容的列车火灾扑救作战方案和作战平面图,并确定某一股道(编组站应在到、发、编每场各确定某一股道)为扑救列车火灾专用股道。

(4)各单位应制定计划,为建设和维护沿线各站火灾扑救点的消防设备、设施提供资金保障。

(5)各单位应按照本单位应急预案的内容,每年组织单位员工进行培训和演练不少于2次。

5.2　医疗资源

事故发生后,及时通知当地医疗救治机构或拨打“120”医疗急救电话。火灾事故应急领导小组根据现场请求,及时协调有关医疗救护、医疗专家、特种药品和特种救治装备进行支援。

5.3　通信与信息资源

在应急处置过程中,通信部门应提供有线、无线、广播等有效的通信手段,要加强设备维护,确保通信畅通,保证信息的有效传递。需要启动应急通信系统时,由路局电务调度通知铁通公司启动。

5.4　其他救援资源

发生火灾事故后,迅速拨打“119”报警电话,通知当地公安消防队赶到现场,进行火灾事故扑救和事故救援。

6 后期处置

(1)火灾事故善后处置工作由相关单位按照“谁主管,谁负责”的原则,针对不同情况和环节,根据国家现行有关法律法规和有关规定进行。

(2)发生铁路火灾事故时,事故发生单位应按照有关规定,迅速通知有关保险机构及时赶赴事故现场,并指定专人负责协调、配合保险机构开展伤亡人员及财产的保险赔付工作。

7 宣传、培训和演练

7.1 新闻发布

铁路火灾事故的新闻发布,由铁路局火灾事故应急办公室确定新闻发言人,按照国家有关突发事件新闻发布原则、内容、规范化格式,审查、确定发布时机和方式,向社会和媒体通报有关情况,必要时,由路局宣传部门组织协调。

7.2 公众信息交流

铁路局应利用电视、广播、报刊等新闻媒体,广泛宣传铁路火灾事故的预防、避险、避灾、自救、互救的常识。

7.3 培训

铁路局组织有关人员定期进行灭火救援知识的学习,开展相关灭火救援技能训练,提高扑救火灾能力。

7.4 演练

铁路局有计划的按应急救援要求进行演习和演练,提高整体应急处置能力。

8 附则

8.1 名词术语说明

铁路火灾事故是指铁路车站、客货列车、货场仓库、施工工地、厂段机关内部单位以及其他公众聚集场所等铁路辖区,发生在时间或空间上失去控制的燃烧所造成的灾害事故。

8.2 应急预案管理及修订

本预案由铁路局负责管理与实施,铁路局有关处室按照预案的要求履行各自职责,并制定相应预案和保障计划。本预案原则上每2年进行一次修订,遇特殊情况可随时修订。本预案修订后,报铁路总公司备案,并抄送有关部门和单位。

8.3 奖励与处罚

对实施本应急预案表现突出的铁路单位和职工,根据国家、铁路总公司和铁路局有关规定给予表彰和奖励;在应急处置中表现突出因公殉职的人员,可追认为烈士。对于玩忽职守、严重失职的责任人,根据国家有关法律法规的规定和管理权限给予行政处分,构成犯罪的,依法追究刑事责任。

3.5.5 相关规范、规程与标准

1.《铁路火灾事故应急预案》第一至第八章。

2.《铁路危险化学品运输事故应急预案》第四章应急响应。

3.《铁路网络与信息安全事故应急预案》第三章预防防警。

项目小结

铁路交通事故处理和事故救援是本门课程的核心内容，该项目从铁路交通事故定义开始，详细介绍了事故分类、等级划分、事故调查处理、统计分析；并且介绍了事故救援的组织、设备和方法，以及几种典型情况的应急处置。最后补充了铁路行车事故的应急预案。掌握这些知识和技能是培养学生行车安全综合技能的关键。

复习思考题

1. 何谓行车事故？按事故性质、损失和对行车所造成的影响，铁路交通事故分哪几类？

2. 特别重大、重大、较大事故的分类及构成条件有哪些？人员伤亡、直接经济损失如何计算？

3. 铁路交通事故的责任如何划分？哪些情况可列为其他责任？

4. 铁路交通事故救援组织、事故救援设备、起复工具有哪些？事故救援的常用方法有哪些？

5. 电力机车脱轨颠覆的起复方法有哪些？救援起重机作业时要注意哪些规定？

6. 接触网事故主要有哪几种？其抢修原则是什么？

7. 发生挤道岔时如何处理？

8. 发现列车中车辆抱闸如何处理？

9. 列车冒进信号后如何处理？

10. 列车发生火灾后如何处理？

11. 列车中车辆燃轴、制动梁脱落应如何处理？

12. 列车运行中发现装载异状、货物坠落应如何处理？

13. 什么叫应急预案？分应急预案分哪几类？

14. 应急预案培训的基本内容有哪些？

项目4　铁路交通事故预防

项目描述

本项目从铁路行车作业通用人身安全开始，研究常见人身伤亡事故发生的原因；通过对行车常见事故原因的分析，总结接发列车和调车作业中的惯性事故预防对策；学习施工条件下的安全规定和行车办法，完善行车事故预防体系。

拟实现的教学目标

1. 能力目标

具有预防人身事故和各种惯性事故的能力。

2. 知识目标

了解铁路行车作业通用人身安全标准，了解设备施工条件下的行车安全预防重点，学会接发列车、调车工作惯性事故的预防方法，做到任何时间、任何情况下都把人身和行车安全放在首位。

3. 素质目标

具备“以人为本”的基本理念，对自身、旅客、职工的安全负责。

典型工作任务1　铁路行车作业人身安全

4.1.1 教学目标

1. 能力目标

使学生具备保护自身、班组、同事人身安全的能力。

2. 知识目标

了解人身安全标准，掌握接发列车、调车作业中防止人身伤亡事故的方法。

3. 素质目标

具有良好的心态、稳定的心理素质，遇事镇定；把人身安全放在首位的思想意识。

4.1.2　工作任务

学习掌握人身安全的通用标准，掌握接发列车、调车工作及在电气化区段行车时的人身安全相关事项。

4.1.3 相关配套知识

行车部门在办理接发列车和调车作业过程中，发生行车事故频率较高、件数较多。同时，由于作业人员违反规章制度、违反操作规程、违反劳动纪律及其他原因，造成人身伤亡、设备损坏，影响正常行车或危及行车安全的事件屡屡发生。

研究和探讨行车部门的人身安全问题发生的原因和规律，采取切实可行的措施，最大限度地防止人身伤亡事故的发生，在铁路运输安全工作中，具有十分重要的意义和作用。

1. 通用标准

根据《铁路安全管理条例》、《技规》、《铁路车站行车作业人身安全标准》的规定，车站接发列车、调车有关行车人员应遵守以下人身安全通用标准：

(1)班前班中

① 接班前须充分休息。只有接班前充分休息，才能保持生理、心理健康，体力充沛、精神饱满、动作准确，严格按照两纪一化的要求进行作业。因此，班前充分休息是保证行车安全和人身安全的重要条件。

② 班前、班中严禁饮酒。各种酒类中分别含有3%～65%的乙醇。大量的乙醇可使人手脚震颤、行动笨拙、反应迟钝、自言自语、步履蹒跚。而紧张繁忙的行车工作，要求头脑清醒、精力充沛、精神集中、动作准确。因此，车站行车人员一定要严格执行《技规》的规定，班前、班中不得饮酒，如有违反，应立即停止其工作。

③ 按规定着装，佩戴易于识别的证章和安全防护用品。

行车人员作业中要穿着铁路统一发放的服装，接发列车人员要佩戴易于识别的大檐帽和臂章，手制动人员须佩戴安全带。调车人员作业中不得穿硬底鞋或拖鞋。

(2)顺着线路走时

① 顺着线路行走时应走两线路中间。

站内正线、到发线、调车线中心线间距一般都在5 m以上，在两线中间行走比较安全。严禁在道心、枕木头上行走。因为在道心、枕木头上行走时，轨枕和道砟不平，要经常低头看脚下，很少看前方和留意后方，特别是溜放和推送车组声音很小，道心和枕木头均在机车、车辆限界之内，能直接被刮撞。

② 不准脚踏钢轨轨面、道岔连杆和尖轨在钢轨面、道岔连结杆、道岔尖轨上行走，踏上时都不能保证人体重心稳定，静止时容易滑动和崴脚，在扳动道岔时更容易把人带倒或把脚夹住。

③ 注意邻线机车、车辆和货物装载状态在两线路之间行走时，除注意脚下障碍物外，要特别注意两邻线机车车辆动向，货物装载状态，篷布捆绑情况，防止被机车车辆、突出的货物、松动的绳索碰伤或刮伤。一线有机车车辆运行时，不能盲目向另一线躲避，防止邻线来车被撞伤。当相邻两线均有机车车辆运行时，应站在线路中心位置，机车车辆过后再走。

(3)横越线路

① 横过线路要“一站、二看、三通过”。

“一站”，一定要站住，并要站在不侵入机车、车辆限界的安全处。“二看”，要左看、右看、上看、下看。看左右有无机车、车辆驶来，看脚下有无绊脚的障碍物，包括地沟等。看清后，再准备横越，即“三通过”。作业不紧张时容易做到，作业紧张时，容易被忽视。特别是边作业边行走时(如冬季扫雪、清扫道岔等),更要严格执行。

② 横越停有机车车辆和列车的线路时,严禁钻车。

先确认机车车辆及列车暂不移动,然后在罐车通过台或两车连接的车钩上越过,勿碰开车钩,以防列车出发时造成列车分离事故。

《铁路安全管理条例》规定,发现有人钻车,由铁路公安教育并处罚款。

③ 严禁在行进中的机车车辆前面抢越。

在行进中的机车车辆前面抢越时,一旦发生绊倒等意外情况,机车或溜行车辆制动不及,后果十分严重。

另外,不准在钢轨上、车底下、枕木头、道心里坐卧或站立,并严禁扒乘机车、车辆,以车代步。

2. 接发列车作业人身安全

(1) 应熟知站内一切行车设备,并随时注意使用情况,如遇设备发生异状或变化时,应及时通知有关人员,并采取安全措施。

(2) 接发列车时,必须站在《站细》规定地点,随时注意邻线机车、车辆动态,以便于和列车乘务人员联系。

(3) 向机车交递凭证时,须面向来车方向,交后迅速回到安全位置。

(4) 折叠式授受机竖起后,必须插好插销,用完后及时恢复位置。接车时,应站在授受机来车方向的前方。

3. 调车作业人身安全

调车作业对象是移动的机车车辆,其人身安全相对来说具有较大的危险性,应特别加以注意。必须熟知调车区的技术设备和作业方法,以及线路两侧建筑物和设备的状态及限界距离,以防刮倒、碰伤。调车作业中严禁吸烟。

(1) 上下车必须遵守的规定

① 上车车速不得超过 15 km/h ,下车车速不得超过 20 km/h,在站台上上车、下车车速均不得超过 10 km/h。

② 在路肩窄、路基高的线路上和高度超过 1.1 m 的站台上作业时,必须停车上下。登乘电力和内燃机车作业时,必须在机车停稳后再上下车(设有便于上下车脚蹬的调车机车除外)。

③ 上下车应注意脚蹬、车梯、扶手、平车和砂石车的侧板、机车脚蹬板的牢固状态。

④ 不准迎面上车和反面上车。

⑤ 上下车应选择合适的地点,注意地面障碍物。

(2)在机车车辆走行中禁止的行为

① 在车钩上、平车和砂石车的侧端板或端板支架上坐立。

② 在棚车顶或装载超出车帮的货物上站立或行走。

③ 手抓篷布或捆绑货物的绳索,脚踏轴箱或平车鱼腹形侧梁。

④ 在车梯上探身过远或经站台时站在低于站台的车梯上。

⑤ 在装载易于窜动货物的车辆之间和货物空隙间站立或坐卧。

⑥ 骑坐车帮或跨越车辆(使用对口闸除外)。

⑦ 两人站在同一闸台、车梯或机车一侧同一踏板上。

⑧ 进入线路提钩、摘管或调整钩位。

(3)摘解车辆、调整钩位时的人身安全

① 带风作业时,必须执行"一关前(关闭靠近机车一侧折角塞门)、二关后(关闭另一侧折角塞门)、三摘风管、四提钩"的作业程序。

② 摘接制动软管、调整钩位、处理钩销时,必须等车辆停妥并得到调车长的回示,昼间由调车长防护,夜间必须向调车长显示停车信号。

③ 调整钩位、处理钩销时不要探身到两车钩之间。对平车、砂石车、罐车、客车及特种车辆,应特别注意端板支架、缓冲器、风挡和货物装载状态。

④ 溜放车辆作业应站在车梯上,一手抓牢车梯,一手提钩,不准用脚提钩或跟车边跑边提钩(驼峰调车除外),严禁在车列走行中抢越线路到反面提钩。

(4)手闸、铁鞋制动时的人身安全

① 使用手制动机时,必须挂好安全带,做到"上车先挂钩,下车先摘钩",无法使用安全带的车辆,如平车、砂石车、罐车、守车等,作业时必须选好站立地点。

② 严禁使用折角塞门放风制动。

③ 使用铁鞋制动时,应背向来车方向,严禁徒手使用铁鞋,并注意车辆和货物装载状况,注意邻线机车车辆动态,严禁带铁鞋叉上车。

④ 使用折叠式手闸,须在停车时竖起闸杆,确认方套落下,月牙板关好,插销插上后方可使用。

(5)手推调车和取送车时的人身安全

① 手推调车必须在线路两侧进行,并注意脚下有无障碍物。

② 去专用线或货物线调车作业,须事先指派专人检查线路上有无障碍物、大门开启状态及线路两侧货物堆放情况。事先派人检查有困难时,应在《站细》中规定检查确认办法。

4. 电气化区段的人身安全工作

在电气化线路上,接触网的各导线及其相连接的部件,经常带有高压电。为保证人身安全,车站值班员在工作中,要认真做好安全检查、教育和宣传工作,防止触电事故发生。

(1) 在接触网带电情况下的规定

① 禁止任何人员(专业人员按规定作业除外)携带长杆、导线等高长物件在与接触网带电部分 2 m 以内作业。

② 禁止直接或间接与接触网的各导线及相邻部件接触(专业人员按规定作业除外)。

③ 禁止乘坐在机车、车辆的车顶或装载高于敞车侧板的货物上,并不准有临时部件(插上树枝、铁线头翘起等)超出机车、车辆限界。

④ 禁止用水管冲洗机车、车辆,包括客车,往牲畜车上浇水,给敞车上第三层牲畜添喂饲料,在客车或棚车顶上作业,如打烟筒,开闭罐车的罐盖和冷藏车的冰箱盖。

⑤ 使用手制动机时,身体各部和所持信号及其他物件必须距接触网带电部分不少于2 m。禁止登上棚车,在中间站或区间禁止登上敞车行走或使用手制动机,也不能在高于手制动机踏板台的敞车或平车货物上拧闸。

⑥ 站内接触网带电检修时车站值班员除应按有关规定办理外,并应做到:

a. 尽量不使列车通过带电检修接触网。

b. 配合接触网工区派往行车室的防护人员,作好安全防护。

c. 在检修作业时间内,如需使用该线路时,要提前通知防护人员,待确认检修作业确已停止，有碍行车的人员和工具确已撤离方可使用。

(2) 在接触网停电情况下的规定

① 确认好接触网的停电范围和分段绝缘器的位置，按列车运行图及接触网停电检查的天窗时间，掌握好承认闭塞的时机。

② 列车能够滑行进站时，机车要在接触网断电标志外方降下受电弓，以防将区间接触网上高压电带进站内危及接触网检修人员的安。

③ 不能影响接触网检修人员的正常工作。

④ 采用补机推送列车出站时，将列车推送至有电区后，电力机车才能升起受电弓继续运行，站内不允许升弓。

(3)操作隔离开关时应遵守的规定

① 须有二人在场，其中一人监护、一人操作。站内接触网隔离开关操作人员可由车站助理值班员、货运员或装卸工担任，监护人员应由车站值班员或助理值班员担任。

② 操作隔离开关前，操作人员必须戴好安全帽，穿好绝缘靴，戴好绝缘手套，确认隔离开关及其传动装置正常、接地线良好、线路上确无电力机车作业的情况下，方可按规定程序操作。

发现隔离开关有不良状态时，既不准操作，也不准操作人员自行修理，应立即报告接触网工区或电力调度员派人前来修理。

③ 严禁接触网带负荷(货物线内有电力机车取流用电)操作隔离开关。因为隔离开关没有消弧装置，也没有断流能力。带负荷操作会产生断路弧火，烧坏设备，电伤操作人员。

④ 操作隔离开关要准确、迅速，一次开闭到底，中途不得停顿或发生冲击。操作过程中，人体未穿戴绝缘物的部分不得与支柱及其机构接触，以防触电。

雷电期间，禁止操作隔离开关。

⑤ 操作隔离开关使用的绝缘靴和绝缘手套要存放在阴凉干燥、不落灰尘的容器内，保持其绝缘性能的良好。每隔6个月送供电段检查试验绝缘性能一次。每次使用前要仔细检查有无破损，并进行简略漏气实验。禁止使用破损、绝缘性能不良的绝缘手套与绝缘靴。

⑥ 接触网隔离开关不得随意开闭，传动机构必须加锁，钥匙应指定专人保管。中间站货物线隔离开关钥匙要固定存放在车站运转室(行车室)，由车站值班员负责保管。使用时，需经车站值班员准许，亲自或指派助理值班员前往监护，用后立即收回钥匙。

站内有数台隔离开关时，每台隔离开关的钥匙要注明开关号码，相邻支柱隔离开关钥匙不得通用，以免错用钥匙，错开隔离开关，危及行车和作业人员安全。

【例4.1】 沈大线N120次旅客列车撞人较大事故

● 事故概况

2009年2月21日7时23分，沈阳车务段浑河站支部书记、值班站长和配合车站除雪作业的沈阳电务段信号工长在沈大线上行K389+140进站道岔处清雪，被通过的沈阳北至大连N120次旅客列车撞上，造成2人当场死亡，另一人也在送医院后抢救无效死亡。构成铁路交通较大事故。

● 原因分析

这起事故发生在低温、大风、浓雾的恶劣天气中，发生在职工连续抗战暴风雪身心疲惫的状态下，发生在浑河站区地处风口、雪雾弥漫的环境中，引发事故的客观因素是多方面的。

1. 现场除雪人员未按规定进行防护。值班站长负责除雪现场防护工作，没有认真履行防护员职责，参与除雪作业，间断瞭望，间断联控，导致3人同时被通过列车撞上。防护措施不落实是事故发生的直接原因和主要原因。

2. 除雪人员自我安全防护意识淡薄。党支部书记、值班站长及信号工长是车站的领导，又都是具有行车多岗位经历的业务骨干，对车站设备和列车运行情况十分熟悉，自以为心中有数，怕影响早上时段旅客列车集中通过和干线畅通，上线清雪时，忽视自身安全。除雪人员普遍缺乏安全意识是事故发生的重要原因。

3. 除雪安全防护应急措施不健全。沈阳车务段和浑河站的除雪安全措施中，没有规定清雪人员上道时、变换作业地点时向信号楼通报和定时通报的措施。没有规定信号楼值班人员向现场清雪人员通报列车接近后，现场没有回答，信号楼需采取哪些应急措施。安全防护应急措施不健全是事故发生的管理原因。

4. 对雪后上道清雪人身安全预想不到位。沈阳车务段忽视暴风雪后中间站的清雪安全控制。在突发暴风雪时，全段上下以雪为令，启动预案，确保了安全畅通。但是，集中除雪过后忽视了雪后清雪人身安全工作，特别是对运输繁忙、积雪影响大的浑河站没有继续加强力量，持续控制安全，而是撤离了包保人员，削弱了清雪力量。重视突降暴雪中的安全，忽视雪后中间站的清雪安全是事故发生的管理原因。

5. 恶劣天气严重影响清雪人员安全。低温、大风、浓雾、噪声及飞扬的残雪影响了作业人员对来车的判断，是事故发生的客观原因。

● 事故责任

沈阳车务段负事故全部责任。

● 采取措施

1. 广泛开展事故案例教育。这起铁路交通事故是防护安全措施不落实造成的，后果惨重，影响恶劣，要大力提高作业人员的自我防护意识和能力，深入查摆和整改劳动安全管理问题和隐患。

2. 强化干部和作业人员的安全培训教育。各专业部门和单位要认真落实国家、铁道部和铁路局的规定，规范安全培训教育工作，特别要强化干部和现场监控人员的安全培训教育，结合铁路局年度干部业务培训安排，在开展技术业务培训的同时，突出安全生产培训教育，尽快落实安全培训教育持证上岗制度，为强化劳动安全监督管理工作奠定坚实基础。

3. 深入开展营业线预防车辆伤害事故专项整治。各专业部门和站段要深入开展劳动安全专项整治工作，制定营业线预防车辆伤害事故专项整治工作方案。通过认真总结分析本单位专项整治工作的经验和教训，针对营业线各类作业中存在问题，以预防作业人员车辆伤害事故为重点，结合关键岗位和作业环节，制定专项整治工作方案，对营业线作业的所有人员，包括现场监控干部和工作人员，纳入强制规范控制范围，细化各个岗位的控制措施，并严格落实检查考核量化标准。

4. 健全和完善营业作业安全防护规章制度。结合开展劳动安全检查活动，重点督促站段健全和完善营业线作业安全防护制度，规范防护员的作业行为，严肃驻站联络员和现场防护员的作业纪律，细化除雪除冰安全防护措施，强化安全防护作业的检查考核等，特别是健全和落实恶劣气候条件下作业防护的安全规定。同时，通过监督检查强化现场作业标准的落实，杜绝同类事故的再次发生。

5. 组织全面的劳动安全检查活动。为了加大劳动安全监督检查力度，有效治理现场劳动安全管理问题和隐患，稳定安全形势，决定对劳动安全管理落后的 10 个单位进行解剖分析。同时，组织调动全局劳动安全监察人员力量，开展劳动安全专项检查活动。

4.1.4　相关规范、规程与标准

《铁路车站行车作业人员人身安全规定》第一章　行车作业人身安全通用标准；第二章　接发列车作业人身安全标准；第三章　调车作业人员人身安全标准；第四章　扳道（清扫）作业人身安全标准。

典型工作任务 2　接发列车作业惯性事故的预防

4.2.1　教学目标

1. 能力目标

具备预防接发列车事故的能力。

2. 知识目标

了解接发列车事故的种类，分析发生接发列车惯性事故的主要原因，掌握防止接发列车惯性事故的方法。

3. 素质目标

培养学生对工作高度负责的精神。

4.2.2　工作任务

演练接发列车作业标准程序，分析各环节对行车惯性事故的预防作用。

4.2.3　相关配套知识

车站在办理接车、发车和列车通过作业程序中发生的一切行车事故，称为接发列车事故，经常发生的接发列车事故称为接发列车惯性事故。

1. 接发列车作业惯性事故的种类

（1）向占用区间发出列车

占用区间系指：

① 区间内已进入列车。

② 区间已被列车取得占用的许可（包括准许时间内未收回的出站、跟踪调车凭证）。

③ 封锁的区间。按《技规》规定，为了救援、施工等特殊需要，使用调度命令发出的列车除外。例如，向电话呼唤 5 min 无人应答，由列车调度员查明该站及其相邻两区间确无列车（包括单机、动车及重型轨道车）后，发布调度命令，封锁相邻区间，向不应答站发出列车；区间内停有故障或事故列车、机车、车列等，调度命令封锁区间，需要向被封锁的区间发出的救援列车；向施工封锁区间发出的路用列车。

④ 区间内有停留或溜入的机车、车辆、动车、重型轨道车、施工作业车辆。

⑤ 发出进入正线的列车而区间内道岔向岔线开通。

⑥ 邻线已进入禁止在区间交会的列车。

列车前端越过出站信号机或警冲标即可按向占用区间发出列车论处。

办理越出站界调车后，没有取消手续，也没有办理列车闭塞手续，就用该调车手续将列车开出，亦按向占用区间发出列车论处。

(2)向占用线路接入列车

占用线路系指已办理进路的线路或停有机车车辆线路或已经封锁的线路。

在站内无空闲线路的特殊情况下，接入为排除故障、事故救援、疏解车辆等所需要的救援列车、不挂车的单机、动车及重型轨道车除外。列车前端进入进站(进路)信号机或站界标即可按向占用线路接入列车论处。

(3)未准备好进路接发列车

未准备好进路系指：

① 进路上的道岔未扳、错扳、临时扳动或错误转动。

② 进路上有轻型车辆(包括拖车)、小车及其他能造成脱轨的障碍物(不包括路外其他交通车辆)。

③ 邻线的机车、车辆、动车、重型轨道车(包括拖车)越出警冲标。

④ 违反禁止办理相对方向同时接车和同方向同时发接列车的规定而办理同时接车或发接列车。

⑤ 超限列车(包括挂有超限车辆的列车)、客运列车由于错误办理造成进入非固定股道。

时效规定：接入停车或通过的列车，列车前端进入进站(进路)信号机或站界标以及发出的列车起动均按未准备好进路接发列车论处。

设有进路信号机的车站，分段接发列车时，按分段列算。如果每段都发生问题，每段都定一件事故；如果一次准备的全通路，算一个进路，定一件事故。

凡由于信号联锁条件错误或有关人员违章作业，致使信号错误升级显示进行信号或强行开放进行信号运行，造成耽误列车或列车已按错误显示的进行信号运行，虽未造成后果，均定事故。

(4)未办或错办闭塞发出列车

未办或错办闭塞发出列车系指未和邻站、线路所、车场办理闭塞手续，或办理闭塞的区间和列车运行的区间不一致。列车前端越过出站信号机(包括线路所通过信号机)或警冲标即构成。客运列车，错办闭塞的区间虽与列车的运行区间一致，亦按本项论。

没有调度命令，擅自改变或错办列车运行经路，亦按本项论。

未按规定办理手续而越出站界调车时，按本项论。

(5)列车冒进信号或越过警冲标

列车冒进信号或越过警冲标系指列车前端任何一部分越过固定信号显示的停车信号。停车列车越过警冲标或轧上线路脱轨器(系指用于接发列车起隔开作用的脱轨器)时亦算。双线区间反方向运行，列车冒进站界标，亦按本项论。

在制动距离内，由于误碰、错办或维修设备，致使临时变更信号显示，信号关闭或临时灭灯，造成列车冒进信号时，不论联锁条件是否解锁，亦按本项论。

在制动距离内信号自动关闭或临时灭灯，在进路联锁不解锁的情况下，列车冒进信号时，不按本项论。

(6)错办或未及时办理信号导致列车停车

错办或未及时办理信号导致列车停车系指:

① 因办理不及时或忘办、错办信号使列车在站外或站内停车时。

② 禁止同时接车的车站或不准同时接入站内的列车,误使两列车均在站外停车时。

③ 接发列车人员未及时或错误显示手信号,使列车停车时。

(7)错误办理行车凭证发车或耽误列车

错误办理行车凭证发车或耽误列车系指与邻站已办妥闭塞手续,但由于未交、错交、未拿、错拿、错填、漏填行车凭证;自动、半自动闭塞区间未开放出站(进路)信号机发车或耽误列车。

行车凭证交与司机或运转车长显示发车手信号后(车站直接发车为发车人员显示发车手信号后),发现行车凭证错误,亦为错误办理行车凭证发车。

填写的行车凭证,错填、漏填电话记录号码、车次、区间、地点时,列行车事故,其他项目漏填、错填时,不列行车事故。

自动闭塞、自动站间闭塞、半自动闭塞区间未开放出站(进路)信号机,列车起动后发觉,停车未越过信号机或警冲标时,列一般D类事故,如果越过信号机显示的停车信号或警冲标时,算一般C类事故。

责任的划分:未开放出站(进路)信号机,停车列车起动,主要责任是司机;司机发现未发车,责任是车站。通过列车司机未及时发现,主要责任是司机;司机发现及时停车,责任是车站。车站发现错误进行纠正,未耽误列车,不列事故。

2. 发生接发列车惯性事故的主要原因

(1)离岗、打盹或做与接发列车作业无关的事情

接发列车作业人员擅离职守、打盹睡觉、看书看报、闲谈打闹,都直接影响作业人员的注意力,造成误听、误传车次、股道,忘办、错办闭塞、信号,忘扳、错扳道岔等后果,一旦各种原因叠加,就很可能造成事故。

(2)办理闭塞没有确认区间空闲

行车闭塞设备在正常情况下,可以保证在同一时间、同一区间内只有一个列车占用。但在设备发生故障或有些特殊情况下有可能产生区间空闲的假象,特别是电话闭塞完全靠作业人员控制,办理闭塞前如不确认区间空闲,就有可能向占用区间发出列车,发生严重的行车事故。

(3)不按规定检查确认接发列车进路

不按规定检查确认接发列车进路是造成接发列车事故的重要原因,特别是在无轨道电路的车站或停电、施工等无联锁状态下接发列车,如果不按规定认真检查接发列车进路,极易发生未准备好进路接发列车的行车事故。

(4)不认真核对行车凭证

行车凭证是列车占用区间的依据,非正常情况下办理接发列车时,如果漏填、错填、未交、错交、未拿、错拿行车凭证,轻则耽误列车,影响正常运行,重则造成向占用区间发出列车等严重后果。

(5)错办或未及时办理信号

及时、正确地开放信号是保证行车安全和不间断地接发列车的一项重要工作。信号开放不正确或不及时,会造成列车晚点或机外停车,甚至造成向占用线接车或向占用区间发车等严重后果。

(6)取消、变更接发列车进路联络不彻底

车站在办理接发列车时,原则上不许变更接发列车进路,但如果遇特殊情况,必须变更发车进路时,应先通知发车人员取消发车后再变更;原规定为通过的旅客列车,由正线变为到发线时,应经列车调度员准许事先预告司机,降低列车进站速度,才能保证行车安全。

(7)抢钩作业

在准备接发列车进路时,不按规定停止影响列车进路的调车作业,而抢钩作业,除直接造成列车晚点外,因抢钩作业容易简化作业过程,匆忙中极易造成行车事故,特别在没有隔开设备的线路上危险性更大。

3. 接发列车作业惯性事故的预防

为了保证安全地、不间断地接发列车,必须认真贯彻执行《铁路接发列车作业》,抓早抓实、层层设防,把事故减少到最低限度。

(1)办理闭塞时必须确认区间空闲

车站值班员在办理闭塞时,为防止向占用区间发出列车,必须认真做好以下工作:

① 检查确认前一列车是否完整到达

在半自动闭塞、无轨道电路、无联锁状态下接车时,车站值班员必须听取扳道员前一列车全部到达的报告。助理值班员,应认真确认列车尾部标志,防止区间遗留车辆。

② 通过闭塞设备确认区间空闲

自动闭塞区段根据控制台上的信号表示灯、接近、远离及道岔区光带进行确认。半自动闭塞区段根据闭塞机上邻站发出列车到达的闭塞表示灯确认。电话闭塞根据车站行车日志、电话记录登记簿列车到达的电话记录号码确认,并与揭挂的表示牌进行核对。

③ 检查确认有关记录情况

在确认区间空闲时,还要认真核对轻型车辆使用书、行车设备检查登记簿、调度命令等有关记录。

(2)认真检查确认接发列车进路

车站值班员布置接发列车进路时,必须向有关人员讲清接发列车的车次和占用线路。车站一端连接两个以上方向或双线反方向接发列车时还应特别说明。为防止有关人员误听、错听,受令人应按规定复诵。此外,在准备接发列车进路时,还应重点检查确认以下事项:

① 确认接车线路空闲

a. 设备检查,即利用控制台上的线路占用光带或表示灯检查确认。

b. 目视检查,即天气良好时,车站值班员(助理值班员)或扳道员现场目视检查线路空闲。

c. 分段检查,即在夜间或昼间天气不良、曲线半径过小和施工停电联锁设备失效的情况下,车站值班员(助理值班员)或扳道员按划分地段分别检查确认。

d. 辅助检查,即从占用线路揭示板核对确认。

② 确认进路上的道岔位置正确

扳道员或信号员在准备接发列车进路时,必须严格执行"一看、二扳(按)、三确认、四显示(呼唤)"制度。特别是在无联锁或联锁失效时,扳道员和引导员不仅要确认道岔位置正确,还要确认对向道岔和邻线上的防护道岔是否加锁,由始端至末端逐个道岔检查确认后,方可向值班员报告接发列车进路准备妥当。

③ 确认占用区间凭证填写正确

这里所说的占用区间行车凭证主要指书面凭证，包括路票、绿色和红色许可证或通知书，以及作为行车凭证的调度命令。占用区间行车凭证填写完后，必须经过两人互检或一人两次检查，重点核对电话记录号码或调度命令号码，区间、车次和地点，做到准确无误。

④ 确认影响进路的调车作业已经停止

在准备接发客运列车进路时，能进入接发列车进路线路而没有隔开设备或脱轨器时，不准进行调车作业。特别是在开行快速旅客列车的区段，更应严格遵守，甚至要提前停止影响进路的调车作业，绝对禁止抢钩作业。接发超限列车，线间距不足5 m时，还应停止邻线上的调车作业；接发非超限列车但邻线调动超限车辆时，也应停止调车作业。

上述事项检查确认完毕后方可开放信号机或交付行车凭证指示发车。

(3)正确掌握开闭信号的时机

信号开闭时机的把握，直接影响到行车安全和设备运用效率。“早开晚关”，虽然对列车运行安全有利，但降低了设备的运用效率；“晚开早关”，将会造成列车机外停车或进路提前解锁，危及列车运行安全。

在非集中联锁的车站，信号关闭过早，会使进路上的有关道岔提前解锁，敌对信号开放；过晚关闭信号，道岔不能解锁，其他进路不能及时准备。因此，必须按《站细》规定，正确掌握开闭信号的时机。

① 开放进站信号机的时机

开放进站信号机的时机是列车运行到预告信号机之前，司机能确认信号显示的地点的时刻。这也是开放进站信号机的最晚时机。遇有特殊情况，需要变更接车进路时，应在保证列车在进站信号机外不停车、不减速的情况下，方可关闭进站信号机，变更进路。电气集中联锁的车站，应在列车进入预告信号机之前，方可变更接车进路。

② 开放出站信号机的时机

开放出站信号机的时机应根据出站信号机开放后至列车起动前办理的全部作业所需时间而定，主要包括车站助理值班员确认出站信号、显示发车指示信号的时间，运转车长确认发车指示信号、显示发车信号的时间，司机确认发车信号、起动列车的时间。

③ 关闭信号机的时机

到达列车全部进入接车线警冲标内方后，方可关闭进站(进路)信号机；出发(通过)列车全部越过最外方道岔，方可关闭出站信号机；列车全部越过线路所通过信号机后，方可关闭该信号机；列车头部越过引导信号后方可关闭引导信号或按规定收回引导手信号。

自动闭塞区段及集中联锁的车站，因设有轨道电路，信号机自动关闭。半自动闭塞的出站信号机，列车进入出站方向轨道电路区段，信号机也自动关闭，但是，出站信号机手柄必须在列车全部出站后方可恢复，以免进路上的道岔提前解锁。

(4)接发列车必须立岗监督

接发列车立岗制度是保证列车和人身安全，防止接发列车惯性事故的一项重要措施，必须认真执行。

接车时，列车接近车站时，根据扳道员或信号员“××次接近”的报告，助理值班员应提前出动到《站细》规定地点立岗接车。认真检查进路上有无障碍物和行人，监督列车进站走行，货物装载情况，发现异状，及时向车站值班员报告；如遇危及行车、人身安全的紧急情况时，应显示停车信号或用无线列调电话通知司机停车。

发车前，发车人员确认发车进路准备妥当，行车凭证交付完毕，出发信号机开放正确，旅客乘降完了，行包装卸结束，列检防护信号撤除，方可指示发车或发车。发车时，发车人员和出站方向扳道员应于列车起动后，手持信号在规定地点立岗监督列车出站。

凡是不能从设备上确认列车进路和出站情况的车站，接发列车人员应及时向车站值班员报告列车进、出站情况。认真检查确认列车尾部标志。

(5)开通区间不能简化作业过程

开通区间是接发列车作业的最后一个作业程序，也是下一次作业的准备，绝不能因为列车已经接入或发出而简化作业过程。否则就会埋下事故隐患。

列车接入或发出之后，车站值班员必须亲自或通过助理值班员或扳道员确认列车是否全部到达警冲标内方或全部开出车站，及时解锁进路，关闭信号机或收回行车凭证，办理闭塞机复原。并与邻站办理区间开通手续。

4. 车机联控

车机联控是以列车安全为对象，以防止列车"冒进信号"、"错办进路"等惯性事故为重点，以加强列车运行中的动态控制，强化行车各部门的"结合部"作业为目的，以落实基本作业制度为前提的重要安全措施。

车机联控工作经过近几年的实践，不断规范作业标准，总结经验，完善管理制度，在保证行车安全、防止惯性事故上取得了显著的成绩。

(1)铁路局车机联控组织

①在中国铁路总公司安全监督管理局的领导下，各铁路局成立车机联控领导小组，由分管安全的副局长任组长，运输、机务、电务、财务、劳资、工务、供水、供电、基建、房建、计统处长为组员。

②铁路局安全监察室下设车机联控办公室，由安全监察室副主任兼任车机联控办公室主任，配备不少于3名监察为车机联控办公室专职人员。运输、机务、电务处指定专人配合车机联控办公室负责本部门的日常车机联控工作。

③各直属站、车务、机务、电务、列车段成立车机联控小组，配齐专职人员负责本单位的车机联控工作。

(2)车机联控模式

车机联控一般采用列车司机(副司机)、车站值班员(助理值班员)、运转车长利用列车无线调度电话，实行呼唤应答的"全呼全控"的模式。

(3)车机联控标准

《铁路行业车机联控标准》(TB/T 3059—2002)明确了车机联控的基本概念，规定了车机联控作业的设备、人员、信息、用语和作业标准等要求。

【例4.2】 陇海线杨楼站向占用区间发出列车

● 事故概况

2009年6月5日7时00分，上海铁路局调度所西陇海台助理调度员根据"V形"天窗施工计划发令7215号："沙塘站(含)至黄口站(含)间下行线自41071次列车各站出站(黄口站到达)起，准许各站及各站后方区间进行90分维修作业。"7时16分，41071次列车杨楼站通过，7时18分杨楼站一离去空闲，3道由郑州机务段$SS_6$004号机车牵引的DH86311Y次列车出站信号自动触发开放，DH86311Y 次列车于 7 时 19 分开车。

● 原因分析

调度所西陇海台行车调度员及助理调度员违反《上海铁路局分散自律调度集中行车组织办法（试行）》（上铁运发［2009］56 号）第 23 条、第 38 条规定，在分散自律控制模式下，下达 7215 号调度命令，且 41071 次列车杨楼站通过后，未在控制台上对杨楼站采取股道施行封锁措施，致使杨楼站 3 道出站信号自动触发开放，DH86311Y 次列车开往占用区间。

● 事故责任

上海铁路局调度所负事故全部责任。

● 采取措施

1. 铁路局调度所立即组织召开事故扩大分析会，举一反三，深入查找安全生产责任意识、安全基础管理、施工安全关键控制及调度命令发布，特别是 CTC 区段的行车指挥等方面存在的问题和隐患，要对调度命令模板是否适应实际工作的需要，相关调度室要作为课题深入研究。

2. 徐州车务段要眼睛向内，查找自身工作不足，严格落实安全生产基础管理制度，确保施工各项安全控制措施落到实处，立即组织对 CTC 区段各站行车工种各岗位作业人员的应急处置能力培训。

3. 铁路局运输处应对《上海铁路局分散自律调度集中行车组织办法（试行）》（上铁运发［2009］56 号）文件进行补充完善．明确施工时是否需要由分散自律控制转为非常站控，施工开始前多长时间列车调度员下达口头指示。

4. 各单位、各部门要抓好当前工作，迅速扭转安全被动局面。要结合当前安全实际，举一反三，大力开展事故典型案例教育，引导广大干部职工正确认识和处理安全与效益、安全与效率的关系，并采取强有力的措施，强化现场检查监督和指导，进一步量化干部现场督查和把关标准，切实提高共保安全的控制力、执行力和内聚力。

【例 4.3】 襄渝线三汇镇站向占用区间发出列车

● 事故概况

2000 年 7 月 18 日 15:26，襄渝线三汇镇站，在农乐—三汇镇区间有车的情况下，擅自同意闭塞，接入 5609 次轨道车。

● 原因分析

北碚供电段三汇镇接触网工区计划在三汇镇—农乐站间停电检修接触网。14:14 三汇镇站车站值班员在未与行调、邻站联系，既无调度命令，也未与邻站办理闭塞的情况下，擅自同意接触网工区轨道车出站进入区间作业。当时信号员在睡觉。值班员自行开放了 1 道调车信号，通知接触网工区驻站人员和轨道车司机凭调车信号进入区间，16:00 前返回。车站值班员未通知助理值班员区间有车，并叫其上信号楼监听电话，之后开始睡觉。15:19，农乐站向三汇镇站请求 5609 次（轨道车）闭塞，助理值班员擅自同意了闭塞，信号员醒后也未确认，便办理了接车闭塞。5609 次于 15:26 从农乐站通过后，司机立即呼叫三汇镇站，呼叫声惊醒了车站值班员，他便紧急呼叫接触网工区轨道车立即返回车站。接触网工区轨道车于 15:28 返回，5609 次于 15:32 进入三汇镇站。原重庆分局调度所广达台调度员得知三汇镇接触网工区轨道车要进入区间，仅以口头方式同意进入区间，开路用列车 5706 次，区间折返 5707 次，违反《技规》第 246 条有关半自动闭塞，发出须由区间返回的列车，应停止基本闭塞，改用电话闭塞的规定，未向三汇镇站、农乐站下达停止基本闭塞法的命令。

● 事故责任

北碚车务段负主要责任，北碚供电段和原重庆分局调度所负重要责任。

● 采取的措施

严格执行《技规》、《行规》关于列车占用区间的有关规定，没有行车凭证，列车严禁进入区间；助理值班员、运转车长、卸车负责人严禁发车。严格执行《技规》276 条"闭塞必须由车站值班员亲自或指示助理值班员、信号员办理"的有关规定，严禁"低职代高职"，越权指挥。严格"两纪"，杜绝当班睡觉现象。严格执行《技规》246 条，《行规》"开行区间返回列车和轻型车辆必须停止基本闭塞法，采用电话闭塞法"及《技规》310 条、《行规》"区间开行路用列车卸料，应向有关车站、人员下达调度命令"的有关规定，列车调度员必须严格调度命令的发布，做到命令及时、内容标准和"一事一令"。

【例 4.4】 浙赣线朱家坑向占用线接入列车

● 事故概况

1993 年 10 月 29 日，原南昌分局安排浙赣线九都—横峰—滩头—朱家坑间双线开通启用。为做好施工准备工作，自 10 月 28 日 8:10 至 29 日 7:40，朱家坑站 3 道封锁，拆除 5 号道岔，按施工计划不影响Ⅰ、Ⅱ道信联闭设备的正常使用，但实际施工中却将电缆导线轧断致使设备发生故障。28 日 9:09，车站值班员使用引导信号将上 775 次接进Ⅰ道待避，接着排列 179 次Ⅱ道通过进路时，因接车端的 1 号道岔联锁失效，进站信号开放不了，设备处于非正常状态。车站值班员未按规定检查确认进路，臆测进路正确（实际 1 号道岔位置开通Ⅰ道），只是进站信号开放不了，盲目开放引导信号，9:18 错将 179 次旅客列车接入Ⅰ道占用线，幸被 179 次司机和上 775 次运转车长及时发现并采取果断措施迫使 179 次停车。

● 原因分析

车站值班员严重违反"非正常接发列车作业纪律"，设备发生故障时既不汇报，又不认真检查确认进路是否正确就盲目开放引导信号接车。助理值班员未认真检查确认有关进路表示灯，出场接车前不确认进路和道岔表示。站长不重视施工安全，在办理上 775 次接车时发现设备不正常而未组织人员把关。上饶电务段施工负责人，施工前不按规定登记，施工计划申报不明确，重点注意事项未布置到作业人员，导致施工中轧断电缆导线而造成设备故障。

● 事故责任及处理

责任单位：上饶车务段。

事故处理：给予车站值班员降级处分；给予助理值班员、站长和上饶车务段副段长行政记过处分；对电务段施工负责人等 9 人（含原分局电务科科长，运输科副科长，上饶电务段段长，列车调度员）给予行政警告处分。对 179 次司机等人给予记功晋级。

【例 4.5】 兖石线 51175 次列车接入施工封锁线路

● 事故概况

2009 年 12 月 3 日，中铁建电化局二项目部按照路局月度施工计划 258 项及日批准施工计划，17:15～19:45 在兖石下行线奎山镇日照西间 K296＋900～K301＋410 处，进行"支柱装配、悬挂调整封锁施工"。18:21 奎山镇站至日照西站间下行线施工提前结束，列车调度员发布了 57124 号调度命令区间开通，18:23 奎山镇站向日照西站预告开 51175 次列车，并于 18:27开车。日照西站车站值班员忘记"日照西站（含下行正线）至日照站间下行线施工"，日照西站内Ⅰ道(下行正线)还在封锁状态,盲目同意奎山镇站开车预告,办理了下行Ⅰ道接车进路及信号,51175次列车(新乡机务段DF_{8B}5588号机车,济南机务段机班继乘)于18:34到达日照西站下行进站信号机内方K301+439处,碰轧施工防护牌停车。

● 原因分析

1. 车站值班员违反《技规》第277条"接车前,亲自确认接车进路空闲"的规定,违反《接发列车作业》标准接受预告、准备接车时"按运行计划核对车次、命令,确认接车线"的规定,简化作业标准,忙于填写交接班簿事务,精力不集中,脑子里只有开通区间意识,忘记车站Ⅰ道施工封锁,未按规定确认接车进路空闲,擅自开放进站信号接车,导致51175次列车进入封锁的站内Ⅰ道碰轧施工防护牌停车。这是造成这次事故的主要原因。

2. 车站助理值班员核对调度命令不认真,擅自与司机车机联控,互控措施不落实,执行作业标准差,精力不集中。这是造成这次事故的重要原因。

3. 日照西站副站长在行车室盯控施工,随意离开行车室做其他工作,在整个封锁施工中多次到站长室接电话,在未施工完了情况下离开行车室组织接班人员交接班工作,对关键时间、关键作业、关键岗位重视不够,把握不住重点,阅读调度命令签认不认真,没有起到干部盯控作用。这是造成这次事故的原因之一。

4. 调度所对施工作业没能引起高度重视,调度员作业标准不高,连续区间封锁施工完开通区间不能重点掌握,组织放行首趟列车缺乏现场情况全面了解,列车开车长时间无报点不管不问。这是造成这次事故的又一原因。

● 事故责任

日照站负事故主要责任;铁路局调度所负事故次要责任。

● 采取措施

1. 举一反三,深刻吸取教训。这次事故暴露出作业时没有严格执行技术标准的情况,因此,营业线施工必须牢固树立"既有线施工安全无小事"的思想,深刻吸取本次事故教训,端正态度,提高认识,对事故进行深刻反思,举一反三,全面整顿。开展大反思、大检查、大整顿活动,对发现的事故隐患绝不姑息,坚决遏制,严防类似事故再次发生。

2. 落实制度,加强施工管理。施工管理单位和参与施工单位要认真落实原铁道部铁办[2008]190号文件及《济南铁路局营业线施工及安全管理实施细则》规定,严格施工计划、方案、措施审核把关,开好施工协调、预备会,组织有关人员学习掌握施工内容及影响范围,掌握施工安全重点,严格施工组织,落实施工有关要求和制度。

3. 强化管理,严格落实作业标准。作业人员在办理接车时,必须严格执行《铁路接发列车作业》标准规定,根据行车日志、列车运行计划等确认接车线路空闲,核对列车车次等要求。加强车机联控人员管理规定,认真执行车机联控。严格要求对调度命令的核对及管理,严格执行作业标准规定,做到一字不差、差一点不行,将作业标准落实到作业全过程。

4. 突出重点,强控安全关键。对关键时间、关键作业、关键岗位必须高度重视,对交接班时问等必须作为重点掌握,严格控制关键性作业,杜绝安全关键控制不力问题。

5. 落实责任,强化现场监控。各级监控人员要牢固树立安全意识,切实负起责任,制定落实有针对性的防范措施,加强结合部管理,实施全过程监控,对施工中的重点工序和关键部位,派专人进行盯控、监护,杜绝监控不去人、去人不监控、监控不到位的问题。

6. 加强监管,增强调度指挥水平。运输处、调度所要加强内部管理,加强施工办对施工计划审核管理，对调度所的日常作业的盯控检查，及时查找和整改调度指挥中存在的薄弱问题，经常分析列车调度员工作质量，查找日常调度指挥中违章指挥的行为。强化调度人员“安全第一”的责任意识，教育调度人员，正确摆正安全与效率之间的关系，时刻把安全放在首位，正确指挥列车运行，严格按章作业，调度人员发布调度命令，必须详细了解现场情况，并吸取有关人员的意见，确保调度命令和口头指示准确无误，提高调度员指挥能力，增强执行规章制度、作业标准自觉性，确保行车安全。

7. 加强教育，防患于未然。狠抓安全生产各项政策、制度、措施的落实，细化落实到每一施工地点、每一个岗位、每一名员工、每一个细节上，努力做到“为之于未有、治之于未乱、防患于未然”。要切实将施工安全重点从“事后处理”转移到“事前预防”和“事中监督”上来，切实加强组织领导，切实深刻吸取事故教训，加强安全管理，遏制施工事故重复发生。

【例 4.6】 贵阳枢纽 L959 次旅客列车错办接车进路

● 事故概况

2009 年 2 月 12 日 9 时 33 分，自上海南站开往贵阳站的 L959 次旅客列车，在从长冲站经由改貌站进贵阳站的过程中，由于改貌站车站值班员错误办理接车进路，造成 L959 次旅客列车进入改貌站Ⅱ场 3 道停车。10:43，车站进行调车作业将 L959 次旅客列车转入改貌站Ⅰ场 3 道，11:13，L959 次在改貌站开车恢复运行。

● 原因分析

1. 改貌站车站值班员在办理 L959 次旅客列车接发列车作业时，违反《接发列车作业标准》中“按列车运行计划核对车次、时刻、命令、指示”的规定，在整个接车作业过程中臆测行事，将 L959 次列车错误当作 L965 次列车办理，使本应经改貌Ⅰ场开往贵阳方向的 L959 次列车进入改貌Ⅱ场停车。

2. 改貌车站对关键行车岗位的日常安全管理不到位，对接发列车作业关键环节卡控不严，对车站针对本站接发列车特点制定的“多方向接发列车卡控措施”落实情况监督检查不力，致使相关的接发列车标准、制度、措施不能得到有效的贯彻执行。

● 事故责任

贵阳南站负事故全部责任。

● 对有关人员的处理

1. 免去贵阳南站站长职务，任车站副站长(副处级，主持工作)。

2. 免去贵阳南站党委书记职务，任贵阳南站党委副书记(副处级，主持工作)。

3. 解聘贵阳南站副站长职务，由原单位安排工作(正科级)。

4. 解聘贵阳南站站长助理职务，由原单位安排工作(正科级)。

5. 根据《成都铁路局安全奖惩办法》之规定，对事故责任单位贵阳南站进行处罚。

6. 贵阳南站按照成都铁路局和车站相关安全管理办法的规定，对有关事故责任人员和管理人员进行处理。

● 采取措施

1. 贵阳南站深刻分析事故原因，认真吸取事故教训，深入查找本单位在安全管理上存在的问题，采取有效措施进行整改，防止类似事故的再次发生。

2. 要求贵阳南站进一步细化安全卡控措施，尤其是涉及多方向接发旅客列车的卡控措施，严格抓好贯彻执行，严把“闭塞、进路、信号”关，确保旅客列车的绝对安全。

3. 要求贵阳南站强化对干部的考核，进一步加大对现场的检查监督力度，促使车站各级干部转变作风，积极深入现场监督检查．及时发现问题、解决问题，消除安全隐患。针对此次事故教训，各级干部要加强对接发列车作业的监督监控，重点对车站值班员的作业程序进行抽查，及时制止违章违纪、简化作业程序的问题。

【例 4.7】 北同蒲线超限列车接入非固定股道

● 事故概况

2009 年 6 月 6 日，湖东电力机务段 8K116 号机车牵引 42094 次超限货物列车北同蒲线大新二场 14:43 开车，17:41 错误接入北周庄站 4 道停车；18:34 全列由 4 道转Ⅱ道后于 19:36 开车，23:08 到达大同站西一场 11 道。

● 原因分析

造成事故的主要原因是：车站值班员接班时，对 42094 次列车的调度命令中的有关内容没有认真逐条阅读，在邻站办理预告时，没有意识到该列车应按固定线路接入Ⅱ道，而是仍然按普通列车办理，准备 4 道停车等让 K7808 次旅客列车，违反了《技规》第 281 条“旅客列车、挂有超限货物车辆的列车，应接入固定线路”，《站细》第 31 条“本站Ⅰ、Ⅱ道准许接发超限列车”以及 1603 号调度命令第二条“按规定线路接发列车”的规定，导致将超限列车接入非固定股道。

● 事故责任

朔州车务段负事故全部责任。

● 对有关人员的处理

1. 中断朔州车务段安全成绩。

2. 分别给予段长、党委书记行政警告处分。

3. 分别给予主管运输副段长、主管安全副段长行政记过处分。

4. 同意朔州车务段对有关人员的处理意见：

(1)给予技统科科长行政记大过处分。

(2)给予安全科科长行政记大过处分。

(3)给予技术科主管接发车人员降级处分。

(4)给予北周庄站站长撤职处分。

(5)给予北周庄站副站长行政记过处分。

(6)给予当班期间盯关键不到位的北周庄站值班站长撤职处分。

(7)给予北周庄站车站值班员撤职处分，待岗培训 1 年，并取消车站值班员任职资格。

(8)给予北周庄站上行助理值班员行政记大过处分。

(9)给予北周庄站下行助理值班员行政记过处分。

● 事故教训

结合全国安全生产月，铁路局确定 6 月份为严格务实抓安全管理月，要求深入开展安全管理和作业标准监督检查，严格抓好各项标准的落实。但此次事故发生在严格务实抓安全管理月之后的第 6 天，暴露出部分单位和部门没有高度重视严格务实抓安全管理月活动，监督检查和落实标准流于形式，安全管理不严，专业管理缺位，调度盯控不紧，现场作业失控。尤其是在关键岗位、关键作业环节卡控上存在严重的隐患和漏洞，教训十分深刻。

1. 朔州车务段

(1)基本作业制度得不到落实。车站值班员接班时虽然形式上对42094次阔大命令进行了签阅,但只签未阅,对命令中有关内容没有逐条阅读,对应作为重点掌握的42094次超限列车没有重点掌握,重点列车、普通列车概念不清,应该接入哪一股道心中无数。在邻站办理预告时,根本没有意识到该列车应按固定线路接入Ⅱ道,而是仍按普通列车办理,准备4道停车等让K7808次列车,违反了《技规》第281条第1款"旅客列车、挂有超限货物车辆的列车,应接入固定线路"、《站细》第31条第1款"本站Ⅰ、Ⅱ道准许接发超限列车"以及1603号调度命令第二条"按规定线路接发列车"等规定;直到列车进站联控后,才意识到阔大货物列车不能接入4道,最终导致事故发生。

(2)班组自控互控作用较差。2名车站助理值班员虽然在接班时对调度命令进行了签阅,但也是只签不阅;而且占线板上在醒目处揭示有"阔大42094次挂运阔大"的调度命令,仍然思想麻痹,盲目认为接发车线路的使用是车站值班员的事,与己无关,班组互控作用严重缺失,对当日接发列车的重点心中无数。在车站值班员通知"42094次开过来,4道停车"后,1名助理值班员在占线板上进行了填记揭示,但根本没有意识到阔大货物列车应该接入Ⅱ道,没有及时纠正错误;另一名助理值班员在接完T32052次退场回到行车室擦占线板时,虽然发现4道标有42094次开过来的符号,但对42094次列车应该接入几道漠不关心,也没有及时提醒纠正,自控型班组建设差距较大,各关键工种间的互控作用荡然无存。

(3)应急处理不当。车站值班员在17:33左右意识到错误办理了42094次接车进路后,此时列车刚压北周庄站二接近。在这种情况下,没有立即呼叫司机就地停车,而是仍然按部就班,未能果断处置,直到17:38才通知司机就地停车,使本应能够防止的事故由于作业人员业务素质不强、人为处置不当而未能有效防止,暴露出朔州车务段关键岗位职工技术业务教育不足,现场作业人员应急反应处理能力十分低下。

(4)关键环节干部基本管理职责不落实。当日8:00,车站站长虽然也参加了点名会,但点名前没有按规定到行车室了解掌握当日重点,点名会也没有针对超限42094次列车的接发提出具体要求。既没有认真掌握有关调度命令的交接,在接发重点列车时也不及时上岗进行重点盯控,安全管理意识和安全敏感性较差,忙而无序,抓不住重点,致使关键的接发车作业失控。尤为严重的是事故发生后,仍然没有意识到严重性,既不向车务段汇报,也不向调度所汇报,企图隐瞒事实,蒙混过关,干部作风严重不实,对重点列车安全、旅客列车安全极其不负责任。

(5)职能科室作用严重缺失。段安全科日常检查不到位,专业队下站检查只注重调车作业的写实、专用线的管理、本簿台账的填记等,对接发列车也多注重标准化作业程序用语的检查写实等,对到发线的使用、工种间的互控检查较少,正线意识弱化,专业检查监督的重心偏移,重点不突出;技统科专职干部对现场作业情况了解不深,对中间站到发线的使用、接发列车限制等特殊列车作业办法缺乏现场追踪指导,监督检查滞后;职教科日常在如何提高干部职工队伍业务素质方面缺乏有效的方法和严格的考核,致使职工业务学习流于形式,职工业务素质不断下滑。劳人科对自控型班组的建设不重视,班组如何实现自控,工种间如何加强互控,既没措施,也没考核,而是任由班组管理自由散漫、自然发展。由于职能科室作用发挥较差,致使现场管理出现较大漏洞和隐患。

(6)领导班子现场检查指导不到位。段主管领导对自己分管的工作缺乏认真细致的研究探索,深入现场调查研究较少,对如何抓好分管项目的工作缺乏开拓性思维,方式方法陈旧老

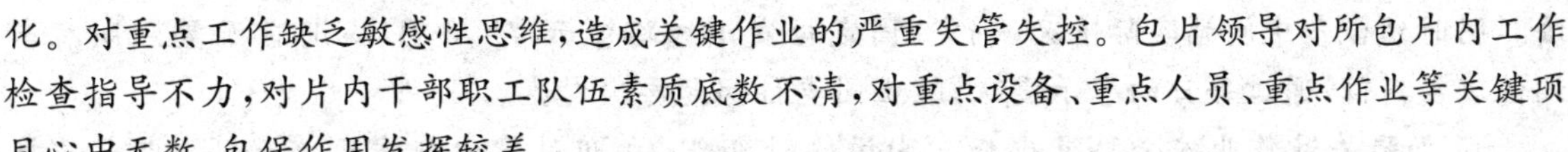

化。对重点工作缺乏敏感性思维，造成关键作业的严重失管失控。包片领导对所包片内工作检查指导不力，对片内干部职工队伍素质底数不清，对重点设备、重点人员、重点作业等关键项目心中无数，包保作用发挥较差。

(7)安全基础管理十分薄弱。年初，虽然针对管内中间站安全管理很不规范，干部作风、现场作业、职工素质等各项基础工作欠账很大，于三月份组织进行了中间站平推验收，但在问题整改落实的追踪检查上走了过场，致使安全基础管理毫无起色。特别是对阔大货物列车等重点列车的盯控，只有原则性要求，没有详细具体的硬性规定，导致重点作业失管、失控。

2. 调度所

(1)“大安全”意识不强。调度所没有深刻吸取2008年“10.24”事故教训，对重点列车重点监控运行的制度缺乏明确的规定；所内行车室职能作用发挥不好，特别是对北同蒲线屡次出现的问题，没有认真采取有效措施加以整改；在此次事故中，暴露出调度所“大安全”意识严重缺乏，认为下达的调度命令正确、列车运行调整计划准确就万事大吉，没有对现场作业进行提醒把关，只是把列车运行安全停留在表面上，没有落实在现场。

(2)列车调度员工作职责不落实。当班调度员没有按照《铁路运输调度规则》第5条第6款和《行规》第91条中确定的调度员岗位工作职责要求，自始至终组织和重点监控超限列车运行，也没有检查指导车站合理利用到发线。调度员计划布置不彻底，虽然下达列车运行调整计划时，在列车属性中标注了“阔大”，车站值班员也接收到该信息，但认为车站已进行了重点安排，但没有对车站到发线的使用多问一句、多看一眼，未能履行对重点列车重点监控运行的基本职责，使得本可防止的事故未能防止。

3. 运输处

(1)专业管理作用缺失。运输处对车务系统安全现状底数不清，对规章制度重制定、轻检查，日常深入现场检查抓不住重点，业务指导严重不到位。虽然2009年要求车务各站段开展接发列车专项整治活动，但对超限列车没有重点安排，工作安排存在漏洞。

(2)对基层单位技术业务指导不力。专业主管人员工作作风不实，下现场检查发现问题的质量不高，特别是对接发重点列车各环节落实作业标准的情况检查有疏漏，对准备工作、检查确认、中间站重点作业部署等方面存在的惯性问题缺乏有效的检查、监督和考核，致使现场接发列车重点作业中存在的漏洞未能提前发现、及早解决。

4. 湖东机务段

机车乘务员安全敏感性不强。从阔大货物列车运行至机外车站告知变更进路，将列车由4道转入Ⅱ道，尤其是在北周庄站车站不正常的调车作业，虽然乘务员当时没有意识到这是一起事故，但应该意识到是严重安全问题，但机车乘务员退勤时未向段进行汇报。

● 采取措施

1. 举一反三，认真吸取教训。立即将此事故在全局进行通报，各单位要举一反三，认真吸取教训，增强干部职工的责任感和紧迫感，提高责任意识，确保运输安全。各单位、各系统要以此事故为鉴，严格落实严格务实抓安全管理月的要求，扎扎实实地全面开展安全生产700天后的全员安全反思活动，针对现场作业隐患点，制定针对性的整改措施进行整治，夯实安全基础。

2. 突出重点，开展解剖分析。运输处要制定安排，监督指导朔州车务段组织解剖分析组，由班子成员带队利用20天时间，从各中间站的安全管理、现场控制、关键卡控、职工两纪等方面人手，逐站进行全面分析解剖，找出安全隐患和管理差距，帮助车站制定整改措施和卡控办法。同时结合各中间站实际情况，制定“固定接发车线路警示牌”，6 月 15 日前配置到所有车站值班员岗位，通过每日的警示提醒，防止同类性问题再次发生。

3. 加强关键作业安全隐患排查。由运输处组织，立即对管内接发列车作业（重点是接发超限、超重、超长以及专运列车）中存在的安全隐患问题进行拉网式的排查登记，建立专门台账，注意销号。接发列车作业中要严格执行《技规》《行规》《站细》《铁路超限超重货物运输规则》和部局相关作业标准的规定；同时要抓好中间站接发重点列车部署和作业中互控和签认制度的落实，杜绝只签不阅等严重安全问题的发生，路局检查发现，责任者一律待岗。

4. 发挥站段职能部门管理作用。各单位班子成员要充分发挥分管职能科室主观能动性和自觉性。在班子成员定期实现全覆盖检查的同时，要加强分管职能科室的管理，发挥其职能管理及业务干部作用，提高下现场检查发现问题的质量，促进他们下现场检查发现问题的追踪整改，对长期不能发现问题或发现问题质量不高的干部要采取批评、帮教、调整等方式，促进干部安全管理责任的落实。

5. 切实强化专业管理。运输处各专业管理人员要切实转变工作作风，深入现场对关键作业进行检查，及时纠正作业中存在的洞洞和问题，全面提升专业管理水平。要加强调度所管理，建立完善调度指挥安全重点卡控制度，严格落实各项关键作业制度，强力推进管理标准化、作业标准化和设备质量标准化；对重点列车要紧盯运行状况，出现异常及时提示相关车站采取措施，确保运输安全生产平稳有序。

6. 严格落实调度岗位职责。调度所要举一反三，认真吸取事故教训，牢固树立“大安全”的意识，迅速制定完善有关安全关键卡控的制度；各级管理人员要加强日常调度所各工种岗位安全重点环节的监督检查，各岗位职工要严格执行《技规》《行规》及《调规》等有关规章制度规定，认真履行岗位职责，切实把安全放在各项工作首位，真正解决好安全和效率的关系，坚决杜绝在调度指挥中自以为是的不良倾向，确保规范指挥、安全指挥。

7. 加强重点列车运行安全管理。机务部门要建立健全安全关键卡控措施，对重点列车要制定预案，重点盯控。制定牵引阔大（特殊）列车操纵提示卡，乘务员站站核对，确保运行安全。担当重点列车乘务员退勤时，必须向调度员汇报运行全过程情况，安全科对作业情况进行全程分析，查找存在问题，及时采取相应措施。

【例 4.8】 新丰镇车站未准备好进路接车

● 事故概况

2000 年 8 月 21 日，327 次旅客列车（编组 18 辆，总重 1 012 t，计长 42.1）由西安机务段 SS1650 号机车牵引，西安列车段运转车长担当乘务工作。327 次列车零口车站 19:59 向新丰镇车站办理闭塞，20:15 零口车站通过，零口车站向新丰镇车站报告了 327 次列车通过点后，20:16 随即向新丰镇车站办理了在站停留的 2763 次货物列车预告（续行列车）。新丰镇车站四场总值班员在零口车站报点后，向二场信号楼值班员下达了 327 次列车准备发车进路的命令，但向一场信号楼值班员只布置了后续的 2763 次货物列车进一场的接车命令，而未布置办理 327 次列车接车进路命令，致使 327 次列车进入新丰镇下行进站信号机后，在进路信号机显示两个黄灯的情况下，进入该站一场 7 道。

● 原因分析

新丰镇车站四场总值班员在下达 327 次旅客列车的接发列车命令时，没有同时向该站一、二场信号楼值班员下达；而分别下达时，在列车运行计划变更的情况下，漏向一场值班员下达前行的327次客运列车进路命令，违反了《技规》第276条、277条、281条及部标TB/T 1500—92《双线自动闭塞接发列车作业标准》。

一场值班员在听取了四场总值班员下达的2763次开过来进一场7道的命令，办理接车进路后，没有向四场总值班员进行汇报，简化作业程序，违反了《技规》第276条、277条及部标TB/T 1500—92《双线自动闭塞接发列车作业标准》。

联控助理值班员在327次旅客列车零口车站通过后，在得到一场“客车327次进路好了”汇报的情况下，仅确认了四场控制台下进站信号开放的复示，臆测行事，盲目与327次列车机车乘务员进行正线通过的联控，违反《技规》第276条、277条及车机联控标准。

327次本务机车SS1650号司机在联控呼叫新丰镇正线通过，而该站进路信号显示两个黄灯与联控通知不符的情况下，没有采取果断停车措施，致使列车减速后进入一场7道停车，违反《技规》第270条、281条规定。

● 事故教训

(1)未突出旅客列车。在推进“规范管理、强基达标”、强化安全基础中，执行围歼旅客列车事故措施不力，在接发列车中没有做到突出旅客列车，重视旅客列车，对旅客列车高看一眼。在接发旅客列车时未认真执行作业标准，造成旅客列车进路漏布置。

(2)互控不落实。四场总值班员、一场值班员、联控助理值班员在办理接发车进路中一系列的不执行规章标准的行为，同时也反映了同一作业地点、场与场间、各岗位在接发列车作业中没有实施互控、他控，造成违章现象无人监控和提醒。

(3)联控不标准。新丰镇车站设有专职联控助理值班员，工作中丧失联控作用，臆测列车进路，未得到一场值班员汇报列车进路准备妥当的报告，就盲目指路行车，使有效的安全措施在执行中流于形式。

(4)司机不把关。牵引客车327次的司机，安全意识淡薄，在接到新丰镇站车机联控“二场1道通过”的呼唤后随即看到了进路信号机显示“两个黄灯”，在呼唤的列车进路与地面信号不相符合的情况下，不果断的采取停车措施，而是减速进入接车股道停车，致使应防止的事故未能防止。

(5)管理有漏洞。新丰镇车站系二级四场纵列式编组站，上下行正线外包。车站在四场设总值班员负责指挥一场、二场和四场的接发列车。而向各场下达阶段计划仅包括到达的货物列车阶段计划，对于通过的旅客列车并不下达阶段计划，造成一场对旅客列车计划不掌握，而是通过总值班员布置旅客列车进路。说明车站在技术管理上没有把旅客列车摆在重中之重的位置。

(6)设备有缺陷。新丰镇车站使用6502大站电气集中设备。总值班员设在四场，而四场控制台对一场接车进路信号机的显示状态不能“复示”，因此总值班员对一场办理接车进路情况仅靠一场值班员汇报，从设备上无法监控。

● 采取措施

铁路局针对这起事故专门召开了分析会，并在全局电话会议上进行了通报。要求管内各单位吸取事故教训，深入查找安全隐患，制定有效措施，强化管理，严格执行规章制度，落实标准化作业，抓好接发列车各个环节，确保行车安全。

强化现场作业控制。重点抓好三、四小时列车运行计划和到发线运用的核对及揭抹销制度。在抓好非正常情况下安全卡控的同时，重点抓好正常情况下的接发列车，特别是旅客列车的安全卡控，牢牢把住旅客列车进路关，严格落实进路汇报制度。

严格执行机车乘务员瞭望和呼唤应答制度，认真落实车机联控标准，把好列车进路关。

原西安分局针对新丰镇四场与一、二场信号楼接发列车进路不能从设备监控的实际情况，立即组织攻关小组并投资21.6万元增加场间显示系统，为接发车安全提供设备保证。

【例4.9】 滨洲线错办闭塞发出列车

● 事故概况

2009年10月23日，滨洲上行线卓山—免渡河间K651＋250～K650＋800进行铺放轨排、线路整理、卸收料具封锁施工，免渡河站向上行线封锁区间开57525次工程列车。因免渡河站错误排列免渡河—卓山方向下行线进路，致使57525次工程列车11:01，错误开入免渡河至卓山方向下行线。

● 原因分析

海拉尔车务段免渡河站车站值班员工作不负责任，没有认真阅读、核对调度命令，也没有向信号员、助理值班员传达调度命令；在办理57525次发车进路时。忘记了57525次应反方向进入上行线封锁区间；在向信号员布置进路时，只下达“3道开车，开放信号”的命令，没有明确指示向卓山方向上行线发车，是导致事故发生的主要原因。哈尔滨工务机械段大轮运转大捣机司机开车时，没有与车站助理值班员核对312219号调度命令，在车站正常开放3道出发信号助理值班员发车时，没有及时发现，而是按正常情况发车，将列车开入下行线进人区间，对此次事故负有主要责任。在既有3道出站绿灯和进入封锁区间调度命令行车凭证不一致的情况下，不与车站助理值班员核对，盲目开车，是导致事故发生的次要原因。

● 事故责任

海拉尔车务段负事故主要责任；哈尔滨工务机械段负事故次要责任。

● 采取措施

1. 海拉尔车务段、哈尔滨工务机械段要强化安全思想教育，教育职工要认真执行标准化作业，要以此事为契机，结合安全重点攻关活动，在全段范围内再次开展反思查摆活动，坚决杜绝类似问题的发生。

2. 狠抓作业标准落实。遇有施工时，站长(副站长)在班前预想会上，要将施工的内容、注意事项布置清楚，车站值班员在下达发车命令前，要认真阅读调度命令，不准盲目作业，要说明发车方向、线别。信号员在接到车站值班员的命令后，要认真核对调度命令正确后，才能排列进路开放信号，真正发挥联防互控作用。

3. 强化干部作风作用，加大施工监控力度。海拉尔车务段、哈尔滨工务机械段监控干部在现场监控时，要认真核对调度命令、计划，加强对重点作业的控制，各站遇有施工时，车务段将加派业务干部进行加岗监控，确保施工安全。

4. 海拉尔车务段要加大对管内各站非正常接发列车作业、调车作业应急培训力度，提高作业人员的非正常作业素质和应变能力。

5. 事故责任单位要认真对该起事故进行一次深入分析，举一反三，查找在施工、非正常情况下作业中的问题，制定有效的安全控制措施，消除安全生产中的隐患。

6. 发挥干部作用，进一步强化现场安全控制，狠抓作业标准的落实。加大对现场检查力度，确保现场作业安全。

【例 4.10】 黎湛线文里站擅自关闭出站信号，造成列车冒进出站信号

● 事故概况

1994 年 3 月 20 日，2701 次货物列车计划在黎湛线文里站 2 道通过。当列车进站时，助理值班员擅自恢复该道的出站信号，造成列车停车不及，冒进出站信号机 3 个车。

● 原因分析

助理值班员违反《技规》第 276、280 条的规定，擅自恢复信号。

● 事故责任及处理

责任单位：河唇车务段。

事故处理：给予文里车站助理值班员行政警告处分。

● 采取措施

各有关站段必须认真吸取教训，明确岗位职责，认真执行各项规章制度和接发列车作业标准。

【例 4.11】 兰新线红柳河站未准备好进路发车

● 事故概况

2003 年 11 月 6 日 3:25，25008 次货物列车到达红柳河车站（敦煌车站管辖）4 道，待避 T296、1044 次之后准备发车。

由于风雪影响造成 13、15、17 号道岔无表示，无法正常准备 25008 次发车进路。车站值班员在通知站长和副站长后，由站长负责室内指挥，副站长带领调车长到现场手摇道岔，开通进路。由于未认真检查和确认进路，错将 15 号道岔反位确认为定位，且在摇动 15 号道岔时只摇了一动而未摇二动，就盲目汇报进路正确。25008 次于 6:08 开出，6:12 压上 15 号道岔后被喊停，7:25 退回红柳河站内。经检查确认 15 号道岔南股尖轨被挤弯。

● 原因分析

红柳河站现场作业人员违反无联锁接发列车有关规定，简化作业程序，对进路道岔开通位置是否正确未认真检查确认，是造成事故的主要原因。

● 事故责任

责任单位：敦煌站。

● 对有关人员的处理

1. 红柳河站副站长严重失职，未认真确认就盲目汇报进路，对此次事故负有直接责任，给予撤职处分。

2. 红柳河车站调车员对设备未认真检查确认，且对双动道岔操作失误，对此次事故负有重要责任，给予行政记过处分。

3. 红柳河站站长对现场安全重点工作布置不周，监督不力，负有重要管理责任，给予行政记过处分。

4. 红柳河站值班员简化非正常情况下接发列车作业标准，盲目图快，负有一定责任，给予警告处分。

5. 红柳河站助理值班员在非正常情况下，违反《站细》有关规定，未能履行自身职责，给予记过处分。

6. 中间站指导员对现场安全指导不力，安全控制不到位，负有主要责任，给予行政记过

处分。

7. 敦煌站安全室主任安全意识不强，警觉性不高，对安全关键盯控不力，给予警告处分。

8. 敦煌站技术室主任对规章制度空白点失察，造成现场对设备操作标准不明；教育室主任职教工作针对性不强，有效性差，分别给予警告处分。

9. 敦煌站主管中间站工作的副站长对工作指导不力，在 9 月 16 日安北站（敦煌车站管辖）发生事故后没能举一反三，认真吸取教训，对管内连续发生事故负有主要领导责任，给予行政记过处分，并解聘副站长职务。

10. 敦煌站主管安全、教育的副站长对安全工作指导不力，缺乏有效分析，职工教育流于形式，负有重要领导责任，给予警告处分。

11. 敦煌站站长、党委书记对车站整体工作安排不周，管理不严，未能有效吸取事故教训，采取有力措施，给予行政记过处分。

12. 原武威分局运输分处处长对事故负有专业管理责任，给予通报批评。

13. 原武威分局分管安全的副分局长对事故负有领导责任，给予通报批评。

● 事故教训

1. 作业标准落实存在问题

(1)敦煌站现场把关人员违反《行规》，对无表示道岔未进行双接点检查和第二牵引点加锁，造成挤坏道岔。

(2)敦煌站现场分工不明确，职责不清，导致对进路检查确认失控，在关键环节控制上出现空白点。

2. 现场关键点监控存在问题

(1)中间站站长、副站长对作业关键环节盯控不到位，安全责任意识淡薄，对关键点认识不清，在特殊情况下没有起到把关作用。

(2)车站值班员在非正常情况下未能有效盯控现场作业，只是泛泛要求，缺乏有效指挥，造成现场安全失控。

3. 基础管理工作存在问题

(1)基础管理不扎实。制定的冬季安全卡控措施不全面，导致特殊情况下安全运输组织关键环节出现问题。

(2)作业标准落实不到位。虽然车站建立了非正常情况应急处理办法和模型，但在实际应用中没有发挥作用，尤其是对《非正常情况下接发列车标准》落实不力，导致现场问题发生。

4. 业务素质存在问题

(1)干部、职工的业务素质不高，应急处理能力较差，对基本规章未能熟练掌握。班组长综合素质差。

(2)职教工作流于形式，针对性不强，没有与现场行车设备特点相结合，对 1506 无联锁接发列车作业标准缺乏系统培训。

5. 规章制度存在问题

敦煌站技术规章缺项，《站细》中对车站特殊设备，双转撤机道岔使用、密贴的确认没有明确规定，导致现场作业标准不规范。

6. 安全管理存在问题

(1)敦煌站安全室对现场作业指导不力，对关键点、关键岗位盯控把关不到位。

(2)敦煌站主管领导对分管工作检查指导不力，对现场作业关键环节、关键岗位及安全工作中的薄弱环节布置、督促、检查不到位。

(3)中间站管理工作滞后，管理职责不清，逐级负责制未能有效落实，导致现场作业混乱，安全工作失。

● 采取措施

1. 认真吸取事故教训。各单位迅速将事故通报记名传达到全体干部职工，结合事故教训，深入开展反思整改活动，要结合实际，反思工作中存在的不足与问题，剖析原因，纠正偏差，并举一反三，深入查找各类安全管理隐患问题。特别是各级管理人员要端正思想，正确认识、吸取事故教训的必要性和重要性，查找自身“安全第一思想”是否到位，是否正确履行了自身职责，从而促进安全工作稳步发展。

2. 完善安全控制体系。各单位要研究解决安全管理中执行难、监控难、落实难的问题，结合已制定的流程和模型，运用细分思想，从制度建立、标准执行、安全监控、督导查办等环节建立和完善单位安全管理控制体系。要梳理安全卡控重点，明确责任部门及人员，形成环环相扣、责任连挂、安全互保、有效监控的安全控制体系。

3. 强化关键点控制。各单位要全面开展寻找安全关键点、薄弱点、重点工作，从组织结构、作业系统、管理层次等几个方面查找自身安全卡控重点。要结合单位主要流程、关键作业环节，建立关键点控制体系，将所有相关人员(包括流程中所涉及的干部、职工、包保人员等)作为体系成员之一纳入系统进行管理，从而建立一种责权利对等、相互制约、实时监控、科学评价的有效机制，通过对关键点有效控制，实现安全工作的整体稳定。

4. 深入开展推标工作。各单位要深入开展一次“反违章、反违纪”活动，组织人员深入现场对作业标准落实情况进行全面检查；要加强干部职工安全意识教育，增强干部职工遵章守纪的法律意识和自觉性；要认真抓好干部职工业务培训工作，提高业务素质和应急处理能力；要加强班组建设，全面开展“自控、互控、他控”全员保安全活动；严格落实“两违”考核，深化竞争上岗机制，促进岗位达标评价制度的有效落实，把安全隐患消灭在萌芽状态。

【例4.12】 广州东站D725次列车未准备进路发出列车

● 事故概况

2007年10月6日6:53，D725次动车组列车(广州机务段$CRH_1$017A号；编组8辆，总重420 t，换长19.5)在广九线广州东站8道反方向开车时，挤坏170号道岔停车。

● 原因分析

1. 2007年10月6日6:16，广州东站X3LQG红光带，电务检查人员于6:22办理停用上述红光带区段电码化设备。6:43调度所发布036501号命令，停用广深线广州东—石牌间Ⅰ线基本闭塞法，改用电话闭塞法行车。由于信号员工作极端不负责任，对设备和反排进路业务不熟，在第一次排列D725次进路后发现为非基本进路而取消，由于第一次反排进路时，276号岔(中间岔)转向了反位，第二次重新排列进路时，应分两段排列反向进路，结果只排列了一段，一段未排，导致276号道岔未开通。排列进路后，有一段进路无光带，未引起信号员警觉，也未按规定接通光带确认进路开通状态和接通光带检查进路上所有道岔是否开通正确，就盲目认为道岔已全部开通，也没有向值班员汇报进路准备情况，造成D725次6:53开车后，经276号岔反位(非基本进路)运行，挤坏开通基本进路处于定位的170号道岔，是造成此次事故的主要原因。

2. 广州东站值班员违反部颁TB/T 1506—2003《无联锁接发列车作业程序》的有关规定，没有认真确认发车进路，在信号员没有汇报进路准备妥当的情况下，也没有追问，而且发车前没有再次布置信号员确认发车进路，就盲目通知司机开车。广州东站值班干部没有履行把关干部职责，没按规定填记《非正常情况下接发列车主要作业程序卡控登记表》，在把关过程中未将主要精力用于行车组织上，对关键作业程序没有起到把关作用，对作业过程中发生的一系列违章和简化作业程序行为，均未及时发现和制止。车机联控流于形式，值班员虽然呼叫了D725次司机8道发车进路好，但是没有认真确认进路，信号员也没有再次确认进路。

● 事故责任

广州东站负事故全部责任。

● 对有关人员的处理

1. 给予广州东站信号员、值班员撤职及待岗另行分配工作处分。

2. 给予广州东站运转车间主任、指导员、分管副主任行政警告处分。给予车间盯岗干部行政记过处分。

3. 给予负领导责任的站长、党委书记、站长助理、安全科长、安全员扣罚月度计件工资的50%。

● 采取措施

1. 立即将事故记名通报至全站干部职工，班组、车间、车站三级部门召开专题安全反思分析会，认真吸取事故教训，严格按标准化程序接发列车。非正常情况下接发列车要严格落实TB/T 1506—2003《单双线电话闭塞无联锁接发列车作业标准》的有关规定和安全卡控制度，把好进路和凭证关，确保接发列车作业安全。

2. 全面加强安全基础管理，加强行车人员安全责任教育和业务培训，熟练掌握行车设备的正常和非正常情况下的使用方法，组织开展非正常情况下接发列车练功比武活动，提高应变技能。

3. 加强非正常情况下接发列车安全监控，把关干部要紧盯关键作业程序，逐项认真填记勾划簿，确实落实安全把关职责，不能分心去处理其他方面的问题。开展组织对职工"两违"专项整治活动，特别针对简化作业程序等违章行为进行整治。

4. 各级干部要大力加强和严格执行安全监控制度，重点对接发标准化执行情况和非正常情况下接发列车进行抽查监听，及时掌握了解现场作业情况，及时发现问题及时整改，确保接发列车标准化落到实处。

【例4.13】 南京东站84455次货物列车机车带电进入停电区

● 事故概况

2009年4月13日4:20，南京东机务段$HXD_3$272号机车牵引84455次货物列车运行至南京东站101/103号道岔后，司机发现网压为零、主断分，立即停车。此时，84455次电力机车由南京枢纽07号供电单元带电进入施工停电的11号供电单元。经抢修恢复供电，84455次列车停车31 min后，于4:51开车。

● 原因分析

南京东站宁东到达场车站值班员违章作业，第4425号调度命令下达后，未向值班站领导汇报，未向助理值班员布置相关接发列车注意事项，对08、11号供电单元停电行车限制内容心中无数，也未按规定核对行车限制卡，特别是对K8458次到达林场站时分不掌握、不追问，对供电维修天窗施工开始时间心中无数；尤其是凭经验擅自调整46605、84455次接车顺序，盲目图快，主观臆测84455次整列越过103号道岔后，即可开放Z41次正线进站信号，致使84455次本应从125/127号道岔反位基本进路进K3道（天窗修影响范围外）变更为经101/103号道岔反位进K3道的迂回进路，造成84455次列车带电进入停电区，是造成本起事故的直接原因。

● 事故责任

南京东站负事故全部责任。

● 采取措施

1. 南京东站立即组织召开事故扩大分析会，举一反三，深入查找安全生产责任意识、安全基础管理、施工安全关键控制及现场标准化作业执行等方面存在的问题和隐患，指定专人，落实责任，盯控整改。

2. 上海维管段、南京供电段、路局调度所要眼睛向内，查找自身工作不足，严格落实安全生产基础管理制度，确保施工各项安全控制措施落到实处。

3. 铁路局运输处应对《行规》第143条第10款规定予以明确，对施工计划计算机管理系统操作程序予以明确，特别是涉及多单位的维修施工项目查询功能的使用问题。

4. 各单位、各部门要抓好重点，迅速扭转安全被动局面。要结合当前安全实际，举一反三，大力开展事故典型案例教育，引导广大干部职工正确认识和处理安全与效益、安全与效率的关系，并采取强有力的措施，强化现场检查监督和指导，进一步量化干部现场督查和把关标准，切实提高共保安全的控制力、执行力和内聚力。

【例4.14】 塔韩线关闭折角塞门发出40887次列车

● 事故概况

2009年7月30日，齐齐哈尔机务段DF_{8B}5175号机车牵引40887次列车（编组15辆，总重431 t，换长19.7）在塔韩线十八站调车作业开车后，运行至十八站—查班河间，司机通知查班河站列尾风压下降停车检查。13:17查班河站停车，经检查，发现列车尾部车辆N_{17AK}5064902后端与列尾主机连接的折角塞门处于关闭状态，导致列尾主机风压下降。后将折角塞门打开，于13:35开车。

● 原因分析

塔河车务段十八站助理值班员发车时。认为车辆软管与列尾主机软管连接处有松动，将车辆折角塞门关闭，用铁线捆绑处理后，忘记打开车辆折角塞门，盲目向司机显示发车信号。是造成这起事故的直接原因。

● 事故责任

塔河车务段负事故全部责任。

● 采取措施

1. 塔河车务段重新开展安全隐患排查和专项整治，举一反三、眼睛向内，深查作业中的安全隐患。

2. 车务段及车站没有将外劳返岗人员作为重点人进行重点的包保和控制，对其上岗后的工作状态没有进行全面的跟踪，使“三新”人员处于失控状态。要对全段外劳返岗等“三新”人员进行全面的排队分析。制定具体的包保、控制措施，强化岗位上的技术业务培训，迅速提高业务素质，达到岗位要求。

3. 车务段各级干部加强包保工作，深入现场发现问题、解决问题，特别是对边远的小站，全面落实“高标准、讲科学、不懈怠”的安全工作要求，切实发挥好干部作用。

4. 车站站长加强对现场作业的加强检查、监控，深刻吸取这次事故教训，根据人员和作业情况确定重点，实施重点控制，避免出现“盲区”。

5. 机车乘务员严格执行特殊区段“列尾装置使用规定”中的“三前一后”查询时机(即列车开车前，下岭制动机使用前，列车进站停车前，列车出站后)，如发现异常及时采取措施。

【例 4.15】 密云站42488次货物列车脱轨

● 事故概况

2009年4月22日，怀柔北机务段$DF_4$3513号机车牵引42488次货物列车(编组50辆，总重4 245 t，换长61.6)于15:23由密云站5道开车，因机后1位左侧车轮下的防溜铁鞋未撤除，当列车运行至密云站17号道岔辙叉心处，机后第一位车辆脱轨，司机感觉后部有异音，采取制动措施，列车于15:26停于K87＋847处。经救援，17:15开通线路，中断正线行车1 h 49 min。

● 原因分析

4月22日15时，密云站组织3道36637次发车；15:12，又组织5道42488次发车。在组织42488次发车时，前部助理值班员忘记撤除5道防溜铁鞋，就通知后部助理值班员：“前面好了(即告知防溜已撤除)”，后部助理值班员随后通知车站值班员42488次具备发车条件。15:23，42488次轧铁鞋开车，运行至17号道岔辙叉心处，造成机后第一位车辆脱轨。

● 事故责任

通州车务段负事故全部责任。

● 事故处理

1. 北京局对相关责任者的处理意见

(1)给予负有分管责任的主管安全副段长行政记过处分。

(2)分别给予段长、党委书记行政记过处分。免去通州车务段段长职务，另行分配工作。

2. 通州车务段对下列责任者的处理意见

(1)给予事故的主要责任者助理值班员留用察看1年处分。

(2)给予负有作业盯控不到位责任的副站长行政记大过处分。

(3)给予负有直接管理责任的站长、支部书记撤职处分。

(4)给予负有专业管理责任的安技科长行政记过处分。

(5)给予负有包保责任的包站干部行政警告处分。

4.2.4 相关规范、规程与标准

《铁路接发列车作业》(TB/T 30001—2020)

典型工作任务 3 调车作业惯性事故的预防

4.3.1 教学目标

1. 能力目标

具备预防调车作业惯性事故的能力。

2. 知识目标

了解发生调车作业惯性事故的常见原因，掌握调车作业惯性事故的预防方法。

3. 素质目标

培养学生对工作高度负责的精神。

4.3.2 工作任务

分析调车作业工作惯性事故的现象及原因，讨论调车作业惯性事故的防范对策。

4.3.3 相关配套知识

在调车作业中发生的事故，叫调车事故。调车事故中频率较高的事故，称为调车作业惯性事故。

一般说来调车作业惯性事故分为“冲、脱、挤、溜”四种类型，即冲突、脱轨、挤道岔、机车车辆溜逸。

1. 发生调车作业惯性事故的常见原因

(1)调车作业计划不清或传达不彻底

调车作业计划是调车组、扳道组、信号员及调车机车乘务组统一的行动计划，如果调车作业计划本身不清，造成调车进路排错，机车车辆进入异线，作业方法错误，不该溜放的车辆溜放；调车作业计划不清或传达不彻底，造成调车组、扳道组或信号员及调机司机行动不一致，极易发生事故。

(2)作业前检查不彻底，准备不充分

调车作业前，必须按规定提前排风，摘解风管，核对计划，确认进路，检查线路、道岔和停留车辆情况，手闸制动时要选闸、试闸，铁鞋制动时要准备足够、良好的铁鞋。

(3)忘扳、错扳、抢扳道岔

在非集中控制区，忘扳、错扳和抢扳道岔，会直接造成事故；在集中联锁区，信号员误排进路，调车长和调车机车司机不认真确认信号，极易造成冲突、脱轨和挤岔事故。

(4)调车手信号显示不标准

调车手信号显示不标准有三种情况：一是未按规定的要求显示信号；二是错过了显示信号的时机；三是错误地显示信号。上述情况都有可能导致事故的发生。

(5)溜放作业速度掌握不当或提钩时机不当

实现溜放作业安全的关键是正确掌握好溜放速度，正确把握提钩时机，保证溜放车组适当的间隔距离。如果溜放速度过快，会给制动工作造成困难；溜放速度过慢，易造成“堵门”，影响后面车组的溜放。提钩过早容易造成车组间隔距离不够给扳道和制动作业造成困难，容易造成尾追冲突；提钩时机过晚，又会发生提不开钩，直接影响作业效率。特别在计划不清、联系不彻底时随意提钩，后果更为严重。

(6)制动不当

目前，我国铁路调车作业采用的制动工具有手闸、铁鞋、减速器、减速顶、制动小车等。但绝大多数车站的主要制动工具是铁鞋和手闸，就是在机械化驼峰作业中，也要辅以铁鞋和手闸制动。此处所说的制动不当，主要是指铁鞋和手闸制动不当。制动不当的表现有：

① 选闸、选鞋不当。选闸、选鞋不当造成手闸制动不灵、“飞鞋”，容易发生调车冲突。

② 观距调速不当。溜放作业观速不准，调速不当，特别是手闸制动采用“一把闸”的错误操作方法，以及单车溜放时不执行“双基本”，都容易发生事故。

③ 漏钩。调车作业中一旦漏钩，车组无人制动，特别是在线路两端同时作业时，极易造成严重后果。

(7)“推黑车”或推进车辆不试拉

推进作业时，车组前端无人领车叫做“推黑车”。“推黑车”时，由于机车乘务员无法确认线路和停留车情况，极易造成撞车和挤岔事故。推进车辆不试拉，一旦车辆中有假连结，制动或停车时车辆脱钩发生溜逸，也容易发生撞车、脱轨、挤岔和溜逸等事故。

(8)没按规定采取防溜措施

调车作业在线路上停放车辆时，如不按规定采取防溜措施，极易发生车辆溜逸事故，一旦车辆溜入区间后果不堪设想。

2. 调车作业惯性事故的预防措施

调车作业按其目的可分为解体、编组、取送、摘挂和其他调车五种作业形式；按设备状况可分为牵出线调车和驼峰调车两大类。不同目的和设备的调车作业，预防惯性事故的措施不尽相同。

(1)正确及时地编制和布置调车作业计划

① 编制调车作业计划

编制计划必须在确保安全的前提下，充分考虑调车效率，做到“四有”(有调车机车名称，有编解或摘挂车次，有作业起止时分，有编制人员姓名、日期)、五全(作业顺序、股道、经由线路，作业方法，摘挂车数(10 辆以上有车号)，代号车标志，注意事项等内容齐全)。一批作业超过 3 钩或变更计划超过 3 钩，应使用调车作业通知单；中间站利用本务机车调车时，不论钩数多少，均应使用附有示意图的调车作业通知单。

② 布置调车作业计划

调车作业计划要正确及时布置，调车领导人要将调车作业计划亲自传达给调车指挥人，由于设备原因，亲自交接计划确有困难时，布置调车计划的办法，按《站细》规定办理。调车指挥人亲自传达给参加调车作业的司机、连接员和制动员。扳道长向扳道员传达，铁鞋组长向铁鞋制动员传达。调车指挥人必须确认有关人员均已了解调车作业计划后方可开始作业。

③ 变更调车作业计划

在需要变更调车作业计划时，要用书面形式重新按程序下达。变更计划时，调车领导人必须停止调车作业，将变更内容重新传达给每一名作业人员，确认无误后方可作业，只变更钩数、辆数、股道时，可不通知司机。

(2)做好调车作业前的准备工作

① 提前排风、摘管、松闸

有关作业人员要提前出场，排净副风缸的风，以免车辆在溜放过程中发生余风制动。按调车作业钩计划要求摘解风管，做到不错、不漏。并按规定检查提钩位置车辆的钩销链是否完好，发现钩销链脱开时，要用铁丝绑牢，检查车辆闸链，松开拧紧的手闸。

② 认真检查线路、道岔、停留车情况

一是检查进行调车作业的线路上有无障碍物，二是检查停留车位置，三是检查防溜措施，四是检查确认道岔开通位置，五是检查“道沿”距离，检查确认无误后方可作业。

③ 手制动机制动要认真选闸、试闸

车列停留时按照“一看、二拧、三蹬、四松”的方法检查手制动机；车列牵出时，按照“一听、二看、三感受”的方法检查手制动机。主要做到“六选六不选”，即选前不选后、选大不选小、选重不选空、选高不选低、选双不选单、选标不选杂。

④ 铁鞋制动要选好铁鞋

按照调车作业计划要求，提前上岗做好准备工作。根据计划钩数、辆数，预计每一钩车的上鞋位置和数量，准备足够数量的铁鞋，并全面检查铁鞋和鞋叉，不能使用的应提前更换，并将铁鞋排放在预计下鞋地点的枕木头上。

(3)正确及时地显示信号

调车作业主要是通过信号来指挥的，同时，手信号还用于调车作业人员相互间的联系。因此，调车作业人员不但要熟悉信号显示内容，还必须熟练掌握显示方法，做到“灯正圈圆、横平竖直、正确及时”。

① 正确选择显示信号的位置

调车指挥人员应站在易于瞭望、能确认前方进路又能使司机看见信号的位置上显示信号。推送调车时，应尽可能选派连结员或有经验的制动员在最前面的车辆上显示信号，调车长在靠近机车的位置上中转信号，严禁“推黑车”。在牵出线上溜放作业时，调车长应在连结员与司机之间的位置上显示信号，既能使司机及时确认信号，又能监督连结员摘解车辆，同时还可以瞭望扳道员准备进路和信号显示情况。

② 正确显示连挂信号

在推进车辆连挂作业时，为了使司机及时了解调车车列与停留车之间的距离，调车指挥人必须向司机显示“十、五、三车”距离信号，以做到平稳连挂。调车指挥人显示信号后，没有听到司机鸣示回示信号时，要立即显示停车信号。为了避免司机误认信号，在显示“十、五、三车”距离信号时，不应再显示减速信号。遇有天气不良、照明不足或地形地物影响，调车指挥人看不清停留车位置时，应派人在停留车前显示停留车位置信号，以便调车指挥人正确及时地显示“十、五、三车”距离信号。推送车辆前应指挥司机进行试拉。

③ 严格执行“要道还道”制度

在非集中联锁的线路上进行调车作业时，为防止挤道岔或误入异线，在机车乘务员、调车人员和扳道员之间通过信号显示建立的调车进路的准备检查、通报进路开通的联系制度叫“要道还道”制度。单机或牵引运行时由司机鸣笛要道，推进运行时由车列前端的调车人员以手信号或口笛要道，扳道员按“一看、二扳、三确认、四显示”的作业程序，确认进路准备妥当后，先显示股道号码信号，然后显示道岔开通信号进行还道。在连续溜放和驼峰解散车列时，第一钩必须要道还道。此外，每批计划的第一钩，溜放作业的开始钩和加减钩，停放爆炸品的线路调车时，变更计划或进路，非固定调车区调车时，也要执行要道还道制度。当集中联锁的道岔施工、停电或其他原因改为就地操纵时，要执行钩钩要道还道制度。在此情况下，驼峰采取单钩溜放法调车时，提钩人员没见到道岔开通信号不得提钩。调车机车由集中区去非集中区或由非集中区去集中区时，由于各站情况不同，须按《站细》规定执行。

(4)溜放作业要认真掌握速度、车组间隔和提钩时机

在溜放作业中，要严格遵守禁止溜放的车辆、线路、作业项目和其他规定，同时重点掌握速度、车组间隔和提钩时机三个关键。

① 正确掌握速度

在溜放作业中，调车指挥人应根据当时的气候条件，线路停留车位置的远近和大小车组的排列，作业人员的技术水平等情况，及时调整溜放速度。例如，车列的头几钩都是小组车，溜放后机车带的车辆还很多，这时速度就不宜过大；相反，车列的头几钩都是大组车，溜放后车列所剩车数不多时，则溜放大组车的速度可适当加大。遇有顶风、降雪等气候条件时应适当提速度，如遇雨雾、顺风等气候条件时，由于轨面较滑，溜放速度应适当降低。

② 正确掌握车组间隔

在溜放作业时，除要掌握好溜放速度外，还要正确掌握溜放车组的技术间隔。间隔过大，会影响效率，间隔太小会给扳道造成困难，危及安全。如图 4.1 所示，两车组溜放的技术间隔是从前行车组离开分路道岔尖轨跟部起，至道岔扳妥，后行车组刚好运行到该分路道岔尖轨尖端处止。如果小于这个间隔，道岔来不及转换，将造成两车组进入同一股道，甚至道岔“四开”，造成脱轨。在现场实际溜放作业中，一般目测前后车组在分歧道岔处要有两辆车的距离，即为正确的车组技术间隔。

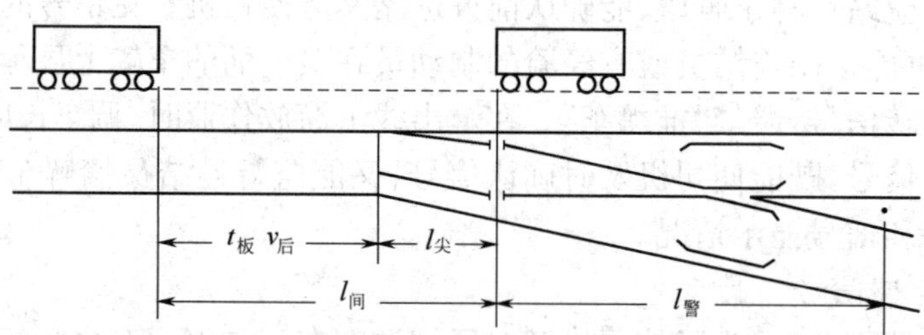

图 4.1 溜放车组最小间隔距离示意图

③ 正确掌握提钩时机

驼峰调车应本着“宁可峰上慢，不叫峰下乱”的原则掌握提钩时机。具体应做到“六不提”，即前钩不脱后钩不提，没有信号不提，车组间隔不够不提，计划不清不提，禁止过峰车辆不提，前手闸、后铁鞋时前手闸未过分歧道岔警冲标后车组不提。平面溜放调车的“六不提”是驼峰调车的前四不提的基础上，增加“未得到手闸制动员试闸良好信号不提；禁溜车不提”。

(5)制动作业做到准确观速、正确调速、制动得当

① 准确观速

观速主要有看速、数数计速、步行测速三种方法。看速即调车人员在车上看枕木头状况来判断车辆的走行速度。如调车线每节钢轨长 12.5 m，下铺 18 根枕木，能较慢数清枕木根数

时，速度约在4 km/h左右；能较快数清枕木根数时，速度约在7 km/h左右；能看清但数不清时，速度在10 km/h左右；看不清枕木根数时，速度在15 km/h左右。数数计速就是根据车辆走过的相对固定距离(电线杆、钢轨等)用自己数数的方法来确定车辆的速度。步行测速即根据人慢行、快行、跑步等确定车辆走行的方法。正确运用以上方法，就能准确测速。

② 正确调速

正确的做法是在溜放车组还没有溜到停留车位置前，就把溜放车组调整到需要的速度。

手闸制动时，调速的方法是急拧闸盘后立即松开，连续几次就可以调到需要的速度。这样做既不造成过早停车，又可获得较强的制动力。铁鞋制动时，调速的方法主要采用"一轨双基本"。理由是：在一根钢轨上前后安放两只鞋，制动员可根据车组速度随时调整基本鞋的位置，速度小时可撤下一只，速度大时有可能将第一只铁鞋打掉，后一只铁鞋可以起到保护作用，达到制动目的。

③ 制动得当

人力制动要根据天气、坡道、弯道、车辆空重、车组大小等因素的影响，在正确调速的基础上按规定尽可能使车组停在预定的地点。一般作法是：对单个车组和小组车，坚持使用"一车三鞋双基本，远摆近推"；对中组车采用"远下基本近掏档"；对大组车采取"让头拦尾，集中下鞋"的方法，达到目的制动的要求。

(6)按规定认真采取防溜措施

编组站、区段站在到发线、调车线以外的线路上停留车辆，不进行调车作业时，应连接在一起，拧紧两端车辆人力制动机或安放铁鞋(或止轮器)。中间站停留车辆时，无论停留的线路是否有坡道，均应按规定采取防溜措施。摘车时，须等车列停妥后拧紧人力制动机，安放铁鞋或止轮器和防溜枕木，牢靠固定后，方可提钩。挂车时应首先检查防溜措施状况，确认无误后才能挂车。未挂妥之前不得撤除防溜措施。

动车组无动力停留时，有停放制动装置的动车组，由司机负责将动车组处于停放制动状态；无停放制动装置或在坡度为20‰以上的区间无动力停留时，由司机通知随车机械师进行防溜，防溜时间使用止轮器牢靠固定。

【例4.16】 赣州站1904次旅客列车车底调车作业脱轨

● 事故概况

2009年1月20日0:46，京九线赣州站在执行1904次旅客列车车底调车作业时，因调车长与信号员联系不彻底，且在未征得车站值班员同意的情况下，擅自变更调车计划，信号员违章办理调车进路，连结员推进作业时未认真瞭望信号，导致车列越过关闭的D_{10}调车信号机，挤坏6号道岔，并破坏了K87次5道下行发车进路，致使X_5信号机关闭。信号员发现后，用电台呼叫停车，并通知连结员指挥机车后退。车列停车后，最前一辆客车YW_{22B}674415已越过挤坏的6号道岔。后退时，由于道岔被挤坏，车列最后一辆YW_{22B}674415的前台车进入6号道岔直股方向，后台车进入6号道岔的曲股方向，车辆进入4股，构成脱轨事故。脱轨车辆行至D_{10}调车信号机处，将信号机打坏并停车。车列共走行107 m，影响京九下行正线行车。车辆、道岔、信号设备受损。造成京九下行正线中断行车2 h 59 min；1904次欠编2辆，列车始发晚点2 h 53 min。

● 原因分析

1. 车站连结员违反《技规》第228条关于"推送车辆时，要先试拉，车列前部应有人瞭望，及时显示信号"的规定,不认真瞭望确认信号,在D_{10}信号机显示蓝灯的情况下,没有显示停车信号,也未使用紧急制动阀停车,导致推进车列闯入关闭的D_{10}信号机,挤坏道岔,是造成事故的直接原因。

2. 车站值班员违反《技规》第225条关于"调车领导人应正确及时地编制调车作业计划"和《行规》第36条调车作业计划编制必须正确填写其内容、符合调车作业通知单格式的规定,编制调车计划和传达调车计划均不规范,使参加作业人员不能正确理解和执行作业计划。

车站值班员违反《南昌铁路局调车作业安全管理制度》附件3第1款"严密组织编制审核计划,中间站利用本务机车穿越正线调车作业时必须在记事栏内注明标准钩分"的规定,在编制1904次穿越正线调车作业计划时,未注明穿越正线标准钩分。

车站值班员违反《南昌铁路局调车作业安全管理制度》附件3第2款"把关人员必须亲自审核调车计划,确认无误后,方可在调车计划单上签认。未经把关人员审核签认,调车作业人员不得进行调车作业"的规定,在未通知把关人员到场把关的情况下,擅自模仿非值班的把关人员签字,布置调车作业计划,进行穿越正线调车作业。

车站值班员的上述违章作业的行为是造成事故的主要原因。

3. 车站信号员违反《行规》第49条关于"接发旅客列车时,能进入接发列车进路的线路没有隔开设备或脱轨器不准调车"的规定,在线路没有隔开设备的条件和准备办理下行5道K87次旅客列车出发进路的情况下,违规办理1904车体Ⅰ道至D_{10}的短调车进路,是造成事故的主要原因。

4. 车站调车长变更调车计划未征得车站值班员同意,违反《行规》第37条关于"调车指挥人在变更到发线上的调车作业计划前,须得到车站值班员的同意"的规定,对助勤的连结员未交代调车作业计划中的重点注意事项,违反《技规》第225条"调车指挥人确认有关人员均已了解调车作业计划后,方可开始作业"和违反《行规》第135条"尖轨被挤后,如机车车辆停在道岔上时,不得后退"的规定。在推进作业挤坏6号道岔后,盲目指挥车列后退,导致车列脱轨。是造成事故的主要原因。

● 事故责任

赣州车务段负事故全部责任。

● 事故教训

1. 领导班子责任意识淡薄,安全管理不力。赣州车务段领导班子缺乏安全第一的责任意识,抓安全生产的精力不集中,重点不突出。赣州站是赣州车务段春运工作最繁忙的车站,在春运工作的关键时期,车务段班子对赣州站的安全工作疏于管理,对站场客车底存放、调车进路等一系列有关春运安全的关键作业,没有深入调查研究,没有认真研究可行的技术作业方案,致使该站调车安全工作存在严重隐患。

2. 对重要的安全工作事项缺乏应有的重视,抓安全重点工作走了过场。车务段收到了路局转发的原铁道部(铁安监电[2008]90号)电报后,在落实上存在应付、对付、马虎的现象。没有认真组织学习上海局徐州北站发生的调车侧冲典型事故案例,对部、局的整改要求没有认真抓好落实,在传达、学习、贯彻上走了过场。经查阅赣州车站学习记录,没有原铁道部90号电报的学习内容。

3. 对惯性安全隐患没有引起高度警惕,整改落实流于形式。去年以来,路局安全监察部门对车务段调车作业进行了专项检查,在抽查的54份调车作业通知单中,就有14份存在着穿越正线调车作业未经干部把关签认，为此下发了《监察通知书》。此次事故中，仍然存在穿越正线调车干部把关签字弄虚作假的问题，给穿越正线调车安全留下严重的安全隐患。

4. 现场作业"两违"问题突出，群体违章现象未得到有效遏制。在事故的作业过程中，值班员、信号员、调车长、连结员均存在严重违反《技规》、《行规》、《站细》和调车安全管理措施的行为。作业中的自控、互控、他控的卡控措施，没有一项得到落实。班组管理、岗位执标完全处于失控状态。

5. 对春运特殊时期的安全卡控措施落实不到位。赣州车务段没有按照路局春运工作要求，针对赣州站春运工作特点，规定停留客车车体的存放地点，确定固定的调车进路，对调动客车车体没有明确干部把关要求，对关键作业和关键人的卡控缺乏力度。此次事故中，连结员从赣州南站到赣州站助勤，第1天上岗只跟了2批作业就单独作业，对站场设备环境生疏，车站也未采取盯控措施，以至酿成事故发生。

6. 专业管理薄弱，安全责任制不落实。春运开始以来，铁路局长在元月12日安委会上对穿越正线调车安全提出了专门要求，但是，从路局机关到站段，各级业务部门未引起高度重视，对主要客运站的调车安全疏于检查，疏于监管，使事故钻了管理疏漏的空子，酿成了严重的后果。

● 采取措施

1. 认真吸取此次事故教训，深入开展事故案例教育活动。各部门、各单位要迅速将此次事故原因和教训记名传达到每个干部职工，使全局干部职工引起思想深处的震撼，牢固树立如临深渊、如履薄冰、如坐针毡的安全忧患意识。做到警钟长鸣、常抓不懈。

2. 从紧从严落实安全生产责任制。路局各部门、各单位党政主要负责人必须要把安全工作放在一切工作的首位。集中主要精力突出抓好专业技术管理、设备质量管理和安全关键作业环节的卡控。对安全生产上存在的突出问题必须落实闭环管理，对整改落实不力的，要严肃追究责任。

3. 大力转变干部作风，加大春运期间安全监督卡控力度。各部门、各单位必须严格执行24小时干部值班制度，各级专业技术管理人员要全身心地投入春运安全工作中去，深入车间班组和岗位，认真开展专业对规达标检查，及时纠正各类违规违标的行为。

4. 立即开展调车安全专项整治活动。运输、机务、工务、供电、建管等部门要迅速组织开展调车安全专项检查，对有关调车作业的管理制度、《段细》、《站细》进行全面清查，全面查堵调车安全管理上的漏洞。春运期间，所有的调车作业，实行干部进行24小时监控把关。安监部门对主要客运站的调车安全要实行重点督查，对查出的问题要及时下发《监察通知书》，限期整改，并追踪检查整改落实情况。

5. 突出重点，全面抓好旅客列车安全工作。各车务段、直属站要突出抓好接发旅客列车安全、站车乘降组织、防火防爆安全检查工作，机务部门要认真抓好一次出乘作业标准化的落实工作，严格调度命令和运行揭示管理，加强机车走行部的检查。车辆部门要突出抓好重点旅客列车、临客列车的人库检查和维修，加强对"二炉一灶一电"和发电车的检查，确保出库质量达标。

6. 严肃安全工作纪律，确保安全工作政令畅通。各部门、各单位对上级下发的各类安全工作的指示、指令、措施和要求，必须以高度的责任和紧迫感，认真贯彻，坚决落实，不打折扣。坚决杜绝以文件贯彻文件的形式主义作风，做到真抓实干，务求实效。

【例 4.17】 陇海线罗鼓村车站未防溜造成车辆溜入区间的事故。

● 事故概况

1999 年 2 月 3 日 4:20,陇海线罗鼓村车站在进行 3602 次货物列车机后 36 位热轴甩车作业中,由于调车作业人员没有按规定采取防溜措施,也未确认车辆是否停妥,就擅自提开车钩,造成车辆溜逸到马嵬坡车站,被马嵬坡车站用铁鞋拦停在站内 3 道。构成行车一般 C 类事故。

● 原因分析

调车人员违反《技规》第 227 条、《行规》"无论停留的线路是否有坡度及停留时间长短,均应采取防溜措施;摘车时,必须在车辆停妥,采取防溜措施后再提开车钩"的规定,导致事故发生。

● 事故责任及处理

责任单位:原西安铁路分局虢镇车务段。

事故处理:给予事故主要责任者车站助理值班员开除路籍,留路察看一年处分。事故重要责任者车站扳道员行政记大过处分,下岗一年。

● 采取措施

扩大事故教育,举一反三,查找事故隐患和漏洞,切实吸取教训。认真执行落实停留车辆的防溜措施。严格管理,落实干部上岗监控制度。

【例 4.18】 调车长擅自变更调车计划,进入异线冲撞停留车,颠覆车辆又侵入接车进路发生祸中祸,造成货物列车冲突事故

●事故概况

1992 年 1 月 12 日,3173 次货物列车 3:40 到达兰州铁路局原银川分局包兰线新市沟站 3 道,编组 30 辆(本站电厂煤车 21 辆,下行长途车 8 辆,守车 1 辆),本务机于 3:50 开单机 4003 次去中卫站,由中卫站返回的单机 4002 次 4:50 到达新市沟站 1 道后,担当调车作业(中卫机务段 QJ 型 6767 号机车)。5:35 车站值班员下达调车作业计划:1 道机车出,3+8,专 1-8,3+8,专 2-8,3+5,专 1-5 待卸。调车长接受计划后与司机商定将计划变更为:单机 1 道出,3+10,专 1-10,3+11,专 1-11 待卸。当 3 道+10,专 1-10 时,因走行线坡度太大(走行线 2 669 m、15‰上坡度),推送不上去,退回牵出线。调车长提出 3-2 再送。司机与副司机商定后说:"不用甩了,再闯一次"。而车站值班员仍按原计划将进路排向 3 道。信号开放后,调车长显示了启动信号,司机开汽闯坡(实际进入了 3 道),以 50 km/h 的速度与 3 道停留的 20 辆车发生冲突,致使 3 道停留车中第 7 位 C_{62} 708116 等 3 辆车颠覆(另有 7 辆车脱轨和破损),并侵入Ⅱ道限界,调车长受伤。由于助理值班员和机车乘务员忙于抢救调车长,车站值班员忙于开单机送调车长去医院,均未检查调车冲突后的车辆状态和侵入限界状况。

1307 次货物列车枣园堡向新市沟站 5:21 闭塞,1307 次枣园站 5:24 开过来(列车编组 35 辆,总重 2 382 t,计长 38.6)。列车进站前司机问路,车站值班员指路:"Ⅱ道通过……"。司机、运转车长均回答:"明白"。1307 次于 5:35 进站并与侵入Ⅱ道限界的货车发生侧面冲突。蒸汽机车大破 1 台,货车报废 7 辆,大破 6 辆,中破 2 辆,小破 3 辆,损坏线路 163 米;重伤 1 人(调车长);中断正线行车 12 h 10 min;直接经济损失 401 788.52 元。1307 次机车(QJ 型 6395 号)颠覆,货车颠覆 6 辆,脱轨 1 辆。构成货物列车冲突行车事故。

● 原因分析

车站调车长在调车作业中与司机变更计划没有书面计划,违反《技规》第 211 条,及《铁路调车作业标准》中关于"变更计划"的规定。同时又准许放走连结员,只有一人进行调车作业,

严重违反《行规》中“调车组不足两人或机车乘务组人员不足时，不准作业”的规定。机车退回后与车站值班员联系不彻底；车站值班员作为调车领导人，对调车作业进度掌握不清；助理值班员得知发生调车冲突后，没有检查确认冲突后的车辆情况，也未提醒车站值班员，终于导致事故发生。

● 事故责任及处理

责任单位：原银川分局中卫车务段。

事故处理：给予新市沟车站调车长开除路籍，留用察看2年处分；给予该站值班员记大过处分；给予中卫机务段司机降级处分；给予车站助理值班员、连接员警告处分；给予车站站长撤职处分；给予车务段段长、书记警告处分；给予中卫机务段段长、书记通报批评并令其写出书面检查。

● 采取措施

认真贯彻局“安全管理试行条例”，强化安全形势教育，树立“安全第一，预防为主”的思想，把安全工作放在各项工作的首位。转变干部作风，围绕安全生产实际，深入基层，敢抓敢管，严字当头，抓小防大，对事故苗子及事故坚持“三不放过”，为确保安全生产尽职尽责。强化职工“两纪”教育，确保接发列车安全，特别是非正常情况下接发列车作业安全。严格执行调车作业标准，变更计划必须联系彻底后再行作业，中间站站长在调车作业时，必须亲自到现场监督、检查，确保安全措施。

【例4.19】 津浦线担子站防溜不彻底造成列车冲突

● 事故概况

2002年8月3日，摘挂列车41098次（蚌机$ND_5$0087，编组22辆，总重1 694吨，换长26.2）13:06进津浦线滁州车务段担子站4道停车，执行车列带3辆到6道挂1返4道挂全部计划。当班助理值班员担当调车长，副班助理值班员任连结员。4带3开始作业时，因车钩处于拉伸状态，司机在连结员显示信号后缓解后退，连结员对停留车采取的防溜措施不彻底，致使停留车辆向南京方向溜逸并挤坏6号道岔，破坏了30010次货物列车通过进路，溜入区间。13:27左右，在进站信号机外与停车的30010次列车正面冲突。30010次机后2、3、4位车辆脱轨；溜逸车列第8、9位（南京方向）颠覆；中断上行线行车3 h 33 min。

● 原因分析

1. 对停留车采取防溜措施不到位。车站值班员、调车人员，包括站长对车站防溜的重点不明确，编制、下达调车作业计划均没有作为重点进行布置。连结员拧手制动机后，在调整掣轮制止销止锤时，出现手轮盘回转，但没有再拧紧，导致存放4道内的19辆车防溜措施不起作用。压钩提钩前部3辆牵出前移后，又未对停留车辆进行确认，造成车辆溜逸。

2. 站长把关监控流于形式。在41098次列车接近时，站长为图作业方便，擅自联系司机要求列车停在4道中岔前，致使成为停在2‰的下坡道上；在审核调车计划时，又未对停留车防溜重点进行布置。

3. 车站技术管理不到位。担子站纵断面向浦口方向下坡，4道最大下坡2‰，按《站细》没有根据坡度及停留车数量的多少，明确应采取的防溜措施。业务主管部门在《站细》审核、审批上把关不严。

● 事故责任

责任单位：滁州车务段。

● 对有关人员的处理

担任连结员的助理值班员对事故负主要责任，按《上海铁路局职工严重违章违纪解除劳动合同的若干规定》，予以解除劳动合同。给予原蚌埠分局运输分处分处长、分管站组副分处长及主管《站细》审批工程师行政记过处分；免去滁州车务段长、党委书记职务，给予行政记大过处分；给予滁州车务段分管副段长行政记大过处分；给予技术科长行政记大过处分，并调整其工作；给予担子站站长行政撤职处分；给予担任调车指挥人的助理值班员行政记大过处分；给予车站值班员行政撤职处分。

● 采取措施

1. 自 2002 年 8 月 6 日至 9 月 5 日，在上海局全局开展了为期一个月的安全反思教育活动。重点从五个方面进行反思整改：一是对干部作风不实问题认真反思整改；二是对专业技术管理薄弱环节认真反思整改；三是对现场“两违”问题认真反思整改；四是对责任制落实不到位问题认真反思整改；五是对突出问题隐患整治不力问题反思整改。

2. 强化专业技术管理。路局有关业务处室会同蚌埠分局业务部门，对全局所有中间站《站细》进行一次检查、修订、完善；编制《调车手册》，对现场防溜具体操作进行明示，对中间站调车作业实行程序化控制；制定中间站站长职务资格和先培训后上岗规定；凡有无线电调车设备(包括便携式机控器)全部配齐调车录音设备，制定监听及考核要求。

【例 4.20】 绥佳线南岔站调车脱轨车辆与旅客列车侧面冲突

● 事故概况

2003 年 11 月 18 日 20:15，40134 次货物列车由佳木斯运行至绥佳线南岔站东场 12 道，现车 35 辆。该车计划由四班二调推峰解体。推进车列经过推送线上的轨道衡时，值班检衡员发现前 12 辆车与推进车列分离，立即用对讲机呼喊调车人员及司机，要求停车。经司机调速后，机车速度由 11 km/h 降至 6 km/h，又降至 1 km/h。21:38，分离车辆由峰上溜回与推进的车辆相撞，造成推进车列中 13 位(G_{17}6089296)、14 位(G_{17}6081356)脱轨并侵入上行正线，与正在进站的佳木斯至长春 2008 次旅客列车机后第 9、10、11 位侧面冲突(2008 次编组 11 辆)，导致旅客轻伤 5 人，客车第 9 位(YZ_{22B}33716)大破，10 位(YZ_{22B}338385)、11 位(XL_{22}204745)小破，影响 2008 次旅客列车晚点 2 h 49 min。继续运行至哈尔滨站后，机后 9 位摘车处理。

● 事故原因

1. 连结员违反南岔站《调车作业安全控制办法》中推峰作业应在轨道衡处进行“摘钩”的规定，在轨道衡前 224 m 处提前发出“摘钩”指令，导致前部 12 辆车分离向峰上自行溜逸并回溜，与推进车列相撞，造成推进车列中 13 位(G_{17}6089296)、14 位(G_{17}6081356)脱轨并侵入上行正线，继而与正在进站的 2008 次旅客列车机后第 9、10、11 位侧面冲突。推峰前没有进行试拉，是造成这起事故的主要原因。

2. 调车机司机没有认真落实南岔站《行车作业结合部安全联控实施细则》中对推峰前“摘钩”的有关要求，对联结员提前“摘钩”没有起到互控作用。

● 事故责任

责任单位：原佳木斯分局南岔站。

● 对有关人员的处理

1. 给予事故直接责任者南岔站四班二调连结员开除路籍，留用 1 年处分；

2. 给予南岔站四班二调调车长行政撤职处分；

3. 给予南岔站四班值班站长行政记大过处分;

4. 给予南岔站四班值班站长兼党支部书记行政撤职处分;

5. 给予南岔站运转车间主任行政撤职处分。

● 采取措施

1. 加强安全基础建设。以提高班组自控能力为重点,开展提高班组自控能力活动,重点做好班组长选拔、职工培训、班组激励与考核,提高班组的整体管理水平。

2. 突出发挥干部作用。加强现场的安全监控作用,抓好规章制度落实,提升设备质量,搞好结合部控制,提高现场职工作业的控制能力。

3. 严格执行作业标准。车辆部门尤其是客列检,制定具体措施,严格执行技术作业标准,决不允许放行技术不良车。

4. 进行设备改造。《技规》规定:"车站应设在线路平道、直线的宽阔处"。南岔站东场2、4、6、8、10、12道坡度均超过2.5‰,最大6.8‰,东场推峰最大坡度4.7‰,需要对站场进行改造。

● 原铁道部在2003年11月24日对该事故的通报中提出的要求

1. 加强调车作业管理。各单位要重视调车作业安全,认真分析调车事故原因和教训,健全调车安全管理措施,加强对调车现场的检查和指导。针对驼峰调车、编组站调车、穿越正线的调车作业,要制定可行可控的安全管理措施;对可能侵入正线影响列车安全的关键地点,要采取有力防范措施,从硬件和制度上加以保障。

2. 严肃列车放行条件。今后凡发生列车冲突、脱轨造成机车车辆破损,首先要认真检查机车车辆破损情况,严格执行列车放行条件,对危及行车安全及影响旅客乘坐安全的破损车辆,严禁冒险放行。

4.3.4 相关规范、规程与标准

《铁路调车作业》(TB/T 30002—2020)

典型工作任务4 设备施工条件下的行车安全

4.4.1 教学目标

1. 能力目标

在铁路信号、线路等设备施工的条件下,能够保证行车安全。

2. 知识目标

了解铁路运输设备施工的种类,掌握设备施工条件下的行车方法,学会施工用轻型车辆的开行办法。

3. 素质目标

养成认真负责的工作习惯。

4.4.2 工作任务

学习施工条件下行车的安全规定和行车办法,讨论轻型车辆及小车的使用办法。

4.4.3 相关配套知识

在营业线上，对线路、桥梁、隧道、信号、通信、接触网及其他行车设备进行施工、维修时，必须保证行车安全，力争不中断行车，不降低行车速度；同时，行车部门也要支持施工，做到行车和施工两不误。

1. 确保行车安全的有关规定

(1)严格执行施工申报审批制度

既有线路施工必须把安全放在首位加强对施工的组织领导，搞好施工过渡方案，严格执行施工申报审批制度。施工单位提出封锁要点和慢行计划，须经运输部门审批，纳入月度运输方案。未经申报审批严禁施工，擅自施工影响运输和行车安全的，应追究施工单位的领导责任。

(2)施工区间、慢行处所不得超过规定

运输能力紧张区段，为了兼顾施工与运输生产，单线铁路一个区段内同时施工封锁区间不得超过一处，慢行处所不得超过两处；双线铁路一个区段内每个方向(上行或下行)施工封锁区间不得超过一处，慢行处所不得超过两处，但同一区间上下行方向的施工慢行不得超过一处。重点技术改造工程可根据实际情况报部批准，不受此项限制。

(3)严格执行施工计划和方案

运输部门必须按批准的施工计划和方案，根据施工最低需要和运输实际情况，按时给足封锁区间的时间，不得任意变动或压缩时间。施工部门必须充分做好组织准备工作，按时开工，按时收工，不得延长封锁时间。

(4)合理安排施工天窗

确定施工封锁和慢行，应根据线路通过能力和施工需要统筹兼顾，合理安排，采取集中作业、平行作业等办法，充分、合理地利用“天窗”。采取一次停运，多区间封锁，多处或多项施工的方法，减少封锁要点的次数。

(5)施工联系与防护

施工时，应配备经培训考试合格的驻站联络员和工地防护人员，每一施工点的工地防护人员不可少于 3 人，视线不良地段，应增设中间联络员传递信号。施工地点与相邻车站应有可靠的直通电话联络，相互作好通话记录。施工地点发生妨碍行车安全情况时，施工负责人除采取排除行车故障外，并应立即命令防护人员显示停车信号，通知车站值班员(或驻站联络员转告)拦停列车。

驻站人员要随时与防护人员保持联系，如联系中断，防护人员应立即通知施工负责人停止作业，必要时将线路恢复到准许放行列车的条件。

当线间距小于 6.5 m 的施工地点邻线来车时，防护人员应及时通知停止作业，机械、物料或人员，不得在两线之间放置或停留。放置路肩的设备物料，应与列车保持安全距离，物料应堆码放置牢固。

(6)施工协调与指挥

施工期间运输处负责组织有关单位制定审核施工时的行车办法、安全措施落实情况及机务、工务、电务等有关部门间的协调。对车站行车工作影响较大的施工项目，应以车站为主，施工与运营部门参加，共同组成现场施工指导小组，统一指挥、协调现场施工工作。

(7)工程验收与交接

严格做好工程验收交接工作。施工单位应严格按批准的设计要求和施工过渡方案进行施工，确保工程质量，达到有关规范和验收标准，准备好必要的竣工资料，方能申请验收开通。运营部门要提前做好各项接收准备工作，电气集中设备必须进行联锁试验，合格后方可开通使用。

(8)制定特定行车办法

行车设备施工后，改变设备性质和使用方法时，应及时修改《行规》、《站细》及其有关规定，必要时应组织培训后上岗。

2. 施工特定行车办法

(1)车站采用固定进路的办法接发列车。施工开始前，车站须将正线进路开通，并对进路上所有的道岔加锁。

(2)引导接车并正线通过时，准许列车司机凭特定引导手信号显示，以不超过 60 km/h 速度进站。

(3)准许车站不向司机递交书面凭证和调度命令。但车站仍按规定办理行车手续，并使用列车无线调度通信设备(其通信记录装置须作用良好)将行车凭证号码(路票为电话记录号码，绿色许可证为编号)和调度命令号码通知司机，得到司机复诵正确后，方可显示通过手信号。列车凭通过手信号通过车站。

3. 封锁区间施工

工作量大或施工条件复杂、施工时间较长，一般采用封锁区间或限速运行的施工方案，如线路改造及大中修连续性的施工，应在列车运行图内留出施工天窗。繁忙干线客货列车对数多，列车间隔时间短，为保证行车安全和设备维修，也要在运行图中预留综合天窗。影响行车的施工、维修作业不得利用列车间隔进行，必须纳入天窗。

封锁区间施工时，施工负责人应确认已做好一切施工准备，按批准的施工方案，在车站《行车设备检查登记簿》内登记，通过车站值班员向列车调度员申请施工。车站值班员应迅速联系，并应根据封锁或开通命令，在信号控制台或规定位置上揭挂或摘下封锁区间表示牌。列车调度员应保证施工时间，并向施工区间两端站、有关单位及施工负责人及时发出实际施工命令。施工负责人接到调度命令，确认施工起止时刻，设好施工防护信号后，方可开工，并保证在规定时间内完成。

施工单位和设备管理单位应严格掌握开通条件，经检查满足放行列车的条件，且设备达到规定的列车运行速度要求，办理开通登记后，通过车站值班员通知列车调度员开通区间。如因特殊情况不能按时开通区间或不能按规定的开通速度运行时，应提前通知车站值班员，要求列车调度员延长施工时间或限速运行。

施工封锁前，通过施工地点的最后一趟列车前进方向为不大于 6‰的上坡道时，列车调度员可根据施工领导人的要求，在施工命令中规定该次列车通过施工地点后即可开始施工，列车到达前方站后再封锁区间。上述命令应抄送司机及运转车长，该次列车不准退行。

4. 站内行车设备检查的有关规定

在车站(包括线路所和辅助所)内的线路、道岔上作业或检修信号、联锁、闭塞设备，影响其使用时，应事先在《行车设备检查登记簿》内登记，并经车站值班员确认检修内容、起止时间及影响使用的范围，结合列车运行及调车作业进度进行签认。如检修地点距行车室较远，可在扳道房或信号楼登记《行车设备检查登记簿》，扳道员、信号员取得车站值班员的同意后，在登记簿上签认,方可进行检修作业。

检修作业中需使用该设备时,必须取得检修人员的同意,以便检修人员及时将设备恢复到正常状态,以保证行车和检修人员的安全。

设备检修完了后,应会同使用人员进行检查试验,确认设备良好方可恢复使用,并将试验结果记入《行车设备检查登记簿》。

为了保证行车安全,对处于闭塞状态的闭塞设备和办理进路后处于锁闭状态的信号、联锁设备,严格禁止进行检修作业,以免发生旅客列车相撞的行车特别重大事故。

铁路职工发现设备故障危及行车和人身安全时,应立即向开来列车发出停车信号(昼间无红色信号旗时,两臂高举头上向两侧急剧摇动;夜间无红色灯光时,用白色灯光上下急剧摇动),并迅速通知车站、工务、供电等部门。

【例 4.21】 封锁施工改单线行车条件下,未排进路即交令发车,造成事故

● 事故概况

1991 年 3 月 30 日,原青岛分局康家庄—高密站间下行线封锁施工,改单线行车,2738 次列车康庄站 2 道通过后,接 283 次旅客列车进 4 道停车递交调度命令,然后在未排发车进路且进路不对的情况下盲目发车。

● 原因分析

车站值班员简化作业程序,未排进路,盲目发车是造成事故的主要原因。

● 事故责任及处理

责任单位:原青岛分局青岛车务段。

事故处理:原青岛车务段段长、党委书记、分管副段长警告,站长、扳道员记过,车站值班员撤职。

● 采取措施

严格非正常情况下接发列车作业标准,认真确认进路正确,加强干部监控,岗位自控和邻岗互控,严把进路、信号、凭证关。

【例 4.22】 陇海线赵墩站向封锁区间发出货物列车

● 事故概况

2003 年 7 月 23 日 5:20,陇海线赵墩—碾庄站区间上行线封锁施工。由徐州北机务段 $DF_4$1894 号机车牵引 85066 次货物列车(编组 40 辆,1 451 t,换长 54.1)按调度命令在赵墩站停车,由于车站值班员错误办理,致使该列车于 5:20 通过赵墩站,进入封锁区间,用无线列调呼叫后停车。

● 事故原因

1. 赵墩站车站值班员不执行调度命令并严重违反作业标准。作业中,既未按规定揭挂“区间封锁”的安全帽,也未向邻站发出列车预告,尤其在未与列车调度员联系清楚的情况下,违章蛮干,盲目将列车放入封锁区间,是导致此次事故发生的主要原因。

2. 列车调度员发布调度命令极不严谨、不严肃。作业中既不按标准作业,也没有抓住安全关键,对本应该严格控制的关键列车,没有作为工作重点向有关车站进行布置交代,从而导致赵墩站车站值班员误将列车放入封锁区间,是导致此次事故发生的重要原因。

3. 赵墩站助理值班员严重违反作业标准。在调度员发布命令后,不看、不问命令内容,车站值班员开放了 85066 次的通过信号后,就出去接车,没有起到互控联控作用,是导致此次事

故发生的次要原因。

4. 机车乘务员严重违章，已经接到命令和指示，明知赵墩—碾庄站间封锁及地点，当列车接近赵墩站进行车机联控时，车站通知通过，机车乘务员既不询问该地段是否封锁施工，也不执行调度命令，违章进入封锁区间，也是造成此次事故的原因之一。

● 事故责任

新沂车务段负主要责任；原徐州分局调度所负重要责任；徐州北机务段负次要责任。

● 对有关人员的处理

1. 给予赵墩站当班值班员、助理值班员行政留用查看处分，(查看期限为1年)，并按有关规定“下岗”。

2. 给予赵墩车站站长、站长助理行政撤职处分，并按有关规定“下岗”。

3. 给予段安技科科长行政记过处分，

4. 给予线路总支书记、分管行车安全和施工安全的人员行政警告处分。

5. 给予机车乘务员行政记过处分，并按有关规定“下岗”。

6. 给予东线车队队长，支部书记，指导司机通报批评。

7. 新沂车务段长、党委书记负有领导责任，给予行政警告处分。

8. 分管安全的副段长负有直接领导责任，给予行政记过处分。

9. 原徐州分局运输管理分处处长检查指导工作不力，负有一定的管理责任，给予诫勉3个月。

10. 调度所调度员负有重要责任，给予行政记过处分，调离调度所另行安排工作。

● 采取措施

1. 切实把住非正常情况下接发列车时的命令、进路、凭证关。一是严格调度命令的发布和执行。调度所施工台发布的施工命令，必须经调度所主任(副主任)签认；列车调度员发布的施工命令，必须经调度所负责施工盯岗把关的调度员签认；列车调度员发布的《技规》第181条第13表1至5项规定的调度命令，必须经值班主任签认。车站负责施工盯岗的干部要及时地阅读签认有关施工地调度命令，严格按照命令组织施工、车站值班员抄收有关施工的调度命令，必须执行两人以上的检查、核对制度，并严格按照命令要求办理行车。二是严格进路、凭证的检查确认、封锁区间的命令发布后，作业人员要按规定及时揭挂“区间封锁”安全帽，备、排列车进路，交付行车凭证必须严格遵守“一人两次或两人以上的检查、确认、核对、汇报制度”。

2. 严格施工“八不准”制度的执行。对各类施工，坚决落实路局按职盯岗的规定。车务站段负责施工盯岗的干部要提前30 min到岗，用集中电话向列车调度员汇报上岗情况；负责施工盯岗的干部不到岗，车站值班员不准请求调度命令；列车调度员未接到盯岗干部的上岗汇报，不准发布同意施工的调度命令。各施工单位相应职级的盯岗干部到岗后必须用对讲机将上岗情况通知在信号楼(行车室)的本单位施工联系人员，再由被通知人在进行施工登记时一并登记盯岗干部到岗情况，没有施工人员的盯岗干部上岗情况登记，车站值班员不得请求调度命令。违反上述规定或因此影响施工的，要追究责任人的责任。

3. 切实加大对施工安全的检查力度，进一步加强对施工安全的过程检查和过程控制，确保施工安全的万无一失。

4. 举一反三，抓好各项安全措施的落实。深刻查找安全管理中存在的逐级负责制落实不到位、现场控制措施不细化、干部职工的安全意识不深入等问题，认真做好整改，确保各项安全措施落到实处，夯实安全管理基础，稳定安全生产。

【例 4.23】 京九线 1539 次旅客列车撞施工机械

● 事故概况

2002 年 9 月 5 日 10:40,龙川机务段 $DF_4$2622 号机车牵引郑州—深圳的 1539 次旅客列车(全列编组 15 辆,总重 789 t,换长 33.0;郑州局担当客运乘务)行至京九陈江—新屋间上行线 K2273+200 处,撞上未及时下道的小型液压捣固机停车,处理后列车于 11:01 开。

● 原因分析

1. 京九线陈江—新屋间上行线为京九复线新建线路,2002 年 9 月 3 日起,广梅汕公司线路事业部委托的湖南祁东华夏施工队(整道队)就一直在该段线路上进行机械捣固事故作业。2002 年 9 月 5 日 8:10,行车调度发布 01260 号调度命令:准予中铁三局在陈江—新屋间上行线进行线路换侧拨接施工。10:18,行车调度发布 01263 号调度命令:陈江—新屋间上行线线路换侧拨接施工完毕线路开通使用。由于民工整道队严重违章作业,违反了《铁路工务安全规则》第 2、4、13 条中“在线路上使用小型养路机械作业时,应由线路工长担任施工领导人”的规定,施工队伍在无铁路正式职工到场进行安全防护和安全监督、未向车站派驻联络员及施工现场不设防护的情况下上道作业。同时,民工队负责人在接到工号负责人“新线路将于 9 月 5 日 10:18 拨接完毕开通使用”的通知后,没有向线路捣固作业现场带班人进行传达,导致民工整道队未能及时将施工机械撤离线路造成 10:40 1539 次旅客列车行至该处撞上施工机械停车,是造成此次事故的直接原因。

2. 施工组织、安全管理混乱。一是线路事业部京九线桥技术部工号负责人发出的《工程开工报告》内容不全,而且没有传达至东莞东线路领工区和陈江线路领工区及相关业务部门,只发给民工整道队,并越级指挥,擅自安排民工整道队进驻工点,上道进行机械捣固作业。以致东莞东线路领工员在事故发生前,一直不知道其管内有机械捣固作业,失去领工区对民工整道队施工安全的控制。二是在新线路开通之前没有彻底检查施工作业是否完毕,线路是否达到开通条件就盲目开通线路,违反了《广州铁路集团公司确保营业线施工安全管理规则》第 5.5 条中“验收合格,确认新设备达到开通使用标准后,由设备管理单位发出开通电报,施工单位方可组织新设备拨接施工”的规定。三是施工作业现场安全严重失控,从 9 月 5 日 6:00 民工整道队上线作业至事故发生前近 5 h 内,线路事业部无人到场进行安全监控,任由民工整道队违章盲目乱干,是造成此次事故的主要原因。

● 事故责任

鉴于上述原因,广梅汕公司线路事业部负全部责任。

● 对有关人员的处理

1. 线路事业部京九线桥技术部主任领工、陈江领工区工长,对事故负有主要责任,分别给予留公司查看 1 年处分。

2. 线路事业部京九线桥技术部部长,对事故负有重要责任和部门领导责任,给予降职处分。

3. 线路事业部东莞东领工区领工员,对事故负有重要责任和车间领导责任,给予行政记大过处分。

4. 线路事业部工务部部长、安全管理部部长、线路事业部东莞东片区支部书记,对事故负有部门领导责任和安全教育、检查指导不力责任,给予行政警告处分。

5. 线路事业部分管工务系统副总经理、分管安全管理副总经理、总经理对事故负有领导责任,分别给予行政记大过和记过处分。

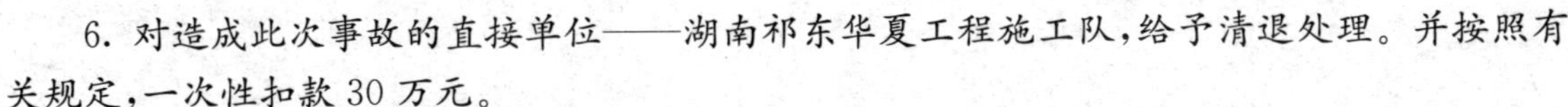

6. 对造成此次事故的直接单位——湖南祁东华夏工程施工队，给予清退处理。并按照有关规定，一次性扣款30万元。

● 采取措施

1. 将事故迅速传达到广梅汕公司每一位员工，举一反三，认真吸取事故教训，结合正在开展的"学、查、改"活动，认真查找安全隐患，堵塞安全漏洞。

2. 对管内所有民工整道队伍进行安全专项整顿，并进行一次技术业务的考试认证，待彻底整顿完成后，方可重新开始上道作业。

3. 线路事业部要针对此次事故暴露出来的问题进行认真整改，要作为安全管理工作重中之重来落实。

4. 严格执行、广铁集团公司和广梅汕公司有关施工安全管理的规定。复线施工线路的开通运营，一定要全面检查，严格把关，落实到人。

4.4.4　相关规范、规程与标准

《铁路营业线施工安全管理办法》《国铁集团铁路营业线施工管理办法》。

项目小结

贯彻安全第一，预防为主，综合治理的方针，是做好行车安全工作的根本出发点和落脚点。铁路行车人身安全体现了以人为本的安全思想，关系到铁路事业发展和每个职工的家庭幸福。要认真掌握人身安全标准的所有规范和细节。

接发列车和调车工作是铁路运输最重要的行车工作，了解常见事故的分类，查找事故原因，找出预防对策是培养学生安全意识的重中之重。设备施工条件下行车属于非正常行车，铁路行车事故多发于此，熟透特定情况下的安全规定和行车办法，对学生以后从事铁路行车工作打下坚实的基础。

复习思考题

1. 人身安全的通用标准有哪些？
2. 调车作业中上、下车时，怎样保证人身安全？
3. 在电气化铁路的条件下，怎样保证作业中的人身安全？
4. 电气化铁路条件下，操作隔离开关时，怎样保证人身安全？
5. 什么叫接发列车惯性事故、调车作业惯性事故？
6. 发生接发列车惯性事故的主要原因有哪些？
7. 预防接发列车作业惯性事故的措施有哪些？
8. 发生调车惯性事故的主要原因有哪些？
9. 预防调车作业惯性事故的措施有哪些？
10. 既有线施工确保行车安全有哪些规定？
11. 站内行车设备检查及故障处理有哪些规定？

项目 5　铁路行车安全考核与分析

项目描述

本项目在对行车安全考核的方法进行分析的基础上，主要学习排列图分析法、因果图分析法、安全检查表分析法、事故树分析法和事件树分析法等常用统计分析方法。

拟实现的教学目标

1. 能力目标

通过学习，会对铁路车站的行车安全工作进行统计和分析。

2. 知识目标

了解铁路行车安全工作的考核指标及考核方法，掌握排列图分析法、因果图分析法、安全检查表分析法、事故树分析法和事件树分析法等安全分析理论与方法。

3. 素质目标

具备严谨的工作态度，科学的工作方法，高超的技术水平，丰硕的学习成果。

典型工作任务 1　铁路行车安全考核

5.1.1 教学目标

1. 能力目标

从宏观和微观的不同角度理解搞好铁路行车安全管理工作。

2. 知识目标

了解铁路行车安全考核的主要指标，熟悉安全考核的程序，学会对铁路行车安全管理工作进行评价。

3. 素质目标

把安全高于一切的思想贯穿于工作的全过程。

5.1.2　工作任务

学习并掌握铁路行车安全考核的主要指标，理解传统考核与系统工程评价方法的优缺点。

5.1.3　相关配套知识

安全与危险，这是一个事物的两个方面，可以说世界上没有绝对安全的事物，只能说危险存在的大小不同罢了。铁路行车是否安全我们通过分析对其做出评价，对行车安全进行考核。行车安全是铁路运输最重要的质量指标。世界各国铁路都把行车安全的好坏作为衡量铁路运输质量的重要标志。

1. 行车安全考核的主要指标

(1)铁路交通事故件数

行车安全的好坏，一般用事故件数来衡量：事故少，说明安全情况好；事故多，尤其是特别重大、重大、较大事故多，说明安全情况不好。

事故件数指在一定时期(月、季、半年、年度)内，全路、铁路局、站段所发生的特别重大事故、重大事故、较大事故和一般事故的总件数。

(2)无铁路交通事故连续天数

无铁路交通事故连续天数，对站段和铁路局的要求不同。站段是指无一般以上责任事故的连续天数；铁路局是指无行车特别重大、重大、较大事故和一般A类事故的连续天数。行车安全天数一般以100 d为统计考核单位。

(3)铁路交通事故率

铁路交通事故率是指全路、铁路局、机务段在一定时期内每百万机车走行公里所摊到的铁路交通事故件数。它能比较客观地反映一个单位的行车安全状态和管理水平。

(4)职工死亡事故率

职工死亡事故率是一个行车安全的相关指标。按劳动部职安局的计算方法，它是指在一定时期内，某单位每一百万在册职工人数所发生的职工死亡总人数。

2. 行车事故统计报告的规定

(1)各单位应备有《铁路交通事故登记簿》(安监统-1)，详细记载各种行车事故的发生经过、原因及处理情况；定期分析总结，认真填写“铁路交通事故处理报告”(安监报-2)，对职工进行安全生产教育。

(2)站段安全室应将发生事故情况每日报告铁路局安全监察室。站段安全室于月、季、半年、年度后5 d内，铁路局于月、季、半年、年度后10 d内做成“铁路交通事故报告表”(安监报-4)，逐级上报。

(3)铁路局各业务部门应于月、季、年度末，对本系统铁路交通事故进行分析总结，向上级主管业务部门报告，并抄送同级安全监察室。

(4)各级行车安全监察部门负责对铁路交通事故定性定责。上级行车安全监察部门发现下级行车安全监察部门对事故定性定责不准确时，有权加以纠正。

全路行车事故的统计数字和责任部门，均以安全监察部门的记载为依据。事故涉及两个以上单位或部门时，应将件数列入主要责任单位或部门。所发生的事故即使确定为他局责任，仍由发生局统计件数。

铁路所属机车、车辆、人员，在适用于国家铁路企业和国家铁路企业参股并委托国家铁路企业经营的地方铁路范围以外的铁路线路上作业，及在铁路所属线路上的机车、车辆溜入路外线路，造成行车事故，责任属于铁路的，由铁路统计件数，责任不属于铁路的，不统计件数。路外单位的机车、车辆、人员在铁路所属线路上作业及在路外线路上作业的机车、车辆溜入铁路线路,造成铁路交通事故,无论责任属于何方,均由铁路统计件数。路外单位租用铁路的机车、车辆,借调的人员发生铁路交通事故时,按双方签定的合同规定办理。

(5)每日行车事故件数的统计,由前一日 18:00 起至当日 18:00 止计算。但填报事故发生时间时,应以实际时间为准,即以零点改变日期。

(6)凡企业自备车(包括外国车)、路内专用车、检修车、淘汰型车等(包括已批准淘汰转入非运用但还在使用的车辆)发生事故时,应按路内运用的机车、车辆发生事故统计。

(7)未交付运营的工程临管线路发生的铁路交通事故,由铁路局、工程局制定补充规则自行统计和掌握,但须报中国铁路总公司核备。

凡经正式验收交付铁路局运营的线路,发生事故后均应统计铁路局事故件数。

在运营线上施工封锁区间内发生铁路交通事故,一律按《事规》规定进行定性、统计和处理。

以上考核成绩直接影响中国铁路总公司对铁路局资产经营责任制完成情况进行等级评定。

3. 传统行车安全考核存在的弊端

(1)以行车特别重大、重大、较大和一般 A 类事故考核铁路局安全状况,不统计考核行车一般 B、C、D 类事故,忽视了行车安全潜在的危险性。

从铁路交通事故等级划分的方法中可以看出,铁路交通事故等级之间的经济损失和中断时间的划分有时仅差 1 元钱或 1 min。针对这种情况,铁路局如不重视较低等级的事故预防,不但行车安全没有保障,而且后果不堪设想。

(2)按行车安全连续天数,即"安全百日"考核一个单位的安全状况,并同经济利益挂钩,虽然有利于调动职工安全生产的积极性,但在确定行车事故等级时容易出现隐瞒事故,大事化小、小事化了的现象,在确定行车事故的责任单位时容易出现互相扯皮、推卸责任的情况。各级铁路行车监察机构应采取强有力措施,秉公办事,严防此类现象发生。

(3)以铁路交通事故件数考核铁路局和站段的安全状况,忽视了铁路局、站段管辖范围和行车工作量的大小。比较合理的考核指标是行车事故率。因为它既考虑了铁路局和机务段的行车工作量(按机车走行公里),又考虑了行车事故总件数。

(4)铁路交通事故发生后,缺乏由表及里深入系统分析,特别是对直接影响行车安全的设备、环境、管理等因素分析不够,把行车安全工作的重点放在事故发生后对责任单位和责任人的追查处理上。与事故预防的措施,往往限于"头痛医头,脚痛医脚"。不出事故时,安全思想麻痹,觉得太平无事;一旦出了事故时,又觉得草木皆兵,看什么都觉得危险。于是,大会、小会,班前、班后讲安全,搞"人盯人"战术。这种做法,只能暂时起到一定作用,长期效果并不理想。

(5)传统的规章制度不适应新的运输生产安全考核。

① 没有根据新的生产格局对原有的规章制度进行"修、补、废、建"导致传统的安全考核与现行不符。

② 考核责任体系不健全,没有依据新形势创新安全考核制度,使考核真正形成责、权、利相统一的安全责任体系。

③ 长效机制不到位，传统的安全考核没有充分重视长效机制，没有建立安全生产分析预警、考核评价、监督检查、激励约束、安全投入等安全管理机制，或是虽然粗枝大叶地建立了，但操作性不强，落实不力，流与形式，没有发挥应有的作用。

④ 靠人工查岗监督作业安全或设备，没有一种科学的方法来查找事故隐患或不安全的因素。缺乏预见性和主动性，陷入被动局面，而且没有肯定的安全目标值。

(6)职工素质不适应。新设备的大量投入与职工原有的知识结构不适应。近年来大量新的运输生产设备投入一线，为运输生产提供了强有力的保证，同时有减轻了职工的劳动强度，然而职工对新技术、新设备可靠性处于不断认识中，对生产中许多潜在的危险性因素还认识不清。

4. 利用安全系统工程，评价安全的优点

传统的行车安全考核存在许多弱点，越来越不能适应安全管理的需要。新的安全系统工程，是集多元管理的综合工程。利用安全系统工程评价安全，也就是对运输生产中固有的或潜在的危险及其严重程度所进行的分析和评估，并以既定指数、等级或概率值做出定量的表示。以便预先向有关人员发出危险警告，并能根据统计分析结果，提出相应的安全防范措施。这种科学评价行车安全的办法就是安全系统工程。具有以下优点：

(1)体现了“安全第一，预防为主，综合治理”的方针。

(2)安全工作从过去的凭直观、凭经验的传统安全改革成定性定量分析、预防为主的科学方法。通过定性定量分析，找出安全保障系统的薄弱环节所在和可能导致事故的因素，采取各种有效的预防措施。

(3)为安全决策提高科学依据，不仅可以找出各种危险源的危险性、严重程度、预防措施、安全投资效果，而且通过评价和优化技术，可以找出最适当的方法使各分系统之间达到最佳配合，用最少的投资达到获得最佳的安全效果和大幅度地减少各种事故的目的，实现行车安全“基本稳定，有序可控”的目标。

(4)能提高安全管理水平。通过安全评价可以发现行车安全管理方面的缺陷，促进规章制度、作业标准的制定和可靠性数据的收集，制定安全评价的客观指标和标准，改变过去凭经验的盲目管理为现代的目标管理，不断提高行车安全管理水平，使行车安全管理逐步实现标准化。

(5)能提高安全工作人员的水平和技术素质。利用系统工程评价行车安全工作，管理人员必须熟悉铁路运输设备、掌握行车工作组织，学会各种分析评价行车安全的方法，必将大大提高行车安全管理人员的技术素质。

随着安全系统工程的广泛应用和不断发展，经过多年的探索和实践，我国铁路采用系统工程分析评价行车安全，其主要方法有：排列图分析法、因果图分析法、安全检查表分析法、事故树分析法、控制图分析法和事件树分析法等。它们都有各自的特点，有一定的适用范围，相互之间可以补充，因而，可根据不同需要，采用切实可行的安全系统分析方法，以达到预期目的。

典型工作任务 2　铁路行车安全管理分析理论及方法

5.2.1 教学目标

1. 能力目标

掌握铁路行车安全管理常用的分析理论及方法。

2. 知识目标

了解排列图分析法等分析理论的基本原理，学会利用分析理论分析铁路行车安全管理工作。

3. 素质目标

培养学生严密的思维和钻研理论的刻苦精神。

5.2.2　工作任务

运用排列图、因果图、安全检查表分析找出影响行车安全的主要原因，运输事故树、事件树分析法找出影响行车安全的关键环节。

5.2.3　相关配套知识

1. 排列图分析法

(1)排列图的概念

排列图也称主次因素排列图，它最早是由意大利经济学家巴雷特用来分析社会财富分布状况而设计出来的，所以也称巴雷特图，可以利用排列图法从影响行车事故发生的许多因素中找出主要影响因素。

(2)排列图的画法

① 收集一定时期有关安全的原始资料数据，并按事故原因、类型进行分层。

② 计算频数、频率、累计频率。

各类事故重复出现的次数(件数)称为频数。

$$\text{相对频率}=\frac{\text{频数}}{\text{事故总数}}\times 100\%$$

$$\text{累计相对频率}=\frac{\text{累计频数}}{\text{事故总数}}\times 100\%$$

③ 画坐标。按一定比例，左方纵坐标为频数，右方纵坐标为频率(累计频率的百分率)，横坐标表示影响事故发生的因素。

④ 按频数的大小自左向右将各因素用长方形表示出来，成为几个长方形相连自左向右下降的图形。

⑤ 按各项事故的累加频率(%)在长方形的右上方或中间标出相应各点，然后依次连接，形成由左向右上升的曲线(此曲线称为排列曲线或巴雷特曲线)。

⑥ 各类影响因素按累计频率或百分率分为 A、B、C 三类。从频率 80%、90%、100%各处引一条水平虚线与曲线相交为止，把图的范围划分为 A、B、C 三类区域：

A类区域指频率80%与横坐标平行的直线和曲线相交与对应因素所形成的区域，为主要因素区。

B类区域指频率80%～90%两条平行线所夹的曲线所对应因素所形成的区域，为次要因素区。

C类区域指频率90%以上对应因素所形成的区域，为一般因素区。

⑦ 将数据统计的范围和日期，统计总数、绘制者及注意事项等在图上注明。

【例5.1】 某站1～8月份发生的140件事故苗子见表5.1。

表5.1　某站1～8月份发生的事故苗子统计表

事故原因	(频数)件数	(频率)百分率%	(累计频率)累计百分率%
重钩(A)	60	42.9	42.9
进路不对(B)	35	25.0	67.9
抢扳道(C)	20	14.3	82.2
错漏钩(D)	15	10.7	92.9
其他(E)	10	7.1	100
合计	140	100	

根据表5.1画出排列图，如图5.1所示。

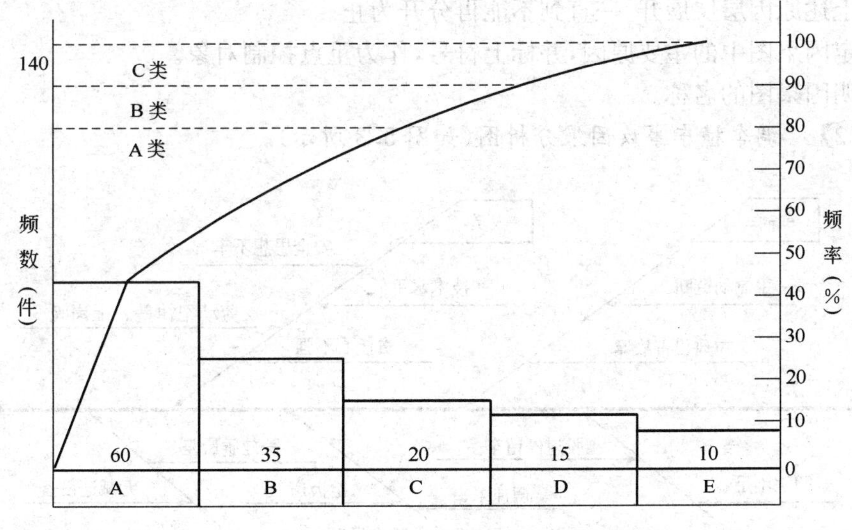

图5.1　排列图

2. 因果图分析法

(1)因果分析图的概念

因果分析图就是用于寻找出事故发生的原因(即分析原因与结果之间关系)的图，又称鱼刺图、树枝图。

一个事故的发生，往往不是一个或几个原因造成的，而是由大大小小、错综复杂的原因共同起作用的结果。但在这些复杂的原因中，它们又不都是以同等的效力作用于这个事故，而必定有主要的、关键的原因，也有次要的、一般的原因。所以，要用因果分析图来找出事故发生的真正起关键作用的原因。

(2)因果图的结构

因果分析图的构成很简单，如图 5.2 所示。

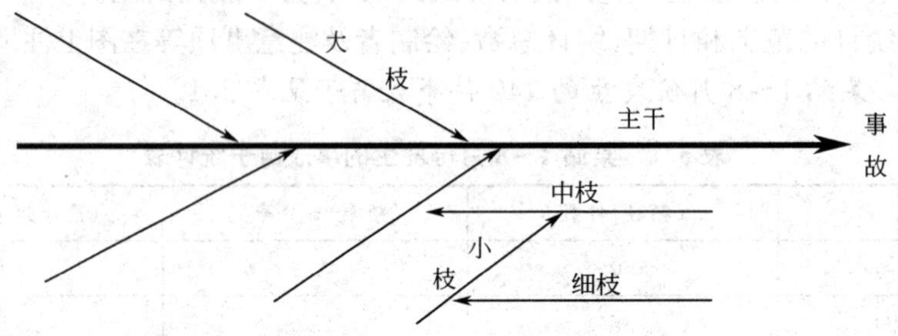

图 5.2　因果分析图示意图

(3)作图步骤与注意事项

① 确定要分析的某个特定问题或事故，写在图的右边，画出主干，箭头指向右端。

② 进行原因分类。通常按“人、机器、材料、方法、环境”五大要素进行分类，画出大枝。

③ 将上述项目深入展开，逐项画出中枝。中枝表示对应的项目中造成事故的原因，一个原因画出一个枝，文字记在中枝线的上下。

④ 将上述原因层层展开，一直到不能再分开为止。

⑤ 确定因果图中的主要原因，并标上符号，作为重点控制对象。

⑥ 注明因果图的名称。

【例 5.2】　调车撞车事故因果分析图(如图 5.3 所示)。

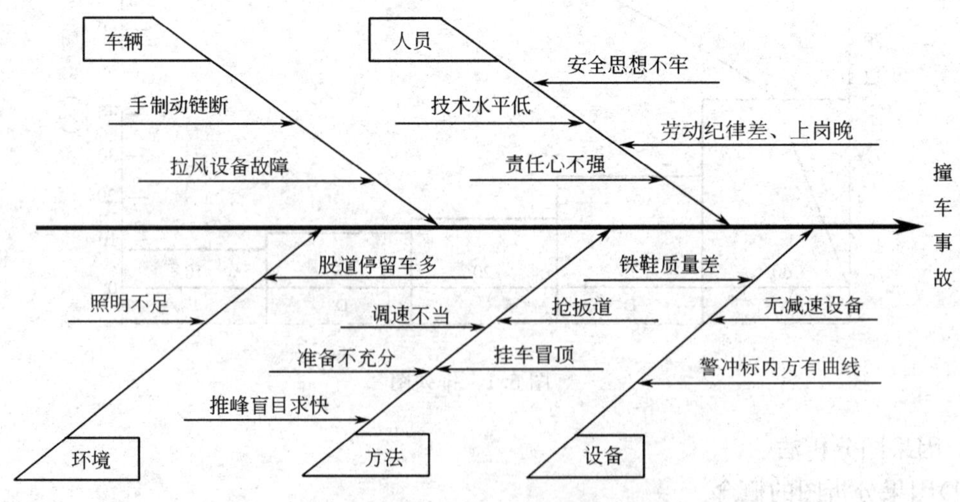

图 5.3　调车撞车事故因果分析图

3. 安全检查表分析法

(1)安全检查表的概念

为了找出系统中不安全因素，把系统加以剖析，查出各层次的不安全因素。以提问的方式把检查项目按系统的组成顺序编制成表，这种表就叫安全检查表。

① 安全检查表的内容

安全检查表可以根据运输生产系统的路局、站段、车间、班组编写，也可以按照专题编写，如防暑降温、防寒过冬等编制季节性安全检查表。

a. 安全检查表应列举需查明的所有会导致事故的不安全因素。检查的项目越全面，检查的地方越彻底，漏掉的不安全的隐患就越少，安全的可靠性越大。

b. 安全检查表采用提问的方式，要求发问明确、回答清楚，并以“是”或“否”来回答。“是”表示符合要求；“否”表示还存在问题，有待进一步改进。所以在每个提问后面也可以设整改措施栏，将整改措施简要填写在此栏内。每个检查表均需注明检查时间、检查者、直接负责人等，以便分清责任。

c. 为了使提出的问题有依据，可以在有关条款后面注明有关规章制度、规范标准中所规定的要求，分别简要列出它们的名称和所在章节，附于每项提问后面，以便查对。

② 安全检查表的分类

安全检查表的类型繁多，分类的方式不一，绝大多数是按用途分类的。根据铁路运输业的特点，按其用途安全检查表可分为下列几种类型：

a. 运输设备、机械装置、设施定期安全检查表。由于铁路运输系统是庞大的联动机，部门复杂、设备繁多，所以应该按车务、机务、电力、车辆、水电、房建等部门，根据各自设备情况，制定相应的安全检查表，供进行日常巡回检查或定期检查时使用。

b. 铁路运输生产用安全检查表。保证铁路运输安全，做到四通八达，畅通无阻是铁路全体员工的奋斗目标。为达到此目标，需要采取各种手段和措施，对铁路行车工作、货运工作和客运工作制定相应的安全检查表，不定期地进行检查，发现问题，采取措施，预防事故的发生。

c. 消防用安全检查表。铁路运输部门的货场、仓库、油库等要害部位，防止火灾发生是一个十分重要的问题。如果防火工作做得不好，措施不力，一旦发生火灾，将会造成惨重的损失。因此，在上述要害地点必须建立严格的防火制度，设立必要的消防器材，制定切实可行的具体措施，并经常或定期进行检查，发现问题，及时解决。

d. 专业安全检查表。这种检查表由专业机构或职能部门编制和使用，主要用于进行定期的专业检查或专项检查，如对调车冲突、调车作业人身安全、施工安全、特殊装置与设施等专业性检查。

③ 安全检查表的优点

安全检查表是安全系统工程的一个最基本、最简单的方法，它只能用于定性方面的分析。因此安全检查表属于安全系统工程的初步内容。它具有以下优点：

a. 能够事先编制，所以有充足的时间组织有经验的人员来编制，这样可以做到系统化、完整化，不漏掉任何导致危险的关键因素，可以克服目的性不明确，走过场的安全检查方法，起到提高检查质量的效果。

b. 可以根据规定的规章制度、规程，标准化要求及检查执行、遵守的情况，提出准确评价。发现违章违纪的，应立即纠正或采取必要措施。

c. 安全检查表的应用方式是有问有答，给人的印象深刻，能起到安全教育的作用。安全检查表还可以注明改进措施的要求，隔一段时间可以重新检查改进情况。

d. 安全检查表简明易懂，容易掌握。

(2)安全检查表的编制

① 安全检查表编制依据

编制安全检查表主要依据是有关标准、规程、规范及规定。为了保证安全生产,国家及有关部门发布了各类安全标准及类似的文件,这些是编制安全检查表的一个主要依据。通过系统分析,确定的危险部位及防范措施,都是安全检查表的内容。

② 安全检查表的编制步骤

a. 确定被检查对象,组织有实践经验的工人、技术人员和安全管理干部成立"三结合"的小组。

b. 熟悉被分析的系统,调查不安全因素。

c. 搜集与系统有关的规范、标准、制度等,明确规定的安全要求。

d. 根据具体情况和要求确定编制方法,编制安全检查表,通过反复使用,不断修改,补充完善。

③ 安全检查表的格式

安全检查表的格式是由它的性质决定的,它是以问与答的形式出现,一般由两部分内容组成:

a. 表明安全检查表的名称和被检查系统名称(单位、工种)、检查日期、检查者等。

b. 顺号、检查项目(即检查内容,要求逐条编号)、检查结果、整改措施等。

④ 编制安全检查表时应注意的问题

a. 检查表中所列项目,应简明扼要,突出重点,抓住要害,对危险部位应详细检查,确保一切隐患在可能造成严重后果之前就被发现。

b. 各类安全检查表都有其适用对象,不宜通用,各级安全检查项目应各有侧重。

c. 要落实安全检查实施人员。

d. 检查中发现问题要及时处理或向上级反映。

安全检查表在铁路运输系统的安全生产管理、设备管理、人身安全管理等方面都有很高的实用价值,在预测、预防事故方面发挥积极作用。

【例 5.3】 调车作业人身安全检查表(见表 5.2)

表 5.2 调车作业人身安全检查表

单位　　　　检查人　　　　年　月　日

顺号	检查项目	检查结果		整改措施(备注)
		是	否	
一	作业前			
1	接班前班组长是否从行动、外表检查了职工的思想、精神状态?			
2	接班前班组长是否检查了职工的着装、工具等上岗准备情况?			
3	作业前是否召开了安全预想会,并布置了安全注意事项?			
4	作业前是否明确分工并强调了作业纪律?			
5	是否做到了调车长、提钩组长、铁鞋组长负责全组的安全工作?			
6	对危及安全生产的关键因素是否反复强调并对职工进行了布置,做到互相监督确保安全?			
7	对喝酒上岗和身体不适的职工是否采取了有效措施?			
8	当发现有危及安全的情况时,是否立即采取果断措施及时制止?			

续上表

顺号	检查项目	检查结果		整改措施（备注）
		是	否	
9	是否按规定巡视了线路、车辆和货物情况等？			
二	作业中			
1	是否做到了不穿皮鞋、高跟鞋、拖鞋、红色衣服和不戴有色眼睛上岗？			
2	接受调车作业任务时是否做到计划清楚、任务明白？			
3	传达调车作业计划时参加作业的人员是否都在场，并无不清楚现象？			
4	顺线路行走时，是否不走枕木头和道心？			
5	横越股道时，是否执行了“一站、二看、三通过”的规定？			
6	是否做到不与列车、车辆抢道和抢越危险“天窗”？			
7	是否严禁钻车底？			
8	是否确认列车、车辆无移动可能时，才翻越制动台或车钩？			
9	布置计划、显示信号、短暂休息时是否站在安全位置上？			
10	上下车作业是否执行“五不上、下车”的规定？			
11	是否做到了不在车底、道心、钢轨、枕木上坐卧、休息、乘凉、避雨？			
12	进入货物线或专用线作业时是否一度停车，待检查确认无危及安全的情况后再行动车？			
13	是否做到上车抓紧站牢，下车选择平坦地区？			
14	参加调车作业人员是否熟悉站内的地形地物情况？			
15	参加调车作业人员是否严密注意前后及邻线的机车车辆的移动？			
三	在车辆运行中			
1	是否做到不站在车钩上？			
2	是否做到手不抓车门滑条、蓬布绳索，脚不踏轴箱？			
3	是否做到不骑、坐车帮？			
4	是否做到不跨越车辆（对口闸除外）？			
5	是否不在棚车顶上或货物装载超过车帮的敞车上站立行走？			
6	是否做到车辆移动中不进入车档内摘接制动软管、调整钩位及手提钩销？			
7	在道岔区或不安全地点是否不边跑边提钩？			
8	是否不在平车、砂石车边缘站立？			
9	是否严禁坐闸盘？			
10	是否注意了货物堆码情况？是否有被货物挤下的危险？			
11	是否做到了两人不站在同一车梯上？			
12	为了避免被道岔标志、电杆、信号机等刮倒是否不探身过远？			
13	经过站台及散装货物区时，为避免被刮、挤、挫伤，是否站在车梯上部？			
14	在机车车辆上作业时，是否站稳、抓牢？			
15	信号显示是否准确及时，是否确认无误？			
16	使用手闸时，是否正确使用安全带？			
17	作业中是否有吸烟现象？			

4. 事故树分析法

(1)概述

① 事故树的概念

事故树的分析技术,属系统工程的图论范畴,事故树是网络分析技术中的概念。所谓树是指一个无圈无环的连通图。例如,编组站行车指挥系统树结构如图5.4所示。

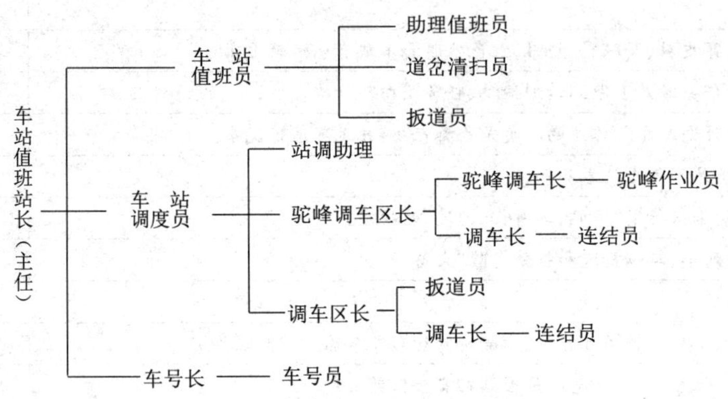

图5.4　编组站行车指挥系统树

事故树,就是由输入符号(事故符号)和关系符号(逻辑门符号)所组成,描述事故因果关系有方向的树,事故树分析(FTA)就是利用事故树对某一系统安全进行分析,也叫逻辑分析。

事故树分析之所以用来分析行车事故,是由于它具有直观明了,显而易见,思路清晰,逻辑性强,它既可定性分析,又可定量分析,具有应用范围广、简明形象的特点,体现了以系统工程方法研究安全问题的系统性、准确性和预测性。掌握一般数学知识的人可用,具有较高文化水平的人也有研究发展的余地等。一般讲,安全系统工程的发展也是以事故树分析为主要标志的。

② 事故树分析的特点

FTA是一种图形演绎法,是故障事件在一定条件下的逻辑推理方法。FTA法清晰地用图说明,系统是怎样失效的?

FTA把系统的故障与组成系统的部件的故障有机地联系在一起,通过FTA可以找出系统的全部可能的失效状态,也是事故树的全部最小割集,或者称它们是系统的故障谱。

FTA由于常用于分析复杂系统,因此它离不开计算机软件,目前在FTA方面的软件有迅速的发展,从定性、定量以及图形化、微机化等方面取得很大进展。

通过FTA过程,加深对系统的理解和熟悉,找出系统的薄弱环节。

③ 事故树的主要作用

a. 能对导致灾害事故的多种因素及其逻辑关系作出全面的描述。

b. 便于发现和查明系统内固有的或者潜在的危险因素,为安全设计、制定技术措施及采取管理对策提供依据。

c. 使作业人员全面了解和掌握各项防灾控制要点。

d. 对发生的事故进行原因分析。

e. 便于进行逻辑运算,进行定量分析与评价。

(2)符号

事故树是由各种事件符号和与其连接的逻辑门符号所组成。现将最简单,最基本的符号介绍如下:

① 事件符号

它是用于记入各事件扼要的符号内。

a. 矩形符号,用来表示顶上事件或中间事件,如图5.5(a)所示。顶上事件一定要清楚、明了,不要太笼统。例如,“某局发生行车险性事故”的表述,人们就无从下手分析,而应当选择具体的事故,例如可写成“某局某站发生列车冒进信号”。

b. 圆形符号,表示基本原因事件,如图5.5(b)所示。它可以是人的差错,也可以是机械故障、环境因素等。它表示最基本事件,不能继续往下分析了。

c. 屋形符号,表示正常事件,如图5.5(c)所示。它是系统正常状态下发生的正常事件,如“调车作业”、“列车运行”等。

d. 菱形符号,表示省略事件,如图5.5(d)所示。表示事前不能分析,或者没有再分析下去必要的事件。

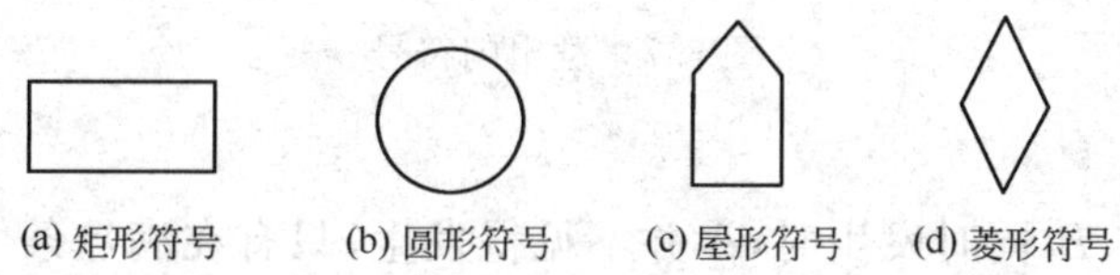

图5.5 事件符号

② 逻辑门符号

逻辑门符号是连接各个事件,并表示事件之间逻辑关系的符号。

a. 与门符号

与门符号表示它下面的输入事件B_1、B_2同时发生的情况下,输出事件A才会发生的连接关系,两者缺一不可,表现为逻辑积的关系,即$A=B_1 \cdot B_2$或$A=B_1 \cap B_2$。如果有若干输入事件时,也是如此。与门符号如图5.6(a)所示。

例如,工人在线路上施工“没下道避车”而被列车撞伤,没下道避车的原因一个是“没看见车来”,一个是“防护未起作用”。只有两个原因同时发生,才能造成“没下道避车”。用与门符号表示,如图5.6(b)所示。

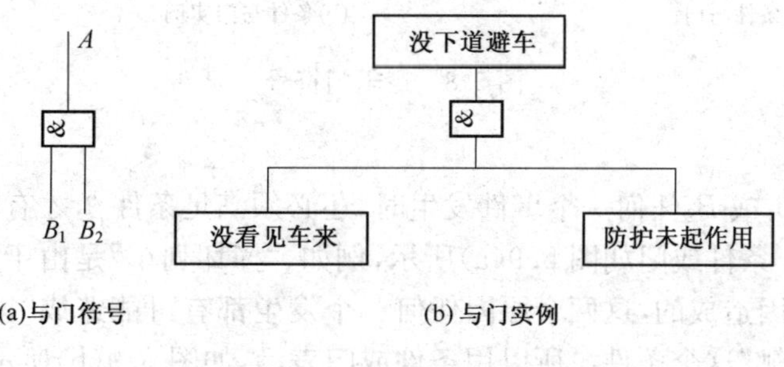

图5.6 逻辑门符号

b. 或门符号

或门符号表示它下面的输入事件 B_1 或 B_2 中任何一个事件发生，都可以使输出事件 A 发生，表现为逻辑和的关系，即 $A=B_1+B_2$ 或 $A=B_1\cup B_2$。如果有若干输入事件时，也是如此。或门符号如图 5.7(a)所示。

例如，线路施工作业人员没撤出机车车辆限界而被机车撞压，造成"没撤出机车车辆限界"的原因有"未下道避车"和"下道不及时"，这两个原因任何一个发生都会造成"没撤出机车车辆限界"，所以用或门表示，如图 5.7(b)所示。

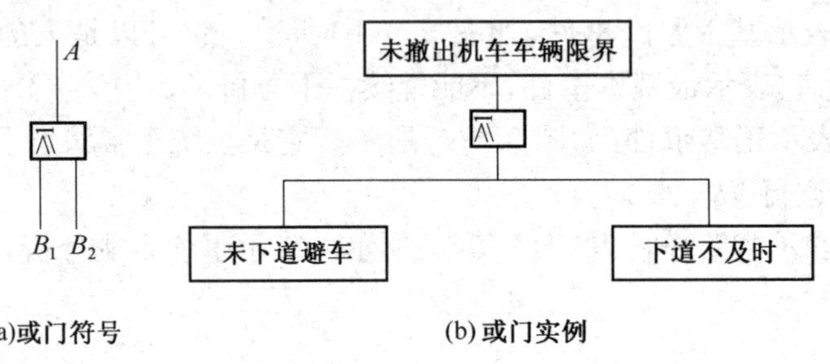

(a)或门符号　　(b)或门实例

图 5.7　逻辑门符号

c. 条件与门

条件与门表示 B_1、B_2 同时发生时，A 并不见得发生，只有在满足条件 α 的情况下，A 才发生。它相当于三个输入事件的与门，即 $A=B_1\cdot B_2\cdot\alpha$ 或 $A=B_1\cap B_2\cap\alpha$，将条件记入六边形内。条件与门如图 5.8(a)所示。

例如，"线路施工作业人员被机车撞压死亡"，造成的原因是"司机走神"和"工人未撤出机车车辆限界"，但这两个原因同时发生，还必须有"人体与机车接触"这个条件。所以，用条件与门表示，如图 5.8(b)所示。

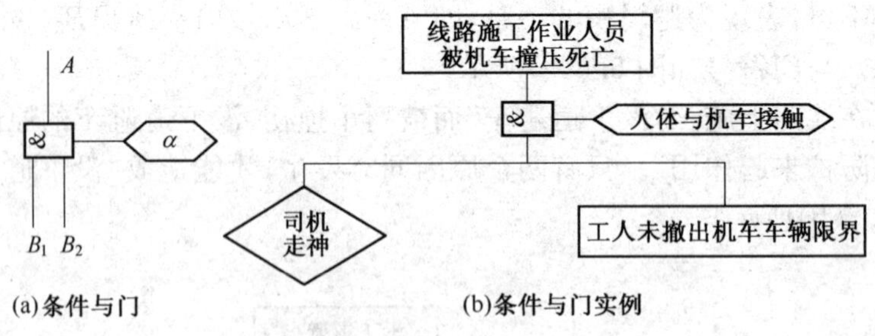

(a)条件与门　　(b)条件与门实例

图 5.8　逻辑门符号

d. 条件或门

条件或门表示 B_1 或 B_2 任何一个事件发生时，还必须满足条件 β，才有输出事件 A 发生，将条件记入六边形内。条件或门如图 5.9(a)所示，例如，"撞坏列车"是由于"作业失误"和"线路上有障碍物"两个原因造成的，这两个原因任何一个发生都有可能造成"撞坏列车"，但是必须满足"物件与列车接触"这个条件。所以用条件或门表示，如图 5.9(b)所示。

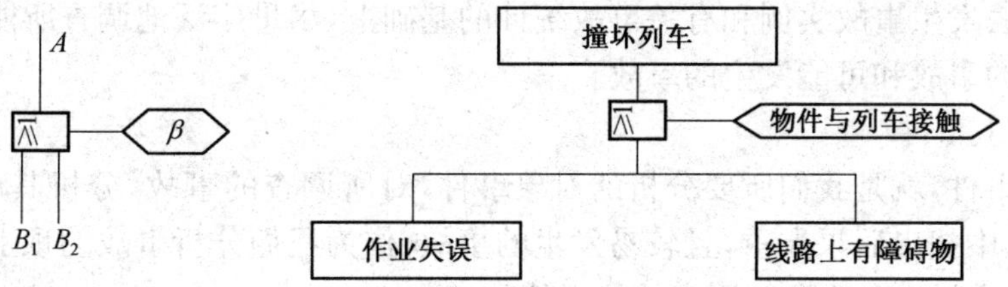

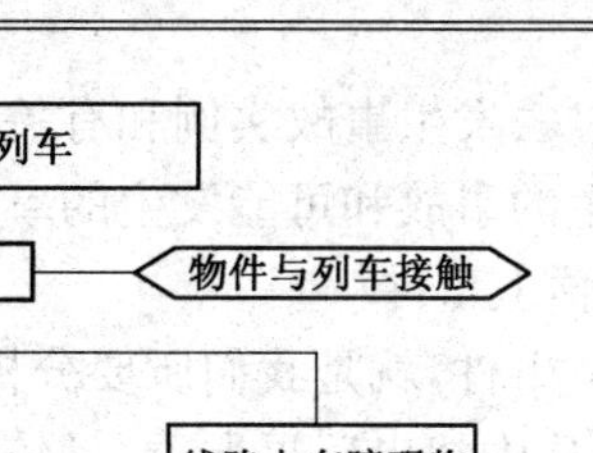

(a)条件或门　　(b)条件或门实例

图 5.9　逻辑门符号

e. 限制门

它是逻辑上的一种修正符号，即当输入事件 B 满足发生条件 α 时，才产生输出事件 A。相反，如果不满足，则不发生输出事件，其具体条件写在六边形符号内。限制门如图 5.10(a)所示。

例如，“工人从脚手架上坠落死亡”是由于“从脚手架上坠落”，但输入事件只有在“高度和地面情况”满足发生时，才会造成“死亡”。即只有高度足够高且地面坚硬时，才会摔死。它和条件与门不同，输入事件只有一个，如图 5.10(b)所示。

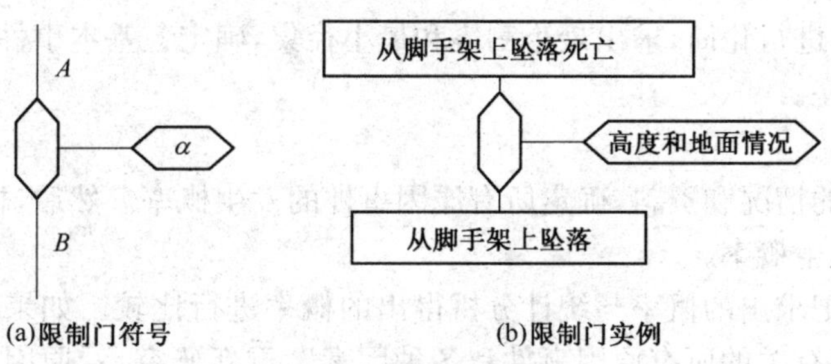

(a)限制门符号　　(b)限制门实例

图 5.10　逻辑门符号

③ 转移符号

事故树规模很大时，需要将其某些部分画在别的纸上，或转移到其他部门，这就要用转出和转入符号，以表示向何处转出和从何处转入。

a. 转出符号

表示向其他部分转出，△内记入向何处转出的标记，如图 5.11(a)所示。

(a)转出符号　　(b)转入符号

图 5.11　转移符号

b. 转入符号

表示从其他部分转入，△内记入从何处转入的标记，如图 5.11(b)所示。

(3)事故树分析

事故树的分析技术，属于系统工程的图论范畴，树是其网络分析技术的概念，整个事故树分析程序，一般可分九个步骤：

① 熟悉系统

要求切实了解系统情况，包括系统的工作程序，各种重要参数，作业情况，必要时画出工艺流程图和布置图。

② 调查已发生的事故和可能发生的事故

要求在过去发生事故实例和有关事故统计的基础上，尽量广泛地调查所能预想到的事故，即包括已发生的事故和可能发生的事故。

③ 确定顶上事件

所谓顶上事件，就是我们所要分析的对象事件，对所调查的事故，分析其严重程度和发生的频繁程度，从中找出后果严重，且较易发生的事故，作为我们分析事故的顶上事件。

④ 确定要控制的事故发生概率的目标值

根据以往的事故经验和同类系统的事故资料，进行统计分析，求出事故发生概率（或频率）。然后，根据这一事故的严重程度，确定我们要控制的事故发生概率的目标值。

⑤ 调查与事故有关的所有原因事件和各种因素

调查与事故有关的所有原因事件和各种因素，包括机械故障、设备故障、操作者的失误、管理和指挥错误、环境因素等等，尽量详细查清原因和影响。

⑥ 画出事故树

根据上述资料，从顶上事件起，进行演绎分析，一级一级找出所有直接原因事件，直到所要分析的深度，按其逻辑，画出事故树。

⑦ 定性分析

按事故树结构，进行化简，求出最小割集和最小径集，确定各基本事件的结构重要度，并排列出结构重要度顺序。

⑧ 定量分析

首先根据调查的情况和资料，确定所有原因事件的发生概率。然后，根据原因事件发生概率，求出顶上事件发生概率。

对可维修系统把求出的概率与统计分析得出的概率进行比较。如果二者不符，则必须返回到“⑤调查与事故有关的所有原因事件和各种因素”，重新研究，看原因事件是否找全，事故树逻辑关系是否清楚，基本原因事件的概率数值是否计算（或设定）得过高或过低。对不可维修系统，求出顶上事件发生概率即可。

⑨ 分析结果，评价和提出改进措施

当事故发生概率超过预定的目标值时，要研究降低事故发生概率的所有可能，从最小割集入手，选出最佳方案；利用最小径集，找出根除事故的可能性；求各基本原因事件的临界重要系数，按系数大小进行排队，以求加强人的控制。

事故树分析原则上是这九个步骤。但在具体分析时，可以根据分析的目的、投入人力物力的多少、人的分析能力的高低和有关分析数据的掌握多少，分析到一定步骤。

事故树分析把事故的发生发展过程表述得既清楚又有条理，为设计事故预防方案，制定事故预防措施提供了有力的依据。

从事故树上可以看出，最后的事故是一系列危害和危险的发展结果，如果中断这种发展过程就可以避免事故发生。因此，在事故发展过程的各阶段，应采取各种可能措施，控制事件的可能性状态，减少危害状态的出现概率，增大安全状态出现概率，把事件发展过程引向安全的发展途径。

在事件不同发展阶段采取阻截事件向危险状态转化的措施，最好在事件发展前期过程实现，从而产生阻截多种事故发生的效果。但有时因为技术经济等原因无法控制，这时就要在事件发展后期采取控制措施。显然要在各条事件发展途径上都采取措施才行。

(4)事故树的编制

编制事故树,首先要写出该事故树要分析的事故,即顶上事件。选定顶上事件一定要在详细占有系统情况、有关事故的发生情况和发生可能以及事故的严重程度和发生概率(或频率)的情况下进行。而且,事前要仔细寻找造成事故的直接原因和间接原因。然后根据事故严重程度和发生的概率确定要分析的顶上事件,将其扼要写在矩形方框内。在它下面的一层并列写出造成顶上事件的直接原因事件,它们可以是机械故障、人为因素或环境原因,上下层之间用适当的逻辑门连接。若下层事件必须全部同时发生,顶上事件才发生时,就用与门连接;当下层事件任一事件发生,顶上事件就发生时,就用或门连接。门的连接很重要,它涉及各种事件之间的逻辑关系,直接影响着以后的定性分析和定量分析。

接下去把构成第二层各事件的直接原因写在第三层,并与第二层事件用适当的逻辑门连接起来。这样,层层向下,直至最基本的原因事件,就构成了一个事故树。

【例 5.4】　“列车与汽车相撞,挤伤调车人员致死”事故树编制过程。

顶上事件是“列车与汽车相撞,挤伤调车人员致死”。死亡原因是因为“列车与汽车相撞”和“调车人员所站位置不妥”,这两个原因事件写在第二层。“列车与汽车相撞”与“调车人员所站位置不妥”必须同时发生,才有调车人员被挤伤致死事故的发生,所以第二层与第一层之间应该用与门符号相连接。调车人员被挤伤并不一定会死亡,只有伤势过重而抢救又无效的情况下才会致死。所以,这是个条件与门。将条件“伤势及抢救情况”用条件与门符号圈起来。

“列车与汽车相撞”是由于“汽车进入铁路道口”与“列车进入铁路道口处”两个事件造成的,只有这两个事件同时发生,才有“列车与汽车相撞”,所以第三层与第二层事件之间用与门符号相连接。但“汽车进入铁路道口”与“列车进入铁路道口处”两个事件同时发生时,必须是在两车相接触的前提下才会相撞。所以,用条件与门符号将“两车接触”记入该符号内。

“调车人员所站位置不妥”因为事前不能分析,没有继续分析的必要条件,所以用菱形符号,将该事件记入符号之内。

“汽车进入铁路道口”是因为“进入道口停车”和“刚入刚出道口”两个原因事件造成的。而且,这两个原因事件任何一个发生都有会造成“汽车进入交叉道口”事件的发生。所以,第四层与第三层之间应该用或门相连接。

“进入铁路道口停车”是因为“机器故障停车”和“操作失误停车”两个原因事件任何一个发生都有会造成。所以,第五层与第四层之间应该用或门相连接。“刚入刚出铁路道口”是由于“操作失误停车”、“机器故障运行”、“抢越道口”,“无人看守道口误入”等 11 个事件造成的。而且,其中任何一个事件发生,都有会造成“刚入刚出道口”事件的发生。所以,第五层与第四层之间同样用或门符号相连接。“列车进入铁路道口处”事件的发生,是由于“正常运行”、“机械故障”、“间断瞭望”等原因事件造成的。其中任何一个发生都有会造成“列车进入铁路道口交叉处”事件的发生。所以上下层之间用或门符号相连接。

最后一层事件有的是事前不能分析,或者没有继续分析下去的必要条件事件;有的是不能继续往下分析的事件,所以分别用圆形符号或菱形符号将事件名称圈起来。而顶上事件和中间事件则皆用矩形符号反映出来,这就是整个事故树编制过程。按上所述,画出“列车与汽车相撞,挤伤调车人员致死”事故树,如图 5.12 所示。

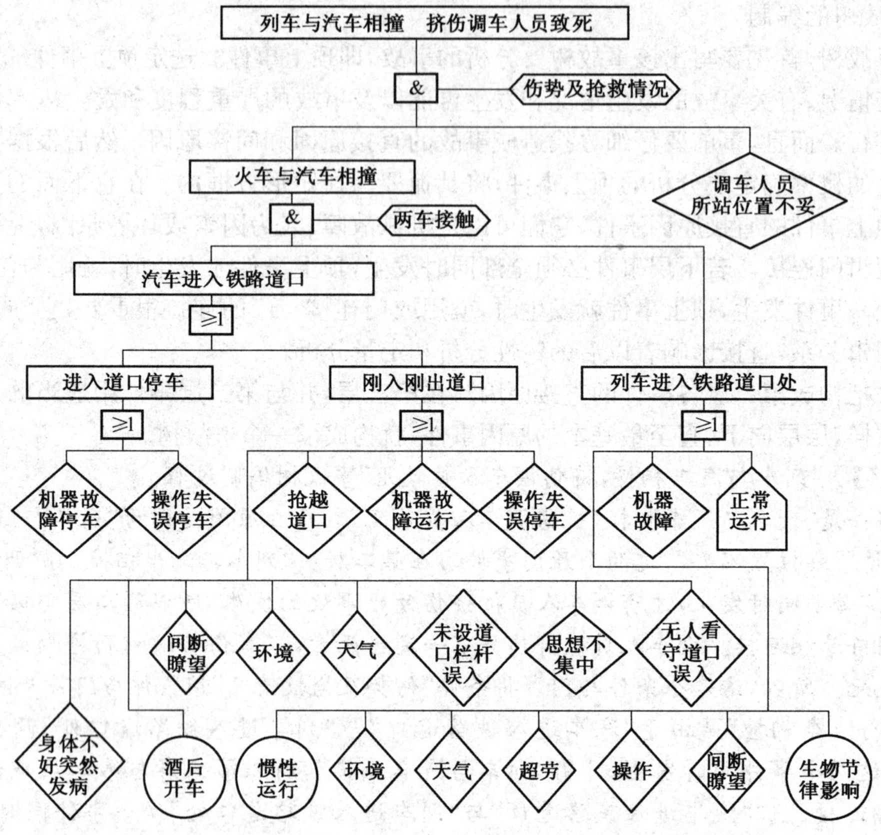

图 5.12　列车与汽车相撞，挤伤调车人员致死事故树

(5)“列车冒进信号事故树”定量分析

在行车事故中，虽然列车事故数量比调车事故少，但造成的损失和对运输带来的影响要比调车事故严重得多。而列车事故中，“列车冒进信号”造成的冲突、脱轨等又占大部分。由于“列车冒进信号”造成的后果极其严重，因此，控制和预防“列车冒进信号”事故的发生，就成了全路安全生产的重要工作之一。

① 编制事故树

a. 确定顶上事件为“列车冒进信号”，写在矩形符号内。

b. 列车冒进信号取决于机车乘务员没按信号指示行车、信号突变升级、列车制动装置故障，这三个事件有一个发生就会导致顶上事件发生，将它们写在第二层，并用或门与第一层连接起来。

c. 机车乘务员没按信号指示行车是乘务员作业失误所致，同时机车安全防护装置(三大件等)失灵，把这两个条件写在第三层，并与第二层用与门连接起来。

d. 乘务员作业失误有四种情况，一是间断瞭望(瞌睡、做影响瞭望的其他工作)；二是瞭望条件不良(气候、地形条件影响视线)，看不清信号，臆测行车；三是操纵不当(超速、使闸晚)；四是误认信号。这四种情况有一个发生，就使乘务员作业失误，因此把它们写在第四层，并用或门与第三层连接起来。安全防护装置失灵也有两种情况，一是自动停车装置故障；二是司机违规将自动停车装置关闭。这两种情况只要有一种发生，就将导致安全防护装置失灵，因此，要用与门连接。分析简单一些，本例暂不考虑。

e. 信号突变升级可能是信号机故障，也可能是办理人员给错信号，这两个条件有一个发生，就出现信号突变升级，将其写在第三层，并用或门与第二层连接起来。

f. 列车制动装置故障有三种情况，一是列车的折角塞门关闭，造成制动力不足；二是风缸故障；三是风泵故障。这三个条件有一个发生，就使制动装置发生故障，将其写在第三层，并用或门与第二层连接起来。

按上所述，画出列车冒进信号事故树如图 5.13 所示。

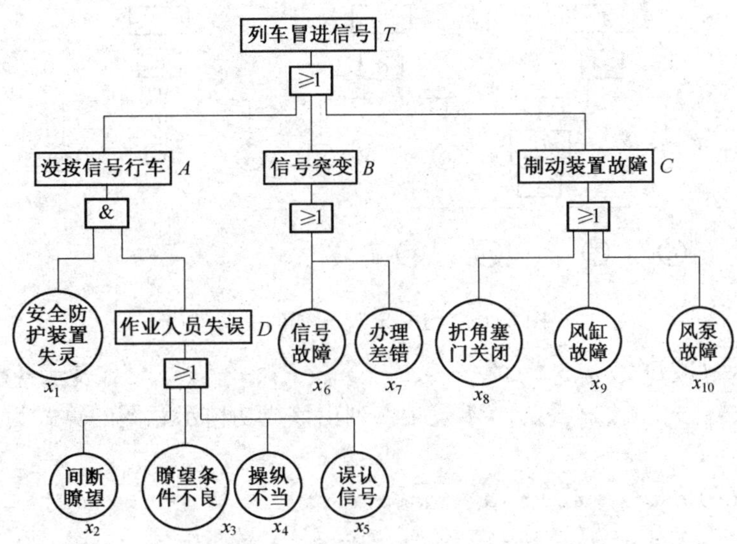

图 5.13 列车冒进信号事故树

② 布尔代数化简事故树

$T = A + B + C$

$= (x_1 \cdot D) + (x_6 + x_7) + (x_8 + x_9 + x_{10})$

$= x_1 \cdot (x_2 + x_3 + x_4 + x_5) + x_6 + x_7 + x_8 + x_9 + x_{10} = x_1 \cdot x_2 + x_1 \cdot x_3 + x_1 \cdot x_4 + x_1 \cdot x_5 + x_6 + x_7 + x_8 + x_9 + x_{10}$

③ 最小割集

上式最后结果，用布尔代数已不能再进行化简，故列车冒进信号事故树的最小割集为：$\{x_1, x_2\}$、$\{x_1, x_3\}$、$\{x_1, x_4\}$、$\{x_1, x_5\}$、$\{x_6\}$、$\{x_7\}$、$\{x_8\}$、$\{x_9\}$、$\{x_{10}\}$。

根据最小割集，可以作出事故树的最小割集等效事故树，如图 5.14 所示。

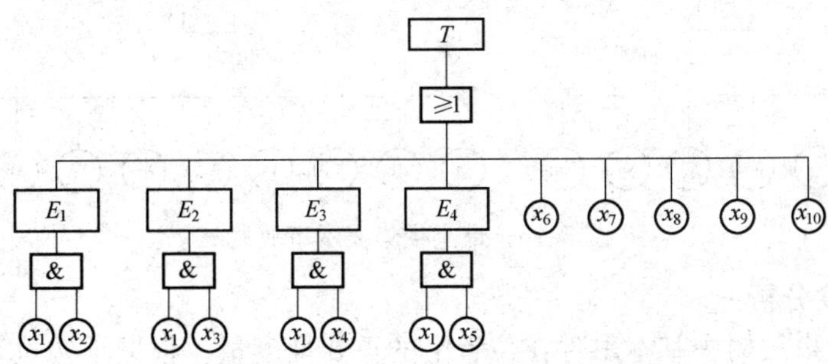

图 5.14 用最小割集表示的事故树

④ 最小径集

与事故树相对偶的成功树，就是把原来事故树的“与门”换成“或门”，“或门”换成“与门”各类事件发生换成不发生，就建立了相应的成功树。“列车冒进信号”的成功树，如图 5.15 所示。

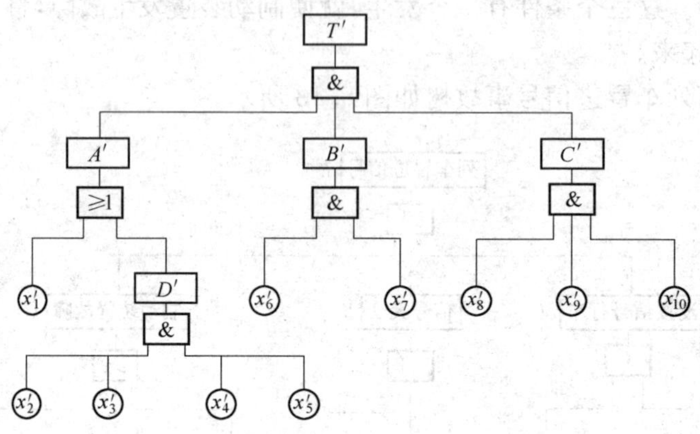

图 5.15 与图 5.13 对偶的成功树

用 T'、A'、B'、C'、D'、x'_1、x'_2、x'_3、x'_4、x'_5、x'_6、x'_7、x'_8、x'_9、x'_{10} 表示各事件 T、A、B、C、D、x_1、x_2、x_3、x_4、x_5、x_6、x_7、x_8、x_9、x_{10} 不发生。列出该成功树示意图的算式为：

$$
\begin{aligned}
T &= A' \cdot B' \cdot C' \\
&= (x'_1 + D') \cdot (x'_6 \cdot x'_7) \cdot (x'_8 \cdot x'_9 \cdot x'_{10}) \\
&= (x'_1 + x'_2 \cdot x'_3 \cdot x'_4 \cdot x'_5) \cdot x'_6 \cdot x'_7 \cdot x'_8 \cdot x'_9 \cdot x'_{10} \\
&= x'_1 \cdot x'_6 \cdot x'_7 \cdot x'_8 \cdot x'_9 \cdot x'_{10} + x'_2 \cdot x'_3 \cdot x'_4 \cdot x'_5 \cdot x'_6 \cdot x'_7 \cdot x'_8 \cdot x'_9 \cdot x'_{10}
\end{aligned}
$$

该结果用布尔代数已不能再化简。这样我们得到成功树的两个最小割集：$\{x'_1, x'_6, x'_7, x'_8, x'_9, x'_{10}\}$、$\{x'_2, x'_3, x'_4, x'_5, x'_6, x'_7, x'_8, x'_9, x'_{10}\}$，得到事故树的最小径集：$\{x_1, x_6, x_7, x_8, x_9, x_{10}\}$、$\{x_2, x_3, x_4, x_5, x_6, x_7, x_8, x_9, x_{10}\}$。

我们也可以用最小径集表示事故树，如图 5.16 所示。

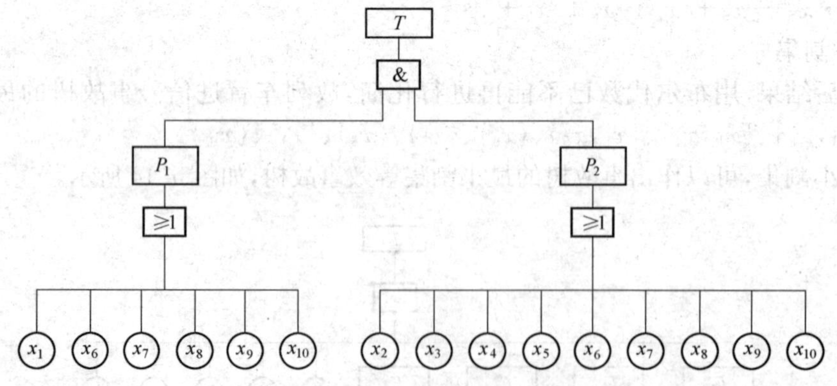

图 5.16 最小径集表示事故树

⑤ 结构重要度分析

结构重要度是事故树中基本事件在位置上的重要性度量。根据结构重要度排序原则，“列车冒进信号”事故树各基本事件结构重要度顺序为：

$$I_{10}=I_9=I_8=I_7=I_6>I_1>I_5=I_4=I_3=I_2$$

由此可见，x_6、x_7、x_8、x_9、x_{10}的结构重要度最大，x_1次之，x_2、x_3、x_4、x_5最小。

从“列车冒进信号”事故树可以看出，此树或门较多，所以系统危险性较大，许多基本事件不发生才能保证顶上事件不发生，而由于此事故树的基本事件多为人的因素所致，所以如何提高人的可靠性就成了当务之急。

5. 事件树分析法

(1)概述

事件树分析起源于决策树分析。它是一种按事件发展的时间顺序由初始事件开始推论的后果，从而进行危险源辨识的方法。

一起事故的发生，是许多原因事件相继发生的结果。其中，一些事件的发生是以另一些事件首先发生为条件的，而一些事件的出现，又会引起另一些事件的出现。在事件发生的顺序上，存在着因果的逻辑关系。事件树分析法是一种时序逻辑的事故分析方法，它以一初始事件为起点，按照事故的发展顺序，分成阶段，一步一步地进行分析。每一事件可能的后续事件只能取完全对立的两种状态(成功或失败，正常或故障、安全或危险)之一的原则。逐步向结果方面发展。到达系统安全或事故为止。所分析的情况用树枝状图表示。故叫事件树。

事件树分析可以事前预测事故及不安全因素，估计事故的可能后果，寻求最经济的预防手段和方法。事后用事件树分析法分析事故原因，十分方便明确。事件树分析的分析资料既可以作为直观的安全教育资料，也有助于推测类似事故的预防对策。当积累了大量事故资料时，可采用计算机模拟，使事件树分析对事故的预测更为有效。在安全管理上用事件树分析对重大问题进行决策，具有其他方法所不具备的优势。

(2)事件树编制

编制事件树时需要确定初始事件、判定安全功能、绘制事件树。

① 确定初始事件

事件树分析是一种系统地研究作为危险源的初始事件、如何与后续事件形成时序逻辑关系而最终导致事故的方法。正确选择初始事件十分重要。初始事件是事故在未发生时，其发展过程中的危害事件或危险事件，如机器故障、设备损坏、能量外逸或失控、人的误动作等。可以用两种方法确定初始事件：

a. 根据系统设计、系统危险性评价、系统运行经验或事故经验等确定。

b. 根据系统重大故障或事故树分析，从其中间事件或初始事件中选择。

② 判定安全功能

系统中包含许多安全功能，它们可以在初始事件发生时消除或减轻其影响以维持系统的安全运行。常见的安全功能列举如下：

a. 对初始事件自动采取控制措施的系统，如自动停车系统等。

b. 提醒操作者初始事件发生了的报警系统。

c. 根据报警或工作程序要求操作者采取的措施。

d. 缓冲装置，如减振、压力泄放系统或排放系统等。

e. 局限或屏蔽措施等。

③ 绘制事件树

从初始事件开始，按事件发展过程自左向右绘制事件树、用树枝代表事件发展途径。首先考察初始事件一旦发生时最先起作用的安全功能，把可以发挥功能的状态画在上面的分枝，把不能发挥功能的状态画在下面的分枝。然后依次考察各种安全功能的两种可能状态，把发挥功能的状态（又称成功状态）画在上面的分枝，把不能发挥功能的状态（又称失败状态）画在下面的分枝，直到到达系统故障或事故为止。

在绘制事件树时，要在每个树枝上定出事件状态，树枝横线上面写明事件过程内容特征，横线下面注明成功或失败的状况说明。事件树的一般形式如图 5.17 所示。

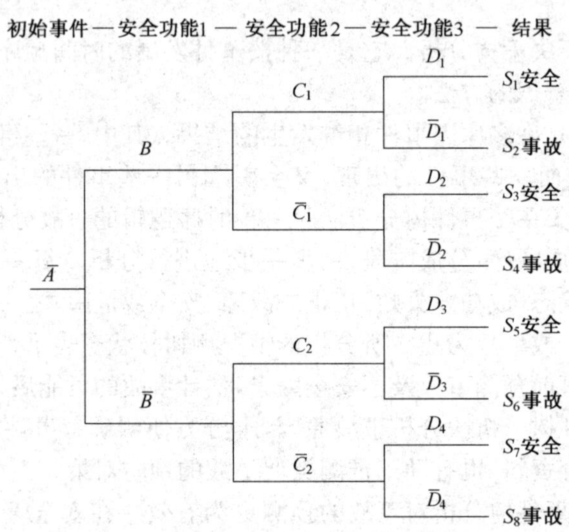

图 5.17　事件树的一般形式

任何一个事故都是一连串事件发生和发展的结果。图 5.17 中表示的事故，是一系列事件 A、B、C、D 发展的结果。成功（或安全）的事件用字母表示，如 A、B…失败（或故障）的事件用相同的字母加一横杠表示，如 $\overline{A}$、$\overline{B}$…读作“非 A”、“非 B”…

事件树也叫成败树。它是建立在严格的逻辑推理之上的。在实际事故发展的时间进程中，树枝的歧点因素并不总是对称发生的，更多的是不完全对称的形式。下面介绍一种实际生产中应用的不对称的事件树实例。

起重机在接触网下作业触电事件树，这是一种不对称的事件树，具体如图 5.18 所示。

上图中的 B、C、D_1、D_2、E、F 均为成功事件；$\overline{B}$、$\overline{C}$、$\overline{D}$、$\overline{D}_1$、$\overline{E}_2$、$\overline{F}$ 均为失败事件。

（3）事件树分析

事件树分析在绘制事件树的过程中就已进行，绘制事件树必须根据事件的客观条件和事件的特征做出符合科学的逻辑推理，用与事件有关的技术知识确认事件可能状态，所以在绘制事件树的过程中就已对每一发展过程和事件发展的途径作了可能性的分析。

事件树画好之后的工作，就是找出发生事故的途径和类型以及预防事故的对策。

① 事故链

事件树的各分枝代表初始事件一旦发生可能的发展途径，其中，最终导致事故的途径即为事故链。一般的，导致系统事故的途径有很多，即有许多事故链。

事故链中包含的初始事件和安全功能故障的后续事件之间具有“逻辑与”的关系，显然，事故链越多，系统越危险；事故链中事件数越少，系统越危险。

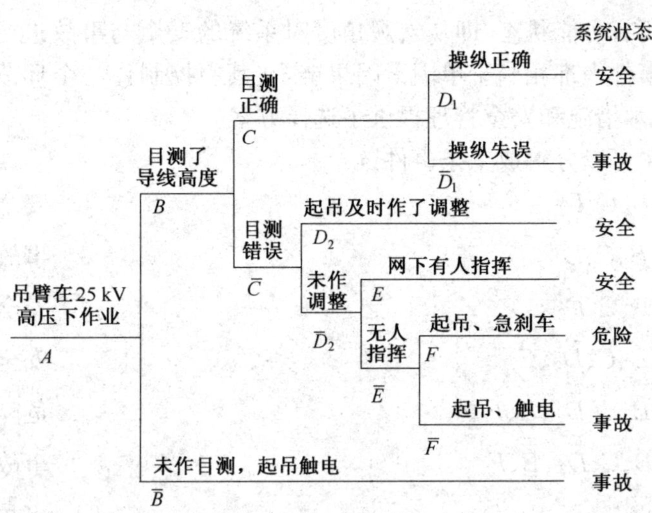

图 5.18　起重机在接触网下作业触电事件树

② 找出预防事故的途径

事故树中最终达到安全的途径指导我们如何采取措施预防事故。在达到安全的途径中，发挥安全功能的事件构成事件树的成功链，事件树中包含的成功链可能有多个，即可以通过若干途径来防止事故发生。显然，成功链越多，系统越安全；成功链中事件数越少，系统越安全，作为预防事故的首选措施。

由于事件树反映了事件之间的时间顺序，所以应该尽可能地从最先发挥功能的安全功能着手。

事件树分析把事故的发生发展过程表述得清楚而有条理，为设计事故预防方案，制定事故预防措施提供了有力的依据。

从事件树上可以看出，最后的事故是一系列危害和危险的发展结果，如果中断这种发展过程就可以避免事故发生。因此，在事故发展过程的各阶段，应采取各种可能措施，控制事件的可能性状态，减少危害状态的出现概率，增大安全状态出现概率，把事件发展过程引向安全的发展途径。

采取在事件不同发展阶段阻截事件向危险状态转化的措施，最好在事件发展前期过程实现，从而产生阻截多种事故发生的效果。但有时因为技术经济等原因无法控制，这时就要在事件发展后期过程采取控制措施。显然要在各条事件发展途径上都采取措施才行。

下面我们仍然以图 5.18 为例，说明事件树分析的具体内容。

① 分析系统安全的途径和发生事故的原因

a. 系统安全的途径：D_1 目测正确且操作正确；D_2 目测虽有误，但作业过程中及时作了调整；E 目测虽有误，但有人及时给予提示。

b. 发生事故的原因：$\overline{B}$ 对导线高度未目测；$\overline{D}_1$ 目测虽正确，但操纵失误；$\overline{F}$ 目测错误又无人提示。

c. 系统处于危险状态：F 起吊后发现有问题，施以紧急刹车。这是一种侥幸，十分危险。

② 分析事故发生的动态规律

事件树是从初始事件出发，按照逐级歧点事件发生与不发生这样一个动态过程，分析系统出现安全或不安全的所有可能状态,即从宏观角度对系统的安全与事故进行了动态分析。这种分析的每一个分枝事件串都相当于单因素因果链,在其中控制住一个环节就能控制住事故的发生,这就为安全技术措施和安全管理提供了选择方案。

例如上图的事件树可以分解成7条事件链:

a. A、B、C、D_1　安全

b. A、B、C、$\overline{D}_1$　事故

c. A、B、$\overline{C}$、D_2　安全

d. A、B、$\overline{C}$、$\overline{D}_2$、E　安全

e. A、B、$\overline{C}$、$\overline{D}_2$、$\overline{E}$、F　危险

f. A、B、$\overline{C}$、$\overline{D}_2$、$\overline{E}$、$\overline{F}$　事故

g. A、$\overline{B}$　事故

7条事故链中凡是以失败事件结尾的链条,就是事故链,即b、f、g三条。这类链条的结构有两种类型:一种是链条中间和尾部均有失败事件,如f;另一种是只有尾部一件是失败事件,如b及g。对于前一种链条,只要使其中任何一个失败事件得到控制就能防止事故发生,对后一种则必须控制尾部的失败事件。

归纳这两种链条可以得出两个结论:

a. 凡尾部为失败的链条必为事故链条。

b. 事故链中的失败环节越早控制越容易转化为安全链。

(4)事件树分析应用实例

① 火车上有易燃品引起火灾事故的事件树分析

在铁路旅客运输中是严禁旅客携带易燃品上车的,目的是确保旅客运输安全。但有的旅客违反规定携带易燃品,进站上车时未查出,将其带上火车,这就可能引起火灾事故,造成人员伤亡和财产损失。但处理得当,也可以避免火灾事故的发生。具体分析如图5.19所示。

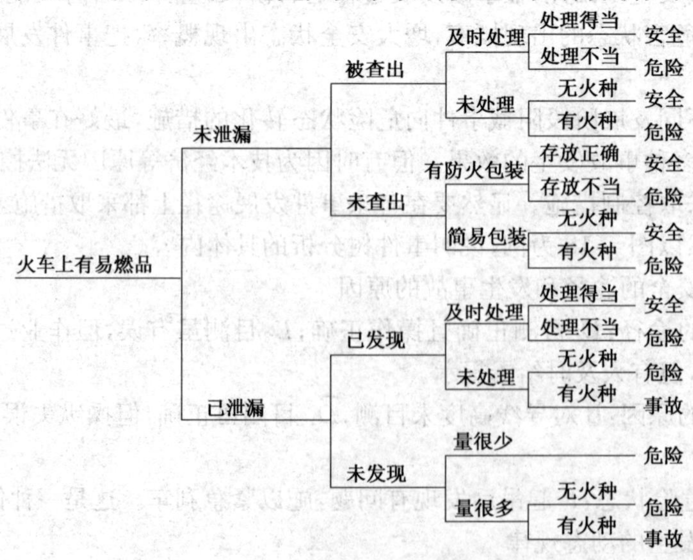

图5.19　火车上有易燃品引起火灾的事件树

② 火车与机动车辆在道口相撞事件树分析

机动车辆行驶在无人看守的平交道口，发动机突然熄火，车辆正好停留在轨道上。这一事件可能导致的事故用事件树分析如图5.20所示。

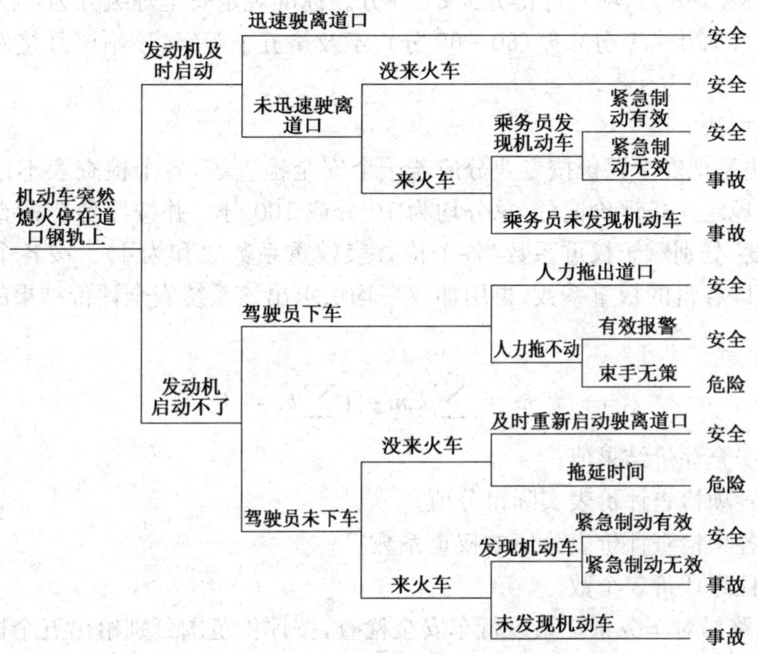

图5.20　火车与机动车辆在道口相撞事件树

6. 铁路行车安全评价的方法

铁路运输安全评价的方法很多，除本章前几节介绍的安全分析评价方法外，还有安全检查表评价法、作业条件危险性评价法、概率安全评价法和多指标安全综合评价方法等。普遍认为，以安全检查表为依据进行安全评价的方法比较成熟，已在国内广泛采用。

安全检查表评价法是一种简便易行的评价方法。它根据经验或系统的结果，把评价项目自身及周围环境的潜在危险集中起来，列成检查项目的清单(安全检查表)，发给参与检查、评价的人员。评价时，仿照清单所列项目，逐项检查，按规定的评价计值方法进行评定。这种方法虽然简单，效果却很好。

根据评价计值的方法不同，利用安全检查表评价行车安全的方法可分为：逐项赋值法、加权平均法、单项定性加权记分法和单项否定记分法。

(1)逐项赋值法

针对安全检查表的每一项检查内容，按其重要程度不同，由检查评估(价)领导小组组织专家讨论后赋予一定的分值。检查评价时，完全合格者给满分；部分合格者按规定标准给分；完全不合格者记零分。据此逐项逐条检查评分，最后累计得分即可得到系统评价总分。根据评价总分即可评价该系统的安全等级。

例如，某车务段对车站接发列车进行安全检查评价，按评价范围共使用八项安全检查表，分别赋值为：正常情况下执行作业标准检查表(w_1)40分，特殊情况下接发列车实作检查表

(w_2)20 分，应知应会提问考试检查表(w_3)10 分，行车备品检查表(w_4)10 分，作业场所环境卫生检查表(w_5)5 分，劳动纪律检查表(w_6)5 分，安全管理检查表(w_7)5 分，作业纪律检查表(w_8)5 分，共计 100 分。各项检查表根据赋值分再逐条给予不同的赋值。某站某月实际逐项检查得分为：$w_1=33$ 分、$w_2=16.2$ 分、$w_3=8.5$ 分、$w_4=7.5$ 分、$w_5=4$ 分、$w_6=4.2$ 分、$w_7=4$ 分、$w_8=4.1$ 分，八项共计得分为 81.5 分。标准规定安全等级分为：优(90 分及以上)、良(80～89 分)、中(70～79 分)、差(60～69 分)、不及格五个等级，该站该月接发列车安全检查评价等级为良。

(2)加权平均法

加权平均法是把安全评价按专业分成若干个安全检查表，各个检查表不论检查评价的条款有多少，均按规定逐条评价记分，总分均为 10 分或 100 分。并按照各个检查表对总体安全评价的重要程度，分别赋予权重系数(各个检查表权重系数之和为 1)。按各个检查表评价所得分值，分别乘以各自的权重系数，再用加权平均法求出该系统安全评价结果的分值或安全等级。即：

$$m=\sum_{i=1}^{n}k_i m_i \text{ 且} \sum_{i=1}^{n}k_i=1$$

式中 m——安全评价结果值；

m_i——各项检查评价表实际得分值；

k_i——各项检查评价表分值的权重系数；

n——检查评价表个数。

例如，某铁路局对车务系统站段行车安全检查，按评价范围分别给出五个检查表，分别是：接发列车安全检查表(m_1)、调车作业安全检查表(m_2)、行车设备安全检查表(m_3)、行车安全管理检查表(m_4)、人身安全检查表(m_5)、均采用 100 分记分制。分别赋予权重系数为：$k_1=0.25$、$k_2=0.25$、$k_3=0.10$、$k_4=0.20$、$k_5=0.20$。某局对某站进行行车安全检查评价，实际得分为：$m_1=85$ 分、$m_2=78$ 分、$m_3=84$ 分、$m_4=81$ 分、$m_5=76$ 分。

按平均加权法计算，该站行车安全检查评价得分为：

$$m=\sum_{i=1}^{n}k_i m_i=85\times0.25+78\times0.25+84\times0.10+81\times0.20+76\times0.20=80.55(\text{分})$$

该站安全等级评价为良。

(3) 单项定性加权计分法

单项定性加权计分的评价方法是：把安全检查表所有检查项目都视为同等重要，分别赋予“优”、“良”、“中”、“差”，四个定性等级，并赋予不同等级以相应的权重值：优($w_1=5$)、良($w_2=4$)、中($w_3=3$)、差($w_4=2$)，按下式累计求和，得实际评价值

$$S=\sum_{i=1}^{n}w_i k_i$$

式中 S——实际评价值；

n——定性评价等级数；

w_i——评价等级的权重值；

k_i——取得某一评价等级的项目数。

例如，某铁路局对车务段进行安全检查评估，实际使用 120 张(项) 安全检查表，按单项定

性评估结果为:“优”56项、“良”30项、“中”24项、“差”10项。因此,该车务段安全检查实际评价值为:

$$S = 56 \times 5 + 30 \times 4 + 24 \times 3 + 10 \times 2 = 492$$

将实际评价值除以评价项目数(120项),便得出该段总体平均是处于“优”、“良”之间,即 $492 \div 120 = 4.1, 5 > 4.1 > 4$。

(4)单项否定记分法

单项否定计分法一般不单独使用,仅用于某些具有特殊危险而又非常敏感的具体系统。例如,煤气站、锅炉房、危险品仓库,核电设施等。这类系统往往有若干危险因素,其中只要一处处于不安全状态,就有可能导致严重事故的发生。因此,把这类系统的安全评价表中的某些评价项目确定为具有否决权的项目。这些项目中只要有一项被评为不合格,则称为该系统总体安全状况不合格。

铁路运输行车安全系统中,虽然没有核泄漏、煤气(天然气)泄漏这种特殊危险而又非常敏感的安全问题。但是,行车安全是铁路运输安全的重点,旅客行车安全又是重中之重;危险品运输安全、特殊情况下接法列车安全、施工安全等,历年来列为铁路运输安全重点攻关项目。因此,铁路运输部门在安全评价中,是否可以参照这种方法,在安全检查评价体系中作出规定,这些检查项目中,只要有一项评为不合格,则该单位总体安全状况就评价为不合格。

项目小结

铁路行车安全考核、分析与评价是铁路行车安全管理的重要环节,学习安全考核的主要指标,理解传统考核与系统工程评价方法的优缺点,有利于安全考核工作的改进。通过学习和运用排列图、因果图、检查表、事故树及事件树的安全分析方法可找出行车安全工作的主要因素和关键环节,可为确保行车安全提供建议和意见。

复习思考题

1. 行车安全考核的主要指标有哪些?
2. 什么是行车事故件数、无行车事故连续天数、行车事故率、职工伤亡事故率?
3. 传统行车安全考核存在哪些弊端?
4. 利用安全系统工程评价安全的优点有哪些?
5. 我国行车安全系统分析的方法主要有哪些? 什么是排列图? 如何作图?
6. 什么是因果图? 由什么组成? 如何作图?
7. 什么是安全检查表? 其内容要求有哪些?
8. 安全检查表分哪几类? 安全检查表的优点有哪些? 简述安全检查表的编制方法。
9. 什么是事故树? 有哪些基本事件符号和逻辑门符号? 如何表示?
10. 什么是最小割集? 什么是最小径集? 最小割集、最小径集在事故树分析中有何作用?
11. 试编制列车冒进信号事故树并进行简单分析。
12. 什么是事件树? 如何绘制事件树? 试对图5.20进行分析。
13. 用安全检查表进行安全评价的方法有哪几种? 举例说明其中两种方法。

参考文献

[1] 王成.《安全生产法》职工培训教材. 北京:应急管理出版社,2021.
[2] 宾任祥. 铁路运输安全管理概述. 成都:西南交通大学出版社,2002.
[3] 郑松富. 电气化铁路行车组织. 北京:中国铁道出版社,1999.
[4] 马桂贞,杨浩. 铁路运输. 成都:西南交通大学出版社,1998.
[5] 贾利民,李平. 铁路智能运输系统. 北京:中国铁道出版社,2004.
[6] 贾新民. 铁路常用词典. 北京:中国铁道出版社,1999.
[7] 赵吉山,肖贵平. 铁路运输安全管理. 北京:中国铁道出版社,1999.
[8] 铁道部安全监察司. 铁路行车事故案例选编. 北京:中国铁道出版社,1999.
[9] 铁道部安全监察司. 2000年铁路行车事故案例选编. 北京:中国铁道出版社,2001.
[10] 铁道部安全监察司. 2002年铁路行车事故案例选编. 北京:中国铁道出版社,2003.
[11] 铁道部安全监察司. 2003年铁路行车事故案例选编. 北京:中国铁道出版社,2004.
[12] 铁道部安全监察司. 铁路行车事故案例(2006.1～2007.8). 北京:中国铁道出版社,2012.
[13] 铁道部安全监察司. 铁路行车事故案例(2007.8～2008.12). 北京:中国铁道出版社. 2012.
[14] 赵炳昆. 国家处置铁路行车事故应急预案贯彻实施及事故调查处理救援实用手册. 北京:中国铁道出版社,2012.
[15] 北京铁路局. 铁路安全风险管理培训读本. 北京:中国铁道出版社,2012.
[16] 王富章. 铁路突发事件应急管理研究. 北京:中国铁道出版社,2010.
[17] 贾利民. 高速铁路安全保障技术. 北京:中国铁道出版社,2013.
[18] 邵辉. 系统安全工程. 北京:石油工业出版社,2008.
[19] 宾任祥,戚盛墀,马国龙. 铁路运输安全管理概论. 成都:西南交通大学出版社,2001.
[20] 张殿业,金键,陈刚,等. 数字化铁路行车安全保障体系研究. 中国铁道科学,2006.
[21] 曲思源,张光远. 铁路行车安全保障体系实施框架研究. 铁道运输与经济,2003.
[22] 西安铁路局. 西安铁路局运输安全生产指挥系统建设规划方案指导意见,2008.
[23] 龙京. 铁路局应急能力构建与提升研究. 中南大学,2011.